U0876535

中華文化促進會主持編纂

國家"十一五"重點圖書出版規劃項目

中國社會科學院哲學社會科學創新工程學術出版資助項目

出品人 王石 段先念

今注本二十四史

南史

一八

傳〔一五〕

唐 李延壽 撰

趙凱 汪福寶 周群 主持校注

中國社会科学出版社

南史　卷七六

列傳第六十六

隱逸下

臧榮緒　吴苞 趙僧巖 蔡薈 孔嗣之　徐伯珍 婁幼瑜
沈驎士　阮孝緒　鄧郁　陶弘景 釋寶誌　諸葛璩
劉慧斐 兄慧鏡 慧鏡子曇净　范元琰　庾詵　張孝秀
庾承先　馬樞

臧榮緒，東莞莒人也。[1]祖奉先，建陵令。父庸人，[2]國子助教。

[1]東莞：郡名。治莒縣，在今山東莒縣。　莒：縣名。治所在今山東莒縣。

[2]庸人：《南齊書》卷五四《臧榮緒傳》"人"作"民"，此避唐太宗李世民諱改。

榮緒幼孤，躬自灌園，以供祭祀。母喪後，乃著《嫡寢論》，掃洒堂宇，置筵席，朔望輒拜薦焉，甘珍未嘗先食。純篤好學，括東、西晋爲一書，紀、録、志、傳百一十卷。[1]隱居京口教授。[2]

[1]括東、西晋爲一書，紀、録、志、傳百一十卷：按，《隋書·經籍志二》及《舊唐書·經籍志上》《新唐書·藝文志二》並著録臧榮緒《晋書》一百一十卷。

[2]京口：地名。在今江蘇鎮江市。

齊高帝爲揚州刺史，徵榮緒爲主簿，不到。建元中，[1]司徒褚彦回啓高帝稱述其美，[2]以置秘閣。榮緒惇愛《五經》，[3]謂人曰："昔吕尚奉丹書，武王致齊降位，[4]李、釋教誡，[5]並有禮敬之儀，因甄明至道。"乃著《拜五經序論》。嘗以宣尼庚子日生，[6]其日陳《五經》拜之。自號披褐先生。[7]又以飲酒亂德，言常爲誡。永明六年卒。[8]初，榮緒與關康之俱隱在京口，[9]時號爲二隱。

[1]建元：南朝齊高帝蕭道成年號（479—482）。

[2]褚彦回：褚淵。字彦回，本書避唐高祖李淵諱以字行，河南陽翟（今河南禹州市）人。本書卷二八有附傳，《南齊書》卷二三有傳。

[3]惇：大德本、汲古閣本、殿本作“惇”。《南齊書》卷五四《臧榮緒傳》亦作“惇”。惇，厚；崇尚。作“惇”是。

[4]齊：大德本、汲古閣本、殿本作“齋”。

[5]李、釋：老子和釋迦牟尼。亦指道教與佛教。

[6]嘗：大德本、汲古閣本、殿本作“常”。　宣尼：孔子的尊稱。孔子名丘字仲尼，漢平帝元始元年（1）追謚孔子爲褒成宣尼公，後因以稱之。見《漢書》卷九《平帝紀》。

[7]自號披褐先生：《南齊書·臧榮緒傳》“披褐”作“被褐”。

[8]永明：南朝齊武帝蕭賾年號（483—493）。按，據《南齊書·臧榮緒傳》，榮緒卒時年七十四。

[9]關康之：字伯愉，河東楊（今山西洪洞縣）人。本書卷七五、《宋書》卷九三有傳，《南齊書》卷五四有附傳。

吴苞字天蓋，一字懷德，[1]濮陽鄄城人也。[2]儒學，善《三禮》及《老》《莊》。[3]宋太始中過江，[4]聚徒教學。冠黄葛巾，竹麈尾，蔬食二十餘年。與劉瓛俱於褚彦回宅講授。瓛講《禮》，苞講《論語》《孝經》，諸生朝聽瓛，晚聽苞也。[5]

[1]一字懷德：按，《南齊書》卷五四《吴苞傳》無此四字。

[2]濮陽：郡名。治濮陽縣，在今河南濮陽市西南。　鄄城：縣名。治所在今山東鄄城縣北。

[3]《三禮》：儒家經典《周禮》《儀禮》《禮記》的合稱。

[4]宋太始中過江：《南齊書·吴苞傳》作“宋泰始中過江”。太始即泰始，南朝宋明帝劉彧年號（465—471）。按，本書卷三四《周捨傳》則云：“建武中，魏人吴苞南歸。”建武，南朝齊明帝蕭鸞年號（494—498）。

[5]“與劉瓛俱於褚彦回宅講授”至“晚聽苞也”：按，此段記述爲《南齊書·吴苞傳》所無。劉瓛，字子珪，小名阿稱，沛國相（今安徽濉溪縣）人。博通《五經》，儒學冠於當時，聚徒講學，受業者衆多。本書卷五〇、《南齊書》卷三九有傳。

齊隆昌元年，[1]徵爲太學博士，不就。始安王遥光及江祏、徐孝嗣共爲立館於鍾山下教授，[2]朝士多到門焉，當時稱其儒者。自劉瓛以後，聚徒講授，唯苞一人而已。以壽終。時有趙僧巖、蔡薈，皆有景行，慕苞爲人。

[1]隆昌：南朝齊鬱林王蕭昭業年號（494）。

[2]始安王遥光：蕭遥光。字元暉，始安王蕭鳳長子，襲父爵。本書卷四一有傳，《南齊書》卷四五有附傳。　江祏：字弘業，濟陽考城（今河南民權縣）人。齊明帝腹心。本書卷四七、《南齊書》卷四二有傳。　徐孝嗣：字始昌，小字遺奴，東海郯（今山東郯城縣）人，徐湛之之孫。本書卷一五有附傳，《南齊書》卷四四有傳。　鍾山：山名。又名蔣山。在今江蘇南京市中山門外。

僧巖，[1]北海人。[2]寥廓無常，人不能測。與劉善明友。[3]善明爲青州，[4]欲舉爲秀才，大驚，拂衣而去。後忽爲沙門，栖遲山谷，常以一壺自隨。一旦謂弟子曰："吾今夕當死。壺中大錢一千，以通九泉之路，臘燭一挺，[5]以照七尺之尸。"至夜而亡。時人以爲知命。

[1]僧巖：按，今本《南齊書》卷五四《高逸傳》無趙僧巖附傳，而《太平御覽》卷六五五、卷八三五引《齊書》所言僧巖事則皆與本書同。

[2]北海：郡名。治劇縣，在今山東壽光市南。

[3]劉善明：平原（今山東平原縣）人。本書卷四九有附傳，《南齊書》卷二八有傳。

[4]青州：州名。宋明帝泰始中與冀州合僑置於鬱洲，在今江

蘇連雲港市東雲臺山一帶。梁侯景亂後地入東魏，改置海州。

［5］蠟燭一挺：各本同，殿本《考證》云："'臘'應作'蠟'，今各本俱同，仍之。"

蔡薈字休明，陳留人。[1]清抗不與俗人交。李撝謂江斅曰：[2]"古人稱安貧清白曰夷，涅而不緇曰白，至如蔡休明者，可不謂之夷白乎。"[3]

［1］陳留：郡名。治小黄縣，在今河南開封市東北。

［2］李撝：南朝齊人。歷官博士、太常丞、祠部郎等。見《南齊書·禮志》及同書卷四六《王慈傳》。　江斅：字叔文，濟陽考城（今河南民權縣）人。宋孝武帝婿。本書卷三六有附傳，《南齊書》卷四三有傳。

［3］可不謂之夷白乎：《册府元龜》卷七七九"夷"作"清"。

又有魯國孔嗣之，[1]字敬伯，宋時與齊高帝俱爲中書舍人，[2]並非所好。自廬江郡守去官，[3]隱居鍾山。[4]朝廷以爲太中大夫，[5]卒。[6]

［1］魯國：郡名。治魯縣，在今山東曲阜市東北。

［2］中書舍人：官名。即中書通事舍人。中書省屬官，入直禁中，掌收納、轉呈文書章奏，草擬詔令，漸奪侍郎擬詔之任，位輕權重。南朝多以寒士、細人爲之。宋七品。梁四班。陳八品，秩六百石。

［3］自廬江郡守去官：按，《南齊書》卷五四《孔嗣之傳》"廬江郡"作"廬陵郡"，且其下無"守"字。《册府元龜》卷八三〇同《南齊書》，《通志》卷一七八同本書。廬江，郡名。治舒縣，

在今安徽舒城縣。

[4]鍾山：大德本、汲古閣本、殿本同。百衲本作“錢山”。

[5]太中大夫：官名。亦作大中大夫。侍從皇帝左右，掌顧問應對，參謀議政。南朝宋七品，品秩不高，但禄賜則與卿相當。梁、陳多用以安置老疾退免的九卿等大臣，無職事。梁十一班。陳四品，秩千石。

[6]卒：據《南齊書·孔嗣之傳》，嗣之卒於齊明帝建武三年(496)。

徐伯珍字文楚，東陽太末人也。[1]祖、父並郡掾史。伯珍少孤貧，學書無紙，嘗以竹箭、若葉、甘蕉及地上學書。[2]山水暴出，漂溺宅舍，村鄰皆奔走，伯珍累牀而坐，[3]誦書不輟。叔父璠之與顏延之友善，[4]還祛蒙山立精舍講授，伯珍往從學。積十年，究尋經史，游學者多依之。太原琅邪王曇生、吴郡張淹並加禮辟，[5]伯珍應召便退，如此者凡十二焉。徵士沈儼造膝談論，[6]申以素交。吴郡顧歡擿出《尚書》滯義，伯珍訓答，[7]甚有條理，儒者宗之。好釋氏、老、莊，兼明道術。歲嘗旱，伯珍筮之，如期而雨。[8]舉動有禮，過曲木之下，趨而避之。早喪妻，晚不復重娶，自比曾參。[9]

[1]東陽：郡名。治長山縣，在今浙江金華市。南朝陳改名金華郡。　太末：縣名。治所在今浙江龍游縣。一説今浙江金華市西。隋省。

[2]嘗：大德本、汲古閣本、殿本作“常”。　若葉：大德本、殿本同，汲古閣本作“箬葉”。

[3]伯珍累牀而坐：《南齊書》卷五四《徐伯珍傳》“坐”作

"止"。

[4]顏延之：字延年，琅邪臨沂（今山東臨沂市）人。本書卷三四、《宋書》卷七三有傳。

[5]太原：大德本、汲古閣本、殿本作"太守"。底本誤，應據諸本改。　王曇生：琅邪臨沂（今山東臨沂市）人，王弘之之子。本書卷二四、《宋書》卷九三有附傳。　張淹：吴郡吴（今江蘇蘇州市）人，張暢子。本書卷三二、《宋書》卷四六有附傳。

[6]沈儼：一作沈儼之。事見《南齊書》卷五四《沈驎士傳》。

[7]訓：大德本、汲古閣本同，殿本、百衲本作"詶"。《南齊書·徐伯珍傳》作"訓"。

[8]如期而雨：《南齊書·徐伯珍傳》"而雨"作"雨澍"。

[9]曾參：孔子弟子。事見《史記》卷六七《仲尼弟子列傳》。

宅南九里有高山，班固謂之九巖山，[1]後漢龍丘萇隱處也。[2]山多龍鬚檉柏，望之五采，世呼爲婦人巖。二年，[3]伯珍移居之，階户之間，木生皆連理。[4]門前生梓樹，一年便合抱。館東石壁，夜忽有赤光洞照，俄爾而滅。白雀一雙栖其户牖，論者以爲隱德之感焉。刺史豫章王辟議曹從事，[5]不就。家甚貧窶，兄弟四人皆白首相對，[6]時人呼爲"四皓"。建武四年卒，[7]年八十四。受業生凡千餘人。

[1]九巖山：山名。在今浙江龍游縣東。

[2]龍丘萇：吴（今江蘇蘇州市）人。《後漢書》卷七六有附傳。

[3]二年：中華本校勘記："錢大昕、張元濟、張森楷並云二年於上下文不相屬，疑有誤脱。"

[4]階户之間，木生皆連理：按，《南齊書》卷五四《徐伯珍傳》無此九字。

[5]刺史豫章王：蕭嶷。字宣儼，齊高帝第二子。高帝建元元年（479），封爲豫章王。本書卷四二、《南齊書》卷二二有傳。按，《南齊書·徐伯珍傳》“刺史”上有“永明二年”四字。

[6]兄弟：汲古閣本同，大德本、殿本作“弟兄”。

[7]建武：南朝齊明帝蕭鸞年號（494—498）。

伯珍同郡婁幼瑜字季，[1]亦聚徒教授，不應徵辟，彌爲臨川王映所賞異，[2]著《禮捃拾》三十卷。[3]

[1]伯珍同郡婁幼瑜字季：各本同，中華本據《南史》卷五〇《劉瓛傳》於“季”後補“玉”字。按，《册府元龜》卷五九八作“樓幼瑜字季玉”，《通志》卷一七八作“婁幼瑜字季”。《南齊書》卷五四《徐伯珍傳》“婁幼瑜”作“樓幼瑜”。

[2]臨川王映：蕭映。字宣光，齊高帝第三子。高帝建元元年（479），封爲臨川王。本書卷四三、《南齊書》卷三五有傳。

[3]著《禮捃拾》三十卷：《南齊書·徐伯珍傳》“《禮捃拾》”作“《禮捃遺》”，“三十卷”下有“官至給事中”五字。按，《隋書·經籍志一》著録:“《喪服經傳義疏》二卷，齊給事中樓幼瑜撰”“《(禮）摭遺别記》一卷，樓幼瑜撰”，《隋書·經籍志四》有“《婁幼瑜集》六十六卷”。

沈麟士字雲禎，[1]吴興武康人也。[2]祖膺期，晋太中大夫。父虔之，宋樂安令。

[1]沈麟士：按，《南齊書》卷五四《沈驎士傳》作“沈驎士”。“驎”同“麟”。《太平御覽》所引《齊書》大多作“麟士”，

亦有作“驎士”者，非劃一也。

［2］吴興：郡名。治烏程縣，在今浙江湖州市。　武康：縣名。治所在今浙江德清縣西。

麟士幼而俊敏，[1]年七歲，聽叔父岳言玄。賓散，言無所遺失。岳撫其肩曰：“若斯文不絶，其在爾乎。”及長，博通經史，有高尚之心。親亡，居喪盡禮。服闋，[2]忌日輒流泣彌旬。[3]居貧織簾誦書，口手不息，鄉里號爲織簾先生。嘗爲人作竹誤傷手，便流淚而還。同作者謂曰：“此不足損，何至涕零。”答曰：“此本不痛，但遺體毁傷，感而悲耳。”嘗行路，鄰人認其所著屣，[4]麟士曰：“是卿屐邪？”即跣而反。鄰人得屐，送前者還之，麟士曰：“非卿屐耶？”笑而受之。

［1］麟士幼而俊敏：以下至“感而悲耳”，按，此段記述，在《南齊書》卷五四《沈驎士傳》中唯有“家貧，織簾誦書，口手不息”十字，其餘皆無。

［2］闋：大德本、汲古閣本、殿本作“闋”。

［3］泣：大德本、汲古閣本、殿本作“淚”。

［4］嘗行路，鄰人認其所著屣：以下至“笑而受之”，按，此段記述亦爲《南齊書·沈驎士傳》所無。《太平御覽》卷六九八引《齊書》所云全與本書同。或疑《太平御覽》將《南史》誤作《齊書》。大德本、汲古閣本、殿本“屣”作“屐”。

宋元嘉末，[1]文帝令僕射何尚之抄撰《五經》，[2]訪舉學士，縣以麟士應選。不得已至都，尚之深相接。及至，[3]尚之謂子偃曰：[4]“山藪故多奇士，[5]沈麟士，黄叔度之流也，豈可澄清淆濁邪。汝師之。"[6]

[1]元嘉：南朝宋文帝劉義隆年號（424—453）。

[2]何尚之：字彥德，廬江灊（今安徽霍山縣）人。本書卷三〇、《宋書》卷六六有傳。

[3]"不得已至都"至"及至"：按，《南齊書》卷五四《沈驎士傳》無此十二字。

[4]偃：何偃。字仲弘，廬江灊（今安徽霍山縣）人，何尚之子。宋孝武帝時官至吏部尚書。本書卷三〇有附傳，《宋書》卷五九有傳。

[5]山藪故多奇士：按，《南齊書·沈驎士傳》作"山東故有奇士也"。

[6]"沈麟士"至"汝師之"：《南齊書·沈驎士傳》無。黄叔度，黄憲。字叔度，汝南慎陽（今河南正陽縣）人。《後漢書》卷五三有傳。

麟士嘗苦無書，因游都下，歷觀四部畢，乃歎曰："古人亦何人哉。"[1]少時稱疾歸鄉，不與人物通。養孤兄子，義著鄉曲。或勸之仕，答曰："魚縣獸檻，天下一契。聖人玄悟，所以每履吉先。吾誠末能景行坐忘，[2]何爲不希企日損。"乃作《玄散賦》以絶世。太守孔山士辟，[3]不應，宗人徐州刺史曇慶、侍中懷文、左率勃來候之，[4]麟士未嘗答也。

[1]"麟士嘗苦無書"至"古人亦何人哉"：《南齊書》卷五四《沈驎士傳》無此記述。

[2]末：大德本、汲古閣本、殿本作"未"。底本誤，應據諸

本改。

[3]孔山士：會稽山陰（今浙江紹興市）人。《宋書》卷五四有附傳。參《宋書·符瑞志下》。

[4]曇慶：沈曇慶。吴興武康（今浙江德清縣）人。本書卷三四有附傳，《宋書》卷五四有傳。　懷文：沈懷文。字思明，吴興武康（今浙江德清縣）人。本書卷三四、《宋書》卷八二有傳。　勃：沈勃。吴興武康（今浙江德清縣）人。本書卷三六、《宋書》卷六三有附傳。

隱居餘不吴差山，[1]講經教授，從學士數十百人，各營屋宇，依止其側，時爲之語曰："差山中有賢士，開門教授居城市。"[2]麟士重陸機《連珠》，[3]每爲諸生講之。征北張永爲吴興，[4]請麟士入郡。麟士聞郡後堂有好山水，即戴安道游吴興，[5]因古墓爲山池也。欲一觀之，乃往停數月。永欲請爲功曹，[6]麟士曰："明府德履沖素，留心山谷，是以被褐負杖，[7]忘其疲病。必欲飾渾沌以蛾眉，冠越客於文冕，走雖不敏，請附高卿，有蹈東海死耳，不忍受此黔劓。"[8]永乃止。

[1]餘不：水名。即餘不溪。指今浙江北部東苕溪自德清縣至湖州市的一段河道。汲古閣本同，大德本、殿本作"餘干"。　吴差山：山名。即今浙江德清縣老縣城東南乾元山。

[2]差山中有賢士，開門教授居城市：《南齊書》卷五四《沈驎士傳》未載此諺語。"差山中"各本並同，中華本依上文於前逕補"吴"字。按，《太平御覽》卷五〇五引《南史》、《通志》卷一七八"差山"上皆有"吴"字，似當據以補之。城市，大德本、汲古閣本、殿本作"成市"。底本誤，應據諸本改。

[3]陸機《連珠》：載《文選》卷五五，五十首。張銑注："連珠者，假託衆物陳義，以通諷諭之道。連，貫也。言貫穿情理，如珠之在貫焉。漢章帝時，班固、賈逵已有此作，機復引舊義以廣之。演，引也。"

[4]張永：字景雲，吴郡吴（今江蘇蘇州市）人。本書卷三一、《宋書》卷五三有附傳。

[5]戴安道：戴逵。字安道，譙國（今安徽亳州市）人。《晉書》卷九四有傳。

[6]永欲請爲功曹：《南齊書·沈驎士傳》此句下有"使人致意"四字。

[7]是以被褐負杖：《南齊書·沈驎士傳》"是"上有"民"字，此避唐太宗李世民諱省。

[8]有蹈東海死耳，不忍受此黔劓：按，《南齊書·沈驎士傳》唯作"有蹈東海而死爾"，無其下六字。

昇明末，[1]太守王奂，[2]永明中，中書郎沈約並表薦之，[3]徵皆不就。乃與約書曰："名者實之賓，本所不庶。[4]中央無心，空勤南北。爲惠反凶，將在於斯。"

[1]昇明：南朝宋順帝劉準年號（477—479）。

[2]王奂：字道明，小字彦孫，琅邪臨沂（今山東臨沂市）人。本書卷二三有附傳，《南齊書》卷四九有傳。

[3]沈約：字休文，吴興武康（今浙江德清縣）人。本書卷五七、《梁書》卷一三有傳。按，《南齊書》卷五四《沈驎士傳》"中書郎沈約"上有"吏部郎沈淵"五字，《通志》卷一七八亦有之，此當避唐高祖李淵諱删。又，淵、約薦表載《南齊書·沈驎士傳》。

[4]名者實之賓，本所不庶：按，此化用《莊子·逍遥遊》"堯讓天下于許由"段中的許由答辭，"名者，實之賓也。吾將爲

賓乎”，以拒絶約等表薦。

麟士無所營求，以篤學爲務，恒凴素几鼓素琴，不爲新聲。[1]負薪汲水，并日而食。守操終老，讀書不倦。[2]遭火燒書數千卷，年過八十，耳目猶聰，[3]手以反故抄寫，[4]火下細書，復成二三千卷，滿數十篋。時人以爲養身静嘿所致。製《黑蝶賦》以寄意。[5]著《周易》兩《繫》、《莊子·内篇訓》。注《易經》《禮記》《春秋》《尚書》《論語》《孝經》《喪服》《老子》要略數十卷。[6]梁天監元年，[7]與何點同徵，[8]又不就。二年，卒於家，年八十五。[9]以楊王孫、皇甫謐深達生死而終禮矯俗，[10]乃自爲終制，遺令：[11]“氣絶剔被，取三幅布以覆屍。及斂，仍移布於屍下，以爲斂服。反被左右兩際以周上，不復製覆被。不須沐浴唅珠。以本裓衫、先著禪，凡二服，[12]上加單衣幅巾履枕，棺中唯此。依士安用《孝經》。[13]既殯不復立靈座，四節及祥，權鋪席於地，以設玄酒之奠。人家相承漆棺，今不復爾。亦不須旐。成服後即葬，作冢令小，後祔更作小冢於濱。合葬非古也。冢不須聚土成墳，使上與地平。王祥終制亦爾。[14]葬不須輀車、靈舫、魌頭也。不得朝夕下食。祭奠之法，至于葬，唯清水一盃。”子彝奉而行之，州鄉皆稱歎焉。

［1］“無所營求”至“不爲新聲”：按，《南齊書》卷五四《沈驎士傳》無此二十字。

［2］讀書不倦：《南齊書·沈驎士傳》“讀書”作“篤學”。

［3］聰：大德本、汲古閣本、殿本作“聰明”。底本誤，應據諸本補“明”字。

［4］手以反故抄寫：大德本、汲古閣本、殿本無“手”字。《南齊書・沈驎士傳》有。反故，謂將舊紙翻轉使用。故，故紙，舊紙。周一良《讀書雜識》：“反故者，猶言廢紙，今東瀛尚用此語。《南史》八十《賊臣傳・侯景傳》：稍至吏部尚書，非其好也。每獨曰，何當離此反故帋邪？亦謂侯景雄驍，不欲省文牘，詈爲廢紙，亟欲離之也。”（載《魏晋南北朝史論集》，中華書局1963年版，第390—391頁）又，《南齊書》中華本校勘記曰：“今按近年敦煌發現之北朝及唐代寫經，往往利用舊官文書及户籍册之反面以書佛經，即所謂‘反故’也。”

［5］製《黑蝶賦》以寄意：按，《南齊書・沈驎士傳》無此七字。

［6］“著《周易》兩《繫》”至“《老子要略》數十卷”：按，《隋書・經籍志一》著録“《喪服經傳義疏》一卷，齊徵士沈麟士撰”，《隋書・經籍志四》有“齊太子舍人《沈驎士集》六卷”。

［7］天監：南朝梁武帝蕭衍年號（502—519）。

［8］何點：字子晳，廬江灊（今安徽霍山縣）人。本書卷三〇、《南齊書》卷五四有附傳，《梁書》卷五一有傳。

［9］二年，卒於家，年八十五：《南齊書・沈驎士傳》作“年八十六，卒”，無“二年”“於家”四字，“八十五”作“八十六”。

［10］楊王孫：西漢武帝時人。《漢書》卷六七有傳。　皇甫謐：字士安，幼名静，安定朝那（今寧夏固原市）人。《晋書》卷五一有傳。　終禮矯俗：《南齊書・沈驎士傳》“俗”作“僞”。

［11］遺令：以下至“唯清水一盃”，按，《南齊書・沈驎士傳》未載此終制文。

［12］不須沐浴唅珠。以本裘衫、先著褌，凡二服：按，大德本、汲古閣本、殿本“以本”作“以米”，連上“唅珠”爲句。中

華本據《通志》卷一七八改作“以本”。詳本書中華本校勘記。《册府元龜》卷九〇七亦作“以本”。此二字底本不誤。著禪，大德本、汲古閣本、殿本作“着褌”。底本誤，應據諸本改。

[13]依士安用《孝經》：按，士安即皇甫謐，字士安。《太平御覽》卷六一〇引吴均《齊春秋》曰：“沈麟士字雲禎，臨終遺命曰：棺中依皇甫謐用《孝經》，既殯，不須立靈座。士安亦然也。”可與本書相互參證。

[14]王祥：字休徵，琅邪臨沂（今山東臨沂市）人。《晋書》卷三三有傳，事迹又詳《三國志》卷四《魏書·三少帝紀》。

阮孝緒字士宗，陳留尉氏人也。[1]父彦之，宋太尉從事中郎，以清幹流譽。

[1]陳留：郡名。治小黄縣，在今河南開封市東北。　尉氏：縣名。治所在今河南尉氏縣。

孝緒七歲出繼從伯胤之，胤之母周氏卒，遺財百餘萬應歸孝緒，孝緒一無所納，盡以歸胤之姊琅邪王晏之母，[1]聞者咸歎異之。乳人憐其傳重辛苦，輒竊玉羊金獸等物與之。孝緒見而駭愕，啓彦之送還王氏。[2]

[1]王晏：字士彦，琅邪臨沂（今山東臨沂市）人。本書卷二四有附傳，《南齊書》卷四二有傳。

[2]“乳人憐其傳重辛苦”至“啓彦之送還王氏”：按，此段記述爲《梁書》卷五一《阮孝緒傳》所無。

幼至孝，性沈静，雖與童兒游戲，[1]恒以穿池築山爲樂。年十三，偏通《五經》。十五冠而見其父彦之，彦之誡曰："三加彌尊，[2]人倫之始，宜思自勗，以庇爾躬。"答曰："願迹松子於瀛海，[3]追許由於穹谷，[4]庶保促生，以免塵累。"自是屏居一室，非定省未嘗出户，家人莫見其面，親友因呼爲居士。

[1]童兒：大德本、殿本同，汲古閣本作"兒童"。《梁書》卷五一《阮孝緒傳》亦作"兒童"。

[2]三加：古代男子行加冠禮，初加緇布冠，次加皮弁，次加爵弁，謂之三加。見《禮記·冠義》及鄭玄注。

[3]松子：即赤松子。傳説中的上古仙人。或謂神農時雨師，或謂帝嚳之師，各家所載不一。參《史記》卷五五《留侯世家》司馬貞索隱引《列仙傳》、《漢書·古今人表》。

[4]許由：或作許繇。傳説中的上古隱士。堯欲讓以天下，不受，遁隱於箕山之下。堯又召爲九州長，不欲聞，乃洗耳於潁水之濱。見《莊子·逍遥遊》、《史記》卷六一《伯夷列傳》。

年十六，父喪，不服緜纊，雖蔬有味亦吐之。[1]外兄王晏貴顯，屢至其門，孝緒度之必至顛覆，聞其笳管，穿籬逃匿，不與相見。曾食醬美，[2]問之，云是王家所得，更吐餐覆醬。[3]及晏誅，親戚咸爲之懼。孝緒曰："親而不黨，何坐之及。"竟獲免。

[1]年十六，父喪，不服綿纊，雖蔬有味亦吐之：按，大德本、汲古閣本同，殿本"蔬"作"蔬菜"。《梁書》卷五一《阮孝緒傳》無此記述。《太平御覽》卷八一九引《齊書》、《通志》卷一七八並與此略同，唯"蔬"《太平御覽》引作"蔬食"。

［2］醬：大德本、汲古閣本、殿本作“醬”。底本誤，應據諸本改。

［3］更吐餐覆醬：《梁書·阮孝緒傳》作“便吐飧覆醢”。更，大德本、汲古閣本、殿本作“便”。底本誤，應據諸本改。

梁武起兵圍建鄴，家貧無以爨，僮妾竊憐人墓樵以繼火。[1]孝緒知之，乃不食，更令撤屋而炊。所居以一鹿牀爲精舍，以樹環繞。[2]天蓋初，[3]御史中丞任昉尋其兄履之，[4]欲造面不敢，[5]望而歎曰："其室雖邇，其人甚遠。"[6]其爲名流所欽尚如此。自是欽慕風譽者，[7]莫不懷刺斂衽，望塵而息。殷芸欲贈以詩，[8]昉曰："趣舍既異，何必相干。"芸乃止。唯與比部郎裴子野交。[9]子野薦之尚書徐勉，[10]言其"年十餘歲隨父爲湘州行事，不書官紙，以成親之清白。論其志行粗類管幼安，[11]以采章如似皇甫謐"。[12]

［1］僮妾竊憐人墓樵以繼火：大德本、汲古閣本、殿本"憐人"作"鄰人"。底本誤，應據諸本改。《梁書》卷五一《阮孝緒傳》"墓樵"作"樵"，無"墓"字。

［2］所居以一鹿牀爲精舍，以樹環繞：《梁書·阮孝緒傳》作"所居室唯有一鹿牀，竹樹環繞"。鹿牀，坐卧之具，即古人所謂"坐榻"。精舍，謂道士、僧人修煉所居之所。

［3］天蓋初：大德本、汲古閣本、殿本作"天監初"。底本誤，應據諸本改。

［4］御史中丞：大德本、汲古閣本、殿本作"御史中丞"。底本誤，應據諸本改。　任昉：字彦升（《梁書》作"彦昇"），樂安博昌（今山東博興縣）人。本書卷五九、《梁書》卷一四有傳。

[5]欲造面不敢：大德本、汲古閣本、殿本“面”作“而”。《梁書·阮孝緒傳》亦作“而”。底本誤，應據諸本改。

[6]其室雖邇，其人甚遠：語本《詩·鄭風·東門之墠》：“其室則邇，其人甚遠。”

[7]自是欽慕風譽者：以下至“以采章如似皇甫謐”，《梁書·阮孝緒傳》無此段記述。

[8]殷芸：字灌蔬，陳郡長平（今河南西華縣）人。本書卷六〇有附傳，《梁書》卷四一有傳。

[9]裴子野：字幾原，河東聞喜（今山西聞喜縣）人。本書卷三三有附傳，《梁書》卷三〇有傳。

[10]徐勉：字脩仁，東海郯（今山東郯城縣）人。本書卷六〇、《梁書》卷二五有傳。

[11]管幼安：管寧。字幼安，北海朱虚（今山東臨朐縣）人。《三國志》卷一一有傳。

[12]以采章如似皇甫謐：各本同，中華本據《通志》卷一七八於“以”上補“比”字。

天監十二年，詔公卿舉士，秘書監傅照上疏薦之，[1]與吴郡范元琰俱徵，並不到。陳郡袁峻謂曰：[2]“往者天地閉，賢人隱。今世路已清，而子猶遁，可乎？”答曰：“昔周德雖興，夷、齊不厭薇蕨。[3]漢道方盛，黄、綺無悶山林。[4]爲仁由己，何關人世？[5]況僕非往賢之類邪？”初，謝朏及伏暅應徵，[6]天子以爲隱者苟立虚名，以要顯譽，故孝緒與何胤並得遂其高志。[7]

[1]傅照：即傅昭。字茂遠，北地靈州（今寧夏吴忠市北）人。本書卷六〇、《梁書》卷二六有傳。

[2]袁峻：字孝高，陳郡陽夏（今河南太康縣）人。本書卷七二、《梁書》卷四九有傳。

[3]夷、齊：商末孤竹國君二子伯夷、叔齊的合稱。《史記》卷六一有《伯夷列傳》。

[4]黄、綺：漢初商山四皓中夏黄公、綺里季的合稱。見《史記》卷五五《留侯世家》及《漢書》卷四〇《張良傳》。

[5]爲仁由己，何關人世：語本《論語·顔淵》："爲仁由己，而由人乎哉！"

[6]謝朏：字敬沖，陳郡陽夏（今河南太康縣）人。本書卷二〇有附傳，《梁書》卷一五有傳。 伏暅：字玄曜，平昌安丘（今山東安丘市）人。本書卷七一有附傳，《梁書》卷五三有傳。

[7]何胤：字子季，廬江灊（今安徽霍山縣）人。本書卷三〇有附傳，《南齊書》卷五四、《梁書》卷五一有傳。

後於鍾山聽講，母王氏忽有疾，兄弟欲召之。母曰："孝緒至性冥通，必當自到。"果心驚而反，鄰里嗟異之。合藥須得生人葠，舊傳鍾山所出。孝緒躬歷幽險，累日不逢。忽見一鹿前行，孝緒感而隨後，至一所遂滅，就視，果獲此草。母得服之遂愈，時皆言其孝感所致。

有善筮者張有道曰："見子隱迹而心難明，自非考之龜蓍，無以驗也。"及布卦，既揲五爻，[1]曰："此將爲感，[2]應感之法，[3]非嘉遁之兆。"[4]孝緒曰："安知後爻不爲上九。"[5]果成《遁卦》。有道歎曰："此所謂'肥遁無不利'，[6]象實應德，[7]心迹并也。"孝緒曰："雖獲《遁卦》，而上九爻不發，升遐之道，[8]便當高謝許生。"[9]乃著《高隱傳》，[10]上自炎皇，[11]終于天監末，斟酌分爲三品：言行超逸，名氏弗傳，爲上篇；始終不耗，姓名可録，爲中篇；挂冠人世，栖心塵表，爲下篇。[12]湘東王著《忠臣傳》，[13]集《釋氏》碑銘、《丹楊尹録》、《研神記》，[14]並先簡孝緒而後施行。南平元襄王聞其名，[15]致書要之，不赴，曰："非志驕富貴，但性畏廟堂，若使麏麚可驂，[16]何以異夫驥騄。"[17]

[1]揲（shé）：揲蓍。古代以數點蓍草莖的占卜方法來卜卦。爻：《周易》中組成卦的符號。"—"爲陽爻，爻題中用"九"表示；"--"爲陰爻，爻題中用"六"表示。每三爻合成一卦，可得八卦，稱爲經卦；兩卦（六爻）相重則得六十四卦，稱爲别卦。《易·繫辭上》："爻者，言乎變者也。"又《繫辭下》："爻也者，效天下之動者也。"

[2]感：大德本、汲古閣本、殿本作"咸"。《梁書》卷五一《阮孝緒傳》亦作"咸"。底本誤，應據諸本改。咸，咸卦。六十四卦之一。艮下兑上。《易·咸》："咸，亨，利貞，取女吉。"

[3]應感：特指天人感應。《易·咸》："彖曰：咸，感也。柔上而剛下，二氣感應以相與。"

[4]嘉遁：亦作嘉遯。《易·遯》："嘉遯貞吉，以正志也。"舊時因謂合乎正道的退隱，合乎時宜的隱遁。

[5]上九：指《易》卦在第六位的陽爻。

[6]肥遁：《易·遯》："上九，肥遯，無不利。"孔穎達疏："上九最在外極，无應於内，心无疑顧，是遯之最優，故曰肥遯。"後因稱退隱爲"肥遯"。

[7]象：爻象。謂六爻相交成卦所表示的事物形象。《易·繫辭下》："爻也者，效此者也。象也者，像此者也。爻象動乎内，吉凶見乎外。"

[8]升遐：升天。此謂離世隱居，學道修仙。

［9］許生：指上古堯時隱者許由。

［10］《高隱傳》：書名。按，《隋書·經籍志二》《新唐書·藝文志二》著録爲“十卷”、《舊唐書·經籍志上》著録爲“二卷”。

［11］炎皇：指炎帝神農氏。按，《梁書·阮孝緒傳》作“炎黄”，《册府元龜》卷六〇七、《通志》卷一七八皆同《梁書》。

［12］“言行超逸”至“爲下篇”：按，《梁書·阮孝緒傳》作“凡若干卷”，及載録孝緒著論“夫至道之本”云云。

［13］湘東王：蕭繹。即梁元帝。字世誠，梁武帝第七子。初封湘東王。本書卷八、《梁書》卷五有紀。　《忠臣傳》：書名。三十卷。《隋書·經籍志二》及《舊唐書·經籍志上》《新唐書·藝文志二》並有著録。

［14］《丹楊尹録》：書名。即《丹陽尹傳》，十卷。《隋書·經籍志二》及《舊唐書·經籍志上》有著録。參蕭繹《金樓子·著書篇》。　《研神記》：書名。十卷。《隋書·經籍志二》有著録。

［15］南平元襄王：蕭偉。字文達，梁武帝第八弟。本書卷五二、《梁書》卷二二有傳。

［16］麏麚：麏指獐子，麚指雄鹿。此借指山林野獸。

［17］驥騄：驥指赤驥，騄指騄駬，並周穆王“八駿”之名。參《穆天子傳》卷一。此泛指良馬。

初，建武末，青溪宫東門無故自崩，[1]大風拔東宫門外楊樹，[2]或以問孝緒。孝緒曰：“青溪皇家舊宅，齊爲去行，[3]東爲木位。今東門自壞，木其衰矣。”

［1］青溪宫：宫苑名。在今江蘇南京市城區東北。本蕭道成舊宅，後改爲芳林苑。

［2］東宫：在今江蘇南京市雞籠山南古臺城遺址東。

［3］去：大德本、汲古閣本、殿本作“木”。《梁書》卷五一

《阮孝緒傳》亦作“木”。底本誤，應據諸本改。

武帝禁畜讖緯，[1]孝緒兼有其書，或勸藏之。答曰：“昔劉德重淮南《秘要》，[2]適爲更生之禍，[3]杜瓊所謂不如不知，[4]此言美矣。”客有求之，答曰：“己所不欲，豈可嫁禍於人。”乃焚之。

[1]武帝禁畜讖緯：以下至“乃焚之”，此段記述爲《梁書》卷五一《阮孝緒傳》所無。

[2]劉德：沛（今江蘇沛縣）人，楚元王劉交之後。《漢書》卷三六有附傳。　淮南《秘要》：本指漢淮南王劉安珍藏的枕中《鴻寶》《苑秘書》等道術秘籍。後亦泛指珍秘的書籍。

[3]更生：劉向。本名更生，劉德之子。《漢書》卷三六有附傳。

[4]杜瓊：字伯瑜，蜀郡成都（今四川成都市）人。《三國志》卷四二有傳。

鄱陽忠烈王妃，[1]孝緒姊也。王嘗命駕欲就之游，孝緒鑿垣而逃，卒不肯見。王悵然歎息。王諸子篤渭陽之情，[2]歲時之貢，無所受納，未嘗相見，竟不之識。或問其故，孝緒曰：“我本素賤，不應爲王侯姻戚，邂逅所逢，豈闕始願。”[3]劉敲曾以米饋之，孝緒不納，敲亦棄之。[4]末年以蔬食斷酒，[5]其恒供養石像先有損壞，心欲補之，罄心敬禮，[6]經一夜忽然完復。衆並異之。

[1]鄱陽忠烈王：蕭恢。字弘達，梁武帝弟，封鄱陽郡王。本書卷五二、《梁書》卷二二有傳。

［2］渭陽之情：即甥舅情誼。典出《詩·秦風·渭陽》："我送舅氏，曰至渭陽。"

［3］我本素賤，不應爲王侯姻戚，邂逅所逢，豈關始願：按，《梁書》卷五一《阮孝緒傳》作"非我始願，故不受也"。《通志》卷一七八與本書同。

［4］劉歊曾以米餽之，孝緒不納，歊亦棄之：《梁書·阮孝緒傳》無此段記述。劉歊，字士光，平原（今山東平原縣）人。本書卷四九有附傳，《梁書》卷五一有傳。

［5］末年以蔬食斷酒：按，各本同，中華本據《太平御覽》卷六五七引《梁書》删"以"字。《梁書·阮孝緒傳》無此七字，《通志》卷一七八與本書同。

［6］心欲補之，罄心敬禮：《梁書·阮孝緒傳》作"心欲治補"，其下無"罄心敬禮"四字。

大同二年正月，[1]孝緒自筮卦，"吾壽與劉著作同年"。[2]及劉杳卒，孝緒曰："劉侯逝矣，吾其幾何。"其年十月卒，年五十八。梁簡文在東宫，[3]隆恩厚贈，子恕等述先志不受。顧協以爲恩異常均，[4]議令恭受。門徒追論德行，謚曰文貞處士。所著《七録》《削繁》等一百八十一卷，[5]並行於世。

［1］大同：南朝梁武帝蕭衍年號（535—546）。

［2］劉著作：劉杳。字士深，平原（今山東平原縣）人。本書卷四九有附傳，《梁書》卷五〇有傳。

［3］梁簡文在東宫：以下至"議令恭受"，按，此段記述爲《梁書》卷五一《阮孝緒傳》所無。

［4］顧協：字正禮，吴郡吴（今江蘇蘇州市）人。本書卷六二、《梁書》卷三〇有傳。

[5]所著《七録》《削繁》等一百八十一卷：《梁書·阮孝緒傳》無“《削繁》”二字，“一百八十一卷”作“二百五十卷”。按，《通志》卷一七八與本書同。《七録》，書名。圖書目録分類專著，十二卷。《隋書·經籍志二》及《舊唐書·經籍志上》《新唐書·藝文志二》並有著録。原書雖已失傳，但其序目尚完整保存在《廣弘明集》卷三中。參《隋書·經籍志序》。《削繁》，書名。《正史削繁》之省稱。《隋書·經籍志二》及《舊唐書·經籍志上》《新唐書·藝文志二》並有著録，唯《隋書·經籍志二》作“九十四卷”，《舊唐書·經籍志上》《新唐書·藝文志二》作“十四卷”。

初，孝緒所撰《高隱傳》中篇所載一百三十七人，[1]劉歊、劉訏覽其書曰：[2]“昔嵇康所贊，[3]缺一自擬，今四十之數，將待吾等成邪。”對曰：“所謂荀君雖少，後事當付鍾君。[4]若素車白馬之日，[5]輒獲麟於二子。”[6]歊、訏果卒，乃益二傳。及孝緒亡，訏兄絜録其所遺行次篇末，[7]成絶筆之意云。

[1]初，孝緒所撰《高隱傳》中篇：以下至“成絶筆之意云”，按，此段記述爲《梁書》卷五一《阮孝緒傳》所無。

[2]劉訏：字彦度，劉歊族弟。本書卷四九有附傳，《梁書》卷五一有傳。

[3]嵇康所贊：即《聖賢高士傳贊》，三卷。《隋書·經籍志二》有著録。《三國志》卷二一《魏書·王粲傳》裴松之注引《嵇氏譜》：“撰録上古以來聖賢、隱逸、遁心、遺名者，集爲傳贊，自混沌至于管寧，凡百一十有九人。”原書已佚，現存清馬國翰輯《嵇康聖賢高士傳》一卷（《玉函山房輯佚書》本）。嵇康，字叔夜，譙國銍（今安徽宿州市）人。《晋書》卷四九有傳。

[4]荀君雖少，後事當付鍾君：典出《三國志》卷二九《魏

書·朱建平傳》，謂年長者爲年少亡友操勞身後之事。按，荀君，荀攸。字公達，潁川潁陰（今河南許昌市）人。《三國志》卷一〇有傳。鍾君，鍾繇。字元常，潁川長社（今河南長葛市）人。《三國志》卷一三有傳。

[5]素車白馬：送葬的婉辭。

[6]獲麟：相傳孔子作《春秋》至"西狩獲麟"而輟筆。後因喻指著述的絶筆。

[7]未：大德本、汲古閣本、殿本作"末"。底本誤，應據諸本改。

南嶽鄧先生名郁，[1]荆州建平人也。[2]少而不仕，隱居衡山極峻之嶺，立小板屋兩間，足不下山，斷穀三十餘載，唯以澗水服雲母屑，[3]日夜誦《大洞經》。[4]梁武帝敬信殊篤，爲帝合丹，帝不敢服，起五嶽樓貯之供養，道家吉日，[5]躬往禮拜。白日，神仙魏夫人忽來臨降，[6]乘雲而至，從少嫗三十，並著絳紫羅繡袿襹，年皆可十七八許。色豔桃李，質勝瓊瑶，言語良久，謂郁曰："君有仙分，所以故來，尋當相候。"至天監十四年，忽見二青鳥，[7]悉如鶴大，鼓翼鳴舞，移晷方去。謂弟子等曰："求之甚勞，得之甚逸。近青鳥既來，期會至矣。"少日無病而終。山内唯聞香氣，世未嘗有。武帝後令周捨爲《鄧玄傳》，[8]具序其事。

[1]南嶽鄧先生名郁：以下至"具序其事"，按，《南齊書》卷五四《高逸傳》、《梁書》卷五一《處士傳》皆無此傳。南嶽，山名。爲五嶽之一，歷來説法不一。此處指衡山，一名岣嶁山，位於今湖南中部湘、資二水之間。

[2]荆州：州名。治江陵縣，在今湖北荆州市荆州區。　建平：郡名。治巫縣，在今重慶巫山縣。南朝齊屬巴州，梁屬信州，隋文帝開皇初廢。

[3]唯以澗水服雲母屑：《册府元龜》卷九二八“唯”作“飲”。

[4]《大洞經》：道教經典名。全稱《上清大洞真經三十九章》。亦簡稱《大洞真經》《三十九章經》。由《黄庭經》發展而來，東晋時開始流傳，被道教上清派奉爲諸經之首。參《雲笈七籤》卷四《清源統經目注序》。

[5]道家吉日：《册府元龜》卷九二八“道家”作“家道”。

[6]魏夫人：魏華存。晋任城（今山東濟寧市）人，司徒魏舒之女，著名女道士，成帝時年八十三仙逝。被道教上清派尊爲祖師，稱紫虚元君、領上真司命、南嶽夫人。見《顔魯公集》卷九《晋紫虚元君領上真司命南嶽夫人魏夫人仙壇碑銘》。

[7]青鳥：神話傳説中爲西王母取食傳信的神鳥。

[8]周捨：字昇逸，汝南安成（今河南汝南縣）人。本書卷三四有附傳，《梁書》卷二五有傳。　《鄧玄傳》：按，中華本校勘記云：“鄧郁爲道士，此不欲斥其名，故云‘鄧玄傳’。”《册府元龜》卷九二八作“鄧郁傳”。

陶弘景字通明，丹楊秣陵人也。[1]祖隆，王府參軍。父貞，孝昌令。

[1]丹楊：郡名。即丹陽。治建康縣，在今江蘇南京市。　秣陵：縣名。治所在今江蘇南京市中華門外故報恩寺附近。

初，弘景母郝氏夢兩天人手執香鑪來至其所，[1]已而有娠。以宋孝建三年景申歲夏至日生。[2]幼有異操，年四五歲，恒以荻爲筆，畫灰中學書。[3]至十歲，得葛洪《神仙傳》,[4]晝夜研尋，便有養生之志。謂人曰：“仰青雲，覩白日，不覺爲遠矣。”父爲妾所害，弘景終身不娶。[5]及長，身長七尺七寸，神儀明秀，朗目疏眉，細形長額聳耳,[6]耳孔各有十餘毛出外二寸許，右膝有數十黑子作七星文。[7]讀書萬餘卷，一事不知，以爲深耻。[8]善琴棋，工草隸。未弱冠，齊高帝作相，引爲諸王侍讀,[9]除奉朝請。[10]雖在朱門，閉影不交外物，唯以披閲爲務。朝儀故事，多所取焉。[11]

[1]初，弘景母郝氏夢兩天人手執香鑪來至其所：按，《梁書》卷五一《陶弘景傳》“母”上無“弘景”二字、下無“郝氏”二字，“夢”下有“青龍自懷而出并見”八字。而《通志》卷一七八則合二者爲一，既有“弘景”“郝氏”，又有“青龍自懷而出并見”。

[2]以宋孝建三年景申歲夏至日生：《梁書·陶弘景傳》作“遂産弘景”。錢大昕《廿二史考異》卷三七云“按：本傳陶以梁大同二年卒，年八十五。溯其生年，當是元嘉二十九年壬辰。前後自相矛盾，且史例，諸臣傳亦無書其生年者。”孝建，南朝宋孝武帝劉駿年號（454—456）。景申，即丙申。此避唐高祖李淵父李昞諱改。汲古閣本、大德本同，殿本作“丙申”。

[3]年四五歲，恒以荻爲筆，畫灰中學書：此段記述爲《梁書·陶弘景傳》所無。

[4]葛洪：字稚川，丹陽句容（今江蘇句容市）人。《晋書》卷七二有傳。　《神仙傳》：書名。記仙道異聞一百九十人事，十卷。《隋書·經籍志二》及《舊唐書·經籍志上》《新唐書·藝文志三》均有著録。按，現存《四庫全書》《漢魏叢書》《道藏精華録》之傳本，皆經過後人掇拾，非葛氏原書。

[5]父爲妾所害，弘景終身不娶：此段記述爲《梁書·陶弘景

傳》所無。

[6]身長七尺七寸，神儀明秀，朗目疏眉，細形長額聳耳：《梁書·陶弘景傳》“七尺七寸”“長額聳耳”分别作“七尺四寸”“長耳”。

[7]耳孔各有十餘毛出外二寸許，右膝有數十黑子作七星文：按，《梁書·陶弘景傳》無此二十三字。

[8]一事不知，以爲深耻：按，《梁書·陶弘景傳》無此八字。

[9]齊高帝作相，引爲諸王侍讀：各本及《梁書·陶弘景傳》、《通志》卷一七八並同。按，蕭道成“作相”乃宋末事，其時諸子不可能受封爲王。據《雲笈七籤》卷一〇七引陶翊《華陽隱居先生本起録》，宋順帝昇明“二年正月沈攸之平”，弘景從齊公蕭道成還東府城，“公仍遣使侍第五息暠、六息嵩侍讀，兼助公間管記事”。故此所謂“諸王”當改作“諸子”。

[10]奉朝請：官名。南朝隸屬集書省，多以安置閑散，所授甚濫，齊武帝永明中竟至六百餘人。按，弘景除奉朝請，在齊武帝築成青溪宫後，非齊高帝時事。詳陶翊《華陽隱居先生本起録》。

[11]朝儀故事，多所取焉：《梁書·陶弘景傳》“取”作“決”。

家貧，求宰縣不遂。永明十年，[1]脱朝服挂神武門，[2]上表辭禄。[3]詔許之，賜以束帛，敕所在月給伏苓五斤，白蜜二升，以供服餌。[4]及發，公卿祖之征虜亭，[5]供帳甚盛，車馬填咽，咸云宋、齊以來未有斯事。於是止于句容之句曲山。[6]恒曰：“此山下是第八洞宫，名金陵華陽之天，[7]周回一百五十里。昔漢有咸陽三茅君得道來掌此山，[8]故謂之茅山。”乃中山立館，自號華陽陶隱居。人間書禮，[9]即以隱居代名。

［1］永明：南朝齊武帝蕭賾年號（483—493）。

［2］脱朝服挂神武門：按，今本《梁書》卷五一《陶弘景傳》無此七字，《六朝事迹編類》卷一〇《神仙門·太平觀》引《梁書》則有之。神武門，城門名。建康宫城第二重墻西面門。按，"武"本字"虎"，此避唐高祖李淵祖父李虎諱改。

［3］上表辭禄：據《雲笈七籤》卷一〇七引陶翊《華陽隱居先生本起録》，弘景於齊武帝永明十一年五月"拜表解職"。

［4］敕所在月給伏苓五斤，白蜜二升，以供服餌：按，此十七字爲《梁書·陶弘景傳》所無。《太平御覽》卷九八九引《齊書》所云與本書同。

［5］征虜亭：亭名。東晋孝武帝太元間建，在今江蘇南京市西部石頭城遺址内。一説在今南京市東北。

［6］句容：縣名。治所在今江蘇句容市華陽街道。　句曲山：山名。即今江蘇西南部的茅山。

［7］名金陵華陽之天：各本同，中華本據《梁書·陶弘景傳》改"金陵"作"金壇"。王鳴盛《十七史商榷》亦以爲作"金壇"是。詳中華本校勘記。

［8］三茅君：道教茅山派祖師茅盈及其弟茅固、茅衷的合稱。盈字叔申，傳爲西漢咸陽（今陝西咸陽市）人。年十八入恒山修道數十年，於元帝時渡江隱居句曲山。固、衷均棄官從兄隱退。見《太平御覽》卷六六一引《茅君傳》。

［9］書禮：大德本、汲古閣本同，殿本、中華本作"書札"。《通志》卷一七八亦作"書禮"。

始從東陽孫游嶽受符圖經法，[1]偏歷名山，尋訪仙藥。身既輕捷，性愛山水，每經澗谷，必坐卧其間，吟詠盤桓，不能已已。謂門人曰："吾見朱門廣厦，雖識其華樂，而無欲往之心。望高巖，瞰大澤，知此難立止，自恒欲就之。且永明中求禄，得輒差舛；若不爾，豈得爲今日之事。豈唯身有仙相，亦緣勢使之然。”[2]沈約爲東陽郡守，高其志節，累書要之，不至。

[1]孫游嶽：字穎達，東陽（今浙江金華市）人，道士。齊武帝永明二年（484）奉詔爲興世館主，七年終。詳《雲笈七籤》卷五《齊興世館主孫先生》。　受符圖經法：據《齊興世館主孫先生》，孫游嶽有“門徒弟子數百人，唯陶弘景入室焉。自恭事六載，義貫千祀，唯貴知真，故特蒙賞識，經法誥訣，悉相傳授”。

[2]“謂門人曰”至“亦緣勢使之然”：按，《梁書》卷五一《陶弘景傳》未載此番言論。

弘景爲人員通謙謹，出處冥會，心如明鏡，遇物便了。言無煩舛，有亦隨覺。[1]永元初，[2]更築三層樓，弘景處其上，弟子居其中，賓客至其下。與物遂絶，唯一家僮得至其所。[3]本便馬善射，晚皆不爲，唯聽吹笙而已。[4]特愛松風，庭院皆植松，[5]每聞其響，欣然爲樂。有時獨游泉石，望見者以爲仙人。

[1]有亦隨覺：按，《梁書》卷五一《陶弘景傳》“隨”作“輒”。《梁書·陶弘景傳》此句下載齊明帝建武中，弘景於宜都王鏗遇害夜，“夢鏗告別”“因著《夢記》”等事。

[2]永元：南朝齊東昏侯蕭寶卷年號（499—501）。

[3]唯一家僮得至其所：《梁書·陶弘景傳》“至”“所”分别作“侍”“旁”。

[4]本便馬善射，晚皆不爲，唯聽吹笙而已：按，《梁書·陶弘景傳》無此段記述。

[5]庭院皆植松：按，《梁書·陶弘景傳》無此五字。

性好著述，尚奇異，顧惜光景，老而彌篤。尤明陰陽五行、風角星筭、山川地理、方圓產物、醫術本草，[1]《帝代年歷》，[2]以筭推知漢熹平三年丁丑冬至，[3]加時在日中，而天實以乙亥冬至，加時在夜半，凡差三十八刻，是漢歷後天二日十二刻也。又以歷代皆取其先妣母后配饗地祇，[4]以爲神理宜然，碩學通儒，咸所不悟。又嘗造渾天象，[5]高三尺許，地居中央，天轉而地不動，以機動之，悉與天相會。[6]云"脩道所須，非止史官用是"。[7]深慕張良爲人，[8]云"古賢無比"。

[1]方圓產物：各本同，中華本據《梁書》卷五一《陶弘景傳》改"方圓"作"方圖"。按，《通志》卷一七八亦作"方圓"。

[2]《帝代年歷》：各本同，中華本據《梁書·陶弘景傳》補作"著《帝代年歷》"。按，《通志》卷一七八亦有"著"字。《帝代年歷》，書名。即《帝王年歷》。《舊唐書·經籍志上》《新唐書·藝文志二》均有著録。《雲笈七籤》卷一〇七引陶翊《華陽隱居先生本起録》載："《帝王年歷》，五卷。"注："起三皇至《汲冢竹書》爲正，檢五十家書歷異同共撰之也。"

[3]以筭推知漢熹平三年丁丑冬至：以下至"碩學通儒，咸所不悟"，按，《梁書·陶弘景傳》無此段記述。熹平，東漢靈帝劉宏年號（172—178）。

[4]地祇：大德本、殿本同，汲古閣本作"地神"。

[5]嘗：大德本、汲古閣本同，殿本作"常"。　渾天象：亦稱渾天儀、渾象、渾儀。古代用以觀測天體運行的儀器。参《隋書·天文志上》。

［6］“高三尺許”至“悉與天相會”：按，此段記述爲《梁書·陶弘景傳》所無。

［7］非止史官用是：按，各本及《通志》卷一七八並同，中華本據《梁書·陶弘景傳》改作“是用”。《華陽隱居先生本起録》作“非但史官家用”。

［8］張良：城父（今安徽亳州市）人。與蕭何、韓信合稱漢初三傑。《史記》卷五五有《留侯世家》，《漢書》卷四〇有傳。

齊末爲歌曰：“水丑木。”［1］爲“梁”字。及梁武兵至新林，［2］遣弟子戴猛之假道奉表。［3］及聞議禪代，弘景援引圖讖，數處皆成“梁”字，［4］令弟子進之。武帝既早與之游，及即位後，恩禮愈篤，書問不絶，冠蓋相望。

［1］丑：大德本、殿本同，汲古閣本作“王”。

［2］新林：地名。在今江蘇南京市西南西善橋。

［3］遣弟子戴猛之假道奉表：賈嵩《華陽陶隱居内傳》卷中引《本起録》云：弘景“聞義師西下，日夕以覬，及届于新林，便指毫贊獎，遣弟子戴猛之假道傳送。行達皂莢橋，不能得造。至登石頭，復使李嗣公仰奏，即獲聞答。時十一月朔日也”。

［4］及聞議禪代，弘景援引圖讖，數處皆成“梁”字：《華陽陶隱居内傳》卷中：“受封揖讓之際，范雲、沈約並秉策佐命，未知建國之號。先生引王子年《歸來歌》中水刃木處，及諸圖讖並稱梁字，爲應運之符。”

弘景既得神符秘訣，以爲神丹可成，而苦無藥物。帝給黄金、朱砂、曾青、雄黄等。後合飛丹，色如霜雪，服之體輕。及帝服飛丹有驗，益敬重之。每得其書，燒香虔受。帝使造年歷，至己巳歲而加朱點，實太清三年也。[1]帝手敕招之，錫以鹿皮巾。[2]後屢加禮聘，並不出，唯畫作兩牛，一牛散放水草之間，一牛著金籠頭，有人執繩，以杖驅之。武帝笑曰："此人無所不作，欲斅曳尾之龜，豈有可致之理。"國家每有吉凶征討大事，無不前以諮詢。月中常有數信，時人謂爲山中宰相。二宫及公王貴要參候相繼，贈遺未嘗脱時。多不納受，縱留者即作功德。

[1]太清：南朝梁武帝蕭衍年號（547—549）。

[2]鹿布巾：又稱鹿巾。即鹿皮所做的頭巾，爲隱士所戴。

天監四年，移居積金東澗。[1]弘景辟穀導引之法，[2]自隱處四十許年，逾八十而有壯容。[3]仙書云："眼方者壽千歲。"弘景末年一眼有時而方。[4]曾夢佛授其菩提記云，名爲勝力菩薩。乃詣鄮縣阿育王塔自誓，[5]受五大戒。[6]後簡文臨南徐州，[7]欽其風素，召至後堂，以葛巾進見，[8]與談論數日而去，簡文甚敬異之。天監中，獻丹於武帝。[9]中大通初，[10]又獻二刀，其一名善勝，一名成勝，[11]並爲佳寶。

[1]移居積金東澗：按，《梁書》卷五一《陶弘景傳》同。賈嵩《華陽陶隱居内傳》卷中作"出居嶺東"。

[2]弘景辟穀導引之法：按，各本同，中華本據《梁書·陶弘景傳》於"辟穀"上補一"善"字。《通志》卷一七八"辟穀"

上有一“得”字。

［3］逾八十而有壯容：大德本、汲古閣本、殿本“逾”前有一“年”字。

［4］“仙書云”至“弘景末年一眼有時而方”：按，《梁書·陶弘景傳》無此記述。

［5］鄮縣：縣名。治所在今浙江寧波市鄞州區東。　阿育王塔：佛塔名。在今浙江寧波市鄞州區五鄉鎮寶幢居民區。始建於晋，珍藏有釋迦牟尼真身舍利子。

［6］五大戒：佛教語。梵語意譯。指在家佛教徒終身應遵守的不殺生、不偷盗、不邪淫、不妄語、不飲酒等五條戒律。《魏書·釋老志》：“又有五戒，去殺、盗、淫、妄言、飲酒。大意與仁、義、禮、智、信同，名爲異耳。”

［7］南徐州：州名。南朝宋改徐州置。治京口城，在今江蘇鎮江市。

［8］以葛巾進見：按，《梁書·陶弘景傳》無此五字。

［9］天監中，獻丹於武帝：按，《梁書·陶弘景傳》無此八字。

［10］中大通：南朝梁武帝蕭衍年號（529—534）。按，《梁書·陶弘景傳》作“大通”，亦爲梁武帝年號（527—529），未詳孰是。

［11］又獻二刀，其一名善勝，一名成勝：大德本、汲古閣本、殿本“二刀”作“二丹”。底本不誤。中華本改作“二刀”。《梁書·陶弘景傳》“又”作“令”。成勝，各本同，中華本依《玉海》卷一五一引《神劍録》（實則《陶弘景傳》）、《藝文類聚》卷六〇載《梁簡文帝謝敕賚善勝威勝刀啓》改作“威勝”，或是，似當從改。參本書及《梁書》中華本校勘記。

無疾，自知應逝，逆剋亡日，仍爲《告逝詩》。[1]大同二年卒，時年八十五。[2]顔色不變，屈伸如常，[3]香氣累日，氛氲滿山。遺令："既没不須沐浴，[4]不須施牀，止兩重席於地，因所著舊衣，上加生裓裙及臂衣靺冠巾法服。左肘録鈐，右肘藥鈐，[5]佩符絡左腋下。繞腰穿環結於前，釵符於髻上。通以大袈裟覆衾蒙首足。明器有車馬。道人道士並在門中，[6]道人左，道士右。百日内夜常然燈，旦常香火。"弟子遵而行之。詔贈太中大夫，謚曰貞白先生。[7]

[1]"無疾"至"仍爲《告逝詩》"：按,《梁書》卷五一《陶弘景傳》無此段記述。

[2]大同二年卒，時年八十五：各本及《梁書·陶弘景傳》同。中華本據《藝文類聚》、蕭綱《華陽陶先生墓誌銘》、《文苑英華》蕭綸《隱居貞白先生陶君碑》改"八十五"作"八十一"。詳本書及《梁書》中華本校勘記。

[3]伸：大德本、汲古閣本、殿本作"申"。

[4]既没不須沐浴：以下至"旦常香火"，按，《梁書·陶弘景傳》僅作"薄葬"二字，未載此《遺令》文。

[5]左肘録鈐，右肘藥鈐：大德本、汲古閣本、殿本兩"鈐"字均作"鈴"。底本誤，應據諸本改。

[6]道人：指佛教徒或和尚。按，六朝時稱和尚爲道人，以與道士相區别。

[7]謚曰貞白先生：按，《梁書·陶弘景傳》此句下有"仍遣舍人監護喪事"八字。

弘景妙解術數，[1]逆知梁祚覆没，預制詩云："夷甫任散誕，平叔坐論空。豈悟昭陽殿，遂作單于宫。"[2]詩秘在篋裹，化後，門人方稍出之。大同末，士人競談玄理，[3]不習武事，後侯景篡，果在昭陽殿。

[1]弘景妙解術數：以下至“果在昭陽殿”，按，此段記述原載《梁書》卷五六《侯景傳》，李延壽撰《南史》移入本傳。

[2]夷甫任散誕，平叔坐論空，豈悟昭陽殿，遂作單于宫：《梁書·侯景傳》“論空”“豈悟”“遂作”分别作“談空”“不意”“化作”。按，《隋書·五行志上》作“談空”“不意”“忽作”，《資治通鑑》卷一五七《梁紀十》、《通志》卷一七八皆與本書同。夷甫，王衍。字夷甫，琅邪臨沂（今山東臨沂市）人。《晋書》卷四三有傳。平叔，何晏。字平叔，三國魏南陽宛（今河南南陽市）人。《三國志》卷九有傳。

[3]士人：大德本、汲古閣本、殿本作“人士”。

初，弘景母夢青龍無尾，自己升天，弘景果不妻無子。[1]從兄以子松喬嗣。所著《學苑》百卷，[2]《孝經》《論語集注》《帝代年曆》《本草集注》《效驗方》《肘後百一方》《古今州郡記》《圖像集要》及《王匱記》《七曜新舊術疏》《占候》《合丹法式》，[3]共秘密不傳，及撰而未訖又十部，唯弟子得之。

[1]初，弘景母夢青龍無尾，自己升天，弘景果不妻無子：按，此段記述與《梁書》卷五一《陶弘景傳》篇首所言“初，母夢青龍自懷而出”頗不同。

[2]所著《學苑》百卷：以下至“唯弟子得之”，按，《梁書·陶弘景傳》無此段記述。《學苑》，書名。《隋書·經籍志》及《舊唐書·經籍志》《新唐書·藝文志》均未載。據《雲笈七籤》卷一〇七引陶翊《華陽隱居先生本起録》，此書十秩，百卷，“乃鈔

撰古今要用，以類相從，爲一百五十條，名爲《學苑》，比於《皇覽》，十倍該備”。

［3］《孝經》《論語集注》：並書名。《隋書·經籍志一》小注有《集注孝經》一卷、《集注論語》十卷，皆亡。陶翊《華陽隱居先生本起録》云：“《孝經》《論語集注》並自立意，共一秩，十二卷。” 《本草集注》：書名。《隋書·經籍志三》作“《本草經集注》七卷”，《舊唐書·經籍志下》作“《本草集經》七卷”，《新唐書·藝文志三》作“《集注神農本草》七卷”。 《效驗方》：書名。《隋書·經籍志三》作“《陶氏效驗方》六卷”，小注“梁五卷”，《舊唐書·經籍志下》《新唐書·藝文志三》並作“《效驗方》十卷”。 《肘後百一方》：書名。《隋書·經籍志三》作“《肘後方》六卷”，小注“葛洪撰，梁二卷。陶弘景《補闕肘後百一方》九卷，亡”，《舊唐書·經籍志下》《新唐書·藝文志三》並作“《補肘後救卒備急方》六卷”。陶翊《華陽隱居先生本起録》云：“《本草經注》七卷，《肘後百一方》三卷，增補葛氏。《效驗施用藥方》五卷。” 《古今州郡記》：書名。《隋書·經籍志》及《舊唐書·經籍志》《新唐書·藝文志》均未著録。陶翊《華陽隱居先生本起録》云：“《古今州郡記》三卷，并造《西域圖》一張。” 《圖像集要》及《王匱記》：大德本、汲古閣本、殿本“王”作“玉”。作“玉”是，應據諸本改。並書名。《隋書·經籍志》及《舊唐書·經籍志》《新唐書·藝文志》均未著録。據陶翊《華陽隱居先生本起録》，弘景“又有圖象、雜記甚多，未得一二，盡知盡見”。又云：“《玉匱記》三卷，説名山福地事。” 《七曜新舊術疏》：書名。《隋書·經籍志》及《舊唐書·經籍志》《新唐書·藝文志》均未著録。陶翊《華陽隱居先生本起録》云：“《七曜新舊術》二卷。”按，《通志》卷一七八作“《七曜新舊術數疏》”。 《占候》：書名。《隋書·經籍志》及《舊唐書·經籍志》《新唐書·藝文志》均未著録。按，陶翊《華陽隱居先生本起録》有“《占筮略要》一卷，有十三法，《風雨水旱飢疫占要》一卷，有十

法”，無《占候》。　《合丹法式》：書名。《隋書·經籍志》及《舊唐書·經籍志》《新唐書·藝文志》均未著録。按，陶翊《華陽隱居先生本起録》有“《合丹藥諸法式節度》一卷”，屬“九種所撰集道書”之一，或即《合丹法式》。

時有沙門釋寶誌者，[1]不知何許人，[2]有於宋太始中見之，出入鍾山，[3]往來都邑，年已五六十矣。齊、宋之交，稍顯靈迹，被髮徒跣，語嘿不倫。或被錦袍，飲啖同於凡俗，恒以鏡銅翦刀鑷屬挂杖負之而趨。[4]或徵索酒肴，或累日不食，預言未兆，識佗心智。[5]一日中分身易所，[6]遠近驚赴，所居噂喈。齊武帝忿其惑衆，收付建康獄。旦日，咸見游行市里，既而撿校，[7]猶在獄中。其夜，又語獄吏：“門外有兩輿食，金鉢盛飯，汝可取之。”果是文惠太子及竟陵王子良所供養。[8]縣令吕文顯以啓武帝，[9]帝乃迎入華林園。[10]少時忽重著三布帽，亦不知於何得之。俄而武帝崩，文惠太子、豫章文獻王相繼薨，[11]齊亦於此季矣。[12]

[1]時有沙門釋寶誌者：以下至“蓋先覺也”，按，《梁書》卷五一《處士傳》無此附傳。趙翼《廿二史劄記》卷九《梁書有止足傳無方伎傳》云：“《梁書》無《方伎》一門，遂少此傳。《南史》附傳於陶宏景之後，可補《梁書》之缺矣！”寶誌，南朝僧名。或作保誌、寶志。

[2]不知何許人：按，各本及《通志》卷一八二並同。《藝文類聚》卷七七梁陸倕《誌法師墓誌銘》曰：“法師自説姓朱，名保誌。其生緣、桑梓，莫能知之。”梁慧皎《高僧傳》卷一〇云：“釋保誌，本姓朱，金城人。”

［3］有於宋太始中見之，出入鍾山：按，《誌法師墓誌銘》云：“齊故特進吴人張緒、興皇寺僧釋法義，並見法師於宋太始初，出入鍾山。”太始，即泰始。南朝宋明帝劉彧年號（465—471）。

［4］恒以鏡銅翦刀鑷屬挂杖負之而趨：按，各本及《通志》卷一八二並同，中華本據《太平御覽》卷八三〇引《南史》改“鏡銅”作“銅鏡”。宋楊伯嵒《六帖補》卷一八引《南史》亦作“鏡銅”。

［5］識佗心智：按，各本及《六帖補》卷一八引、《通志》卷一八二並同，《太平御覽》卷八三〇引作“識之多驗”。《誌法師墓誌銘》作“懸識他心”。

［6］一日中分身易所：各本及《通志》卷一八二並同。按，《誌法師墓誌銘》“一日中”“易所”分別作“一時之中”“數處”。

［7］咸見游行市里，既而撿校：按，大德本、汲古閣本、殿本“撿”作“檢”。《通志》卷一八二同。《六帖補》卷一八“市里”“撿校”分別作“里市”“點檢”。

［8］文惠太子：蕭長懋。字雲喬，齊武帝長子。初封南郡王。武帝即位，立爲太子，未繼皇位而早卒。本書卷四四、《南齊書》卷二一有傳。　竟陵王子良：蕭子良。字雲英，齊武帝第二子。高帝建元四年（482），武帝即位後，封爲竟陵王。本書卷四四、《南齊書》卷四〇有傳。

［9］吕文顯：臨海（今浙江台州市椒江區）人。本書卷七七、《南齊書》卷五六有傳。

［10］華林園：宫苑名。位於建康宫城北隅，南朝諸帝常聽訟、宴集於此。在今江蘇南京市雞籠山南古臺城内。

［11］豫章文獻王：即齊高帝第二子蕭嶷。卒謚文獻。

［12］於：大德本、殿本同，汲古閣本作“如”。

靈味寺沙門釋寶亮欲以納被遺之，[1]未及有言，寶誌忽來牽被而去。祭仲熊嘗問仕何所至。[2]了自不答，直解杖頭左索繩擲與之，莫之解。仲熊至尚書左丞，方知言驗。

[1]靈味寺：佛寺名。南朝宋建。在今江蘇南京市中山門外。據劉敬叔《異苑》卷五，“靈味寺，在建康鍾山蔣林里，永初三年沙門法意起造”。一説“元嘉七年，新興太守陶仲祖建靈味寺以居之”（曇噩《新脩科分六學僧傳》卷二一）。按，各本與《異苑》及《高僧傳》、梁寶唱《名僧傳抄》等並作“靈味寺”，中華本據《通志》卷一八二改“靈呠寺”。　釋寶亮：南朝僧名。本姓徐，東莞（今山東沂水縣東北）人。《高僧傳》卷八有傳。

[2]祭仲熊：汲古閣本同，大德本、殿本作“蔡仲熊”。底本誤，應作“蔡仲熊”。蔡仲熊，濟陽（今河南蘭考縣）人。博通禮學，仕途坎坷，“當時恨其不遇”。後官至尚書左丞。事見本書卷五〇、《南齊書》卷三九《劉瓛傳》。

永明中，住東宫後堂，[1]從平旦門中出入。末年忽云“門上血汙衣”，褰裳走過。至鬱林見害，[2]梁以犢車載屍出自此門，[3]舍故閹人徐龍駒宅，[4]而帝頸血流於門限焉。

[1]東宫：宫苑名。皇太子居所。在今江蘇南京市雞鳴寺南古臺城故址東南。

[2]鬱林：蕭昭業。字元尚，小字法身，文惠太子長子。在位未及一年，即爲蕭鸞所殺，廢爲鬱林王。本書卷五、《南齊書》卷四有紀。

[3]梁：大德本、汲古閣本、殿本作“果”。底本誤，應據諸本改。

[4]徐龍駒：南朝齊閹人。以便佞見寵，歷東宫齋師、後閤舍人。鬱林時專總樞密，後爲西昌侯蕭鸞所誅。事見本書卷五及《南齊書·鬱林王紀》、《魏書》卷九八《島夷蕭道成傳》。

梁武帝尤深敬事，嘗問年祚遠近。答曰："元嘉元嘉。"帝欣然，以爲享祚倍宋文之年。[1]雖剃鬚髮而常冠，下裙帽納袍，[2]故俗呼爲誌公。好爲讖記，[3]所謂《誌公符》是也。高麗聞之，[4]遣使齎綿帽供養。

[1]帝欣然，以爲享祚倍宋文之年：按，《六帖補》引所録梁武帝問"煩惑未除""十二之旨"與寶誌答辭，實際采自《高僧傳》之《釋保誌》篇，而非《南史》本傳。

[2]雖剃鬚髮而常冠，下裙帽納袍：各本同，中華本據《通志》卷一八二移"帽"字於"冠"字之下。

[3]讖記：謂預言未來的圖録和文字等。

[4]高麗：古族名、古國名。又稱高句驪、句驪。源自中國東北，嗣後進入朝鮮半島，與新羅、百濟鼎足而立。公元 5 世紀中，遷都平壤、南攻百濟、奪取漢江流域，臻於極盛。6 世紀後漸衰，至 668 年爲唐和新羅聯軍所滅。

天監十三年卒。[1]將死，忽移寺金剛像出置户外，語人云："菩薩當去。"旬日無疾而終。先是琅琊王筠至莊嚴寺，[2]寶誌遇之，與交言歡飲。至亡，敕命筠爲碑，[3]蓋先覺也。

[1]天監十三年卒：《通志》卷一八二同。按，《藝文類聚》卷七七梁陸倕《誌法師墓誌銘》曰："天監十三年，（保誌）即化於華

林門之佛堂。”另據《高僧傳》，寶誌卒於是年冬，“計誌亡時應年九十七”。

[2]王筠：字元禮，一字德柔，琅邪臨沂（今山東臨沂市）人。本書卷二二有附傳，《梁書》卷三三有傳。　莊嚴寺：佛寺名。東晉穆帝永和中謝尚建，地近建康南郊壇，在今江蘇南京市西南秦淮河北岸。

[3]至亡，敕命筠爲碑：按，據《高僧傳》，保誌卒後，“因厚加殯送，葬於鍾山獨龍之阜，仍於墓所立開善精舍，敕陸倕製銘辭於塚内，王筠勒碑文於寺門”。

諸葛璩字幼玟，[1]琅邪陽都人也。[2]世居京口。璩幼事徵士關康之，博涉經史。復師徵士臧榮緒，榮緒著《晋書》，稱璩有發擿之功，方之壺遂。[3]

[1]幼玟：按，《梁書》卷五一《諸葛璩傳》作“幼玟”。《册府元龜》卷六〇〇、《通志》卷一七八並作“幼玫”，《太平御覽》卷五〇五引《南史》作“幼玟”。“玫”同“玟”。

[2]琅邪：郡名。治開陽縣，在今山東臨沂市北。　陽都：縣名。治所在今山東沂南縣南。

[3]壺遂：西漢梁國（今河南商丘市）人。武帝時，與司馬遷等共定漢曆，制訂《太初曆》，官至詹事。事見《史記》卷一〇八《韓長孺列傳》。

齊建武初，南徐州行事江祀薦璩於明帝，[1]言璩安貧守道，悦《禮》敦《詩》，[2]如其簡退，可揚清厲俗，請辟爲議曹從事。帝許之。璩辭不赴。陳郡謝朓爲東海太守，[3]下校揚其風槩，[4]餉穀百斛。梁天監中，舉秀才，不就。

［1］江祀：字景昌，濟陽考城（今河南民權縣）人。本書卷四七、《南齊書》卷四二有附傳。

［2］安貧守道，悦《禮》敦《詩》：按，《梁書》卷五一《諸葛璩傳》此句下有“未嘗投刺邦宰，曳裾府寺”十字，似不當删。

［3］謝朓：字玄暉，陳郡陽夏（今河南太康縣）人。本書卷一九有附傳，《南齊書》卷四七有傳。　東海：郡名。即南東海郡。治京口城，在今江蘇鎮江市。

［4］下校揚其風槩：按，大德本、汲古閣本、殿本“校”作“教”。底本誤，應據諸本改。“教”指上對下的一種告諭。教文具載《梁書·諸葛璩傳》。

璩性勤於誨誘，後生就學者日至。居宅狹陋，無以容之。太守張仄爲起講舍。[1]璩處身清正，妻子不見喜愠之色，旦夕孜孜，講誦不輟，時人益以此宗之。[2]卒於家。[3]璩所著文章二十卷，[4]門人劉曒集而録之。[5]

［1］張仄：大德本、汲古閣本、殿本作“張友”，《梁書》卷五一《諸葛璩傳》亦作“張友”。按，《太平御覽》卷五〇五引作“張文”，《通志》卷一七八作“張仄”。

［2］宗之：《梁書·諸葛璩傳》同，《通志》卷一七八作“崇之”。

［3］卒於家：據《梁書·諸葛璩傳》，璩卒於梁武帝天監七年（508）。

［4］璩所著文章二十卷：按，《隋書·經籍志四》著録“南徐州秀才《諸葛璩集》十卷，亡”。

［5］劉曒：《通志》卷一七八同，《梁書·諸葛璩傳》作“劉

噉”。

劉慧斐字宣文，[1]彭城人也。[2]父元直，[3]淮南太守。[4]慧斐少博學，能屬文，起家梁安成王法曹行參軍。[5]嘗還都，途經尋陽，[6]游於由山，[7]遇處士張孝秀，[8]相得甚歡，遂有終焉之志。因不仕，居東林寺。[9]又於山北構園一所，號曰離垢園，[10]時人仍謂爲離垢先生。

[1]宣文：按，各本及《通志》卷一七八並同，《梁書》卷五一《劉慧斐傳》作“文宣”。《太平御覽》卷五〇五引《南史》、卷六五四引《梁書》並作“宣文”。

[2]彭城：郡名。治彭城縣，在今江蘇徐州市。按，《梁書》卷四七《劉曇净傳》“彭城人也”作“彭城吕人也”。吕，縣名。治所在今江蘇徐州市銅山區東南。

[3]元直：各本及《通志》卷一七八並同，《梁書·劉曇净傳》及《册府元龜》卷七五三作“元真”。

[4]淮南：郡名。治姑孰，在今安徽當塗縣。

[5]梁安成王：蕭秀。字彦達，梁武帝七弟。本書卷五二、《梁書》卷二二有傳。　法曹行參軍：官名。法曹長官。南朝齊公府、將軍府置，梁、陳沿置。梁三班至流外五班。陳八品至九品。

[6]尋陽：郡名。治柴桑縣，在今江西九江市西南。

[7]由山：大德本、汲古閣本、殿本作“匡山”。《梁書·劉慧斐傳》、《通志》卷一七八亦作“匡山”。底本誤，應據諸本改。匡山，山名。又名匡廬。即今江西九江市南廬山。

[8]遇處士張孝秀：各本及《通志》卷一七八並同，《梁書·劉慧斐傳》“遇”作“過”。

[9]東林寺：佛寺名。東晋慧遠創建。在今廬山西北麓，因位

於西林寺之東得名。

[10]離垢：佛教語。語出《維摩經·佛國品》:“遠塵離垢，得法眼净。”謂遠離塵世煩惱。

慧斐尤明釋典，工篆隸，在山手寫佛經二千餘卷，常所誦者百餘卷。晝夜行道，孜孜不怠，遠近欽慕之。簡文臨江州,[1]遺以几杖。論者云，自遠法師没後,[2]將二百年,[3]始有張、劉之盛矣。元帝及武陵王等書問不絶。[4]大同三年卒。[5]

[1]江州：州名。治柴桑縣，在今江西九江市西南。

[2]遠法師：即慧遠。俗姓賈，東晋雁門婁煩（今山西寧武縣）人。梁慧皎《高僧傳》卷六有傳。

[3]二百年：大德本、殿本同，汲古閣本作“三百年”。《梁書》卷五一《劉慧斐傳》亦作“二百年”。

[4]武陵王：蕭紀。字世詢，梁武帝第八子。本書卷五三、《梁書》卷五五有傳。

[5]大同三年卒：按，《通志》卷一七八同，《梁書·劉慧斐傳》“三年”作“二年”。據《梁書·劉慧斐傳》，慧斐卒時年五十九。

慧斐兄慧鏡,[1]安成内史。[2]初，元直居郡得罪，慧鏡歷詣朝士乞哀，懇惻甚至，遂以孝聞。

[1]慧鏡：按，《册府元龜》卷七五三作“惠鏡”。慧鏡事迹《梁書》附見於卷四七其子曇净傳中。

[2]安成：郡名。南朝梁置。治安成縣，在今廣西賓陽縣東。

隋平陳廢。

子曇净字元光，[1]篤行有父風，解褐安成王國左常侍。[2]父卒於郡，曇净奔喪，不食飲者累日，絶而又蘇，每哭輒嘔血。服闋，因毀成疾。會有詔士姓各舉四科，[3]曇净叔父慧斐舉以應孝行，武帝用爲海寧令。[4]曇净又以兄未爲縣，因以讓兄，[5]乃除安西行參軍。[6]

[1]子曇净字元光：按，曇净傳《梁書》載卷四七《孝行傳》，李延壽移至其叔慧斐傳下，有乖"隱逸"之目。

[2]左常侍：官名。王國屬官。掌侍從左右，贊相禮儀，獻替諫諍，員額、品秩依國之大小不等。

[3]士姓：士族。指在政治、經濟等方面享有特權的豪門大姓。四科：謂舉薦人才的四種科目。梁制不詳，或疑爲孝行、秀才、明經、文學。參清人朱銘盤《南朝梁會要·選舉》。

[4]海寧：縣名。治所在今安徽休寧縣萬安鎮。

[5]讓：大德本、殿本同，汲古閣本作"除"。《梁書·劉曇净傳》亦作"讓"。

[6]行參軍：官名。將軍府僚屬，品秩例低於署曹之行參軍。南朝梁三班至流外五班。陳八品至九品。

父亡後，事母尤淳至，身營飡粥，不以委人。母疾，衣不解帶，及母亡，水漿不入口者殆一旬。母喪權瘞藥王寺，時天寒，曇净身衣單布衣，廬於瘞所。晝夜哭臨不絶聲，哀感行路，未朞而卒。

范元琰字伯珪，一字長玉，[1]吴郡錢唐人也。[2]祖悦之，大學博士徵，[3]不至。父靈瑜，居父憂以毁卒。元琰時童孺，哀慕盡禮，親黨異之。及長好學，博通經史，兼精佛義，然謙敬不以所長驕人。祖母患癰，恒自含吮。[4]與人言常恐傷物。[5]居家不出城市，雖獨居如對賓客，見者莫不改容憚之。[6]

[1]一字長玉：按，《梁書》卷五一《范元琰傳》無此四字。《册府元龜》卷七七九亦無，《通志》卷一七八作“一字良玉”。

[2]錢唐：縣名。亦作錢塘。治所在今浙江杭州市。

[3]大學博士：大德本、汲古閣本、殿本“大”作“太”。

[4]祖母患癰，恒自含吮：按，《梁書·范元琰傳》無此八字，《册府元龜》卷七七九亦無，《通志》卷一七八有。

[5]與人言常恐傷物：按，《梁書·范元琰傳》無此七字，《册府元龜》亦無，《通志》卷一七八有。

[6]居家不出城市，雖獨居如對賓客，見者莫不改容憚之：《梁書·范元琰傳》“家”“獨居”“賓客”“憚之”分别作“常”“獨坐”“嚴賓”“正色”。按，《册府元龜》卷七七九與《梁書·范元琰傳》同，《通志》卷一七八與本書同。

家貧，唯以園蔬爲業。嘗出行，見人盗其菘，[1]元琰遽退走。母問其故，具以實答。母問盗者爲誰，答曰：“向所以退，畏其愧耻，今啓其名，願不泄也。”於是母子秘之。或有涉溝盗其筍者，元琰因伐木爲橋以度之，自是盗者大慚，一鄉無復草竊。

[1]菘：《通志》卷一七八同，《梁書》卷五一《范元琰傳》作“菜”。

齊建武初，徵爲曹武平西參軍，不至。于時始安王遥光爲揚州，謂徐孝嗣曰："曹武參軍，豈是禮賢之職。"欲以西曹書佐聘之，會遥光敗，不果，時人以爲恨。[1]沛國劉瓛深加器異，嘗表稱之。天監九年，縣令管慧辯上言義行，[2]揚州刺史臨川王宏辟命，[3]不至。卒于家。[4]

[1]"齊建武初"至"時人以爲恨"：按，《梁書》卷五一《范元琰傳》作"齊建武二年，始徵爲安北參軍事，不赴"。《册府元龜》卷七九九與《梁書》同，《通志》卷一七八與本書同。曹武，即曹虎。此避唐高祖李淵祖父李虎諱改。字士威，下邳（今江蘇睢寧縣）人。本書卷四六、《南齊書》卷三〇有傳。大德本、汲古閣本同，殿本作"曹虎"。

[2]管慧辯：按，《梁書·范元琰傳》作"管慧辨"。《册府元龜》卷七九九、《通志》卷一七八皆作"管慧辯"。

[3]臨川王宏：蕭宏。字宣達，梁武帝第六弟。本書卷五一、《梁書》卷二二有傳。

[4]卒于家：據《梁書·范元琰傳》，元琰卒於梁武帝天監十年（511），時年七十。

庾詵字彦寶，新野人也。[1]幼聰警篤學，經史百家，無不該綜。緯候書射，棋筭機巧，並一時之絶。而性託夷簡，[2]特愛林泉，十畝之宅，山池居半。蔬食弊衣，不脩産業。[3]遇火，止出書數簣坐於池上，有爲火來者，答云"唯恐損竹"。[4]乘舟從沮中山舍還，[5]載米一百五十石。有人寄載三十石，及至宅，寄載者曰："君三十斛，我百五十斛。"詵嘿然不言，恣其取足。鄰人有被執爲盜，見劾，妄款。詵詵矜之，[6]乃以書質錢二萬，令門生詐爲其親，代之酬備。鄰人獲免謝詵，詵曰："吾矜天下無辜，豈期謝也。"

[1]新野：郡名。西晉改義陽郡置。治新野縣，在今河南新野縣。

[2]夷簡：平淡質樸。

[3]不脩産業：《梁書》卷五一《庾詵傳》"脩"作"治"，此避唐高宗李治諱改。

[4]"遇火"至"唯恐損竹"：按，此段記述爲《梁書·庾詵傳》所無。

[5]沮中山舍：《梁書·庾詵傳》作"田舍"。沮中，地名。亦作柤中。指今湖北南漳縣境蠻河流域一帶。一説指今湖北西部沮河上游地區。

[6]"鄰人有被執爲盜"至"詵詵矜之"：按，各本同，中華本據《梁書·庾詵傳》改"執"爲"誣"，並删一"詵"字。"詵"字疑爲衍文，應删。

梁武帝少與詵善，及起兵，署爲平西府記室參軍，詵不屈。平生少所游狎，河東柳惲欲與交，[1]拒而弗納。普通中，[2]詔以爲黄門侍郎，稱疾不起。晚年尤遵釋教，宅内立道場，[3]環繞禮懺，[4]六時不輟。[5]誦《法華經》，[6]每日一徧。[7]後夜中忽見一道人自稱願公，容止甚異，呼詵爲上行先生，授香而去。中大通四年，因寢忽驚覺，[8]曰："願公復來，不可久住。"顔色不變，言終而亡，年七十八。舉室咸聞空中唱"上行先生已生彌陁净域矣"。[9]武帝聞而下詔，[10]謚貞節處士，以顯高烈。

[1]柳惲：字文暢，河東解（今山西臨猗縣）人。本書卷三八有附傳，《梁書》卷二一有傳。

[2]普通：南朝梁武帝蕭衍年號（520—527）。

[3]道場：寺院别名。錢大昕《恒言録》卷五《道場》："《通典》：'隋煬帝改郡縣佛寺爲道場。'是道場本寺院之别名也。今以作佛事爲道場。"

[4]禮懺：佛教語。謂禮拜三寶，誦念經文，懺悔所造罪業。

[5]六時：佛教分一晝夜爲六時，即晨朝、日中、日没（此三時爲晝），初夜、中夜、後夜（此三時爲夜）。

[6]《法華經》：佛經名。全稱《妙法蓮華經》。大乘佛教經典。主張一切衆生皆能成佛。有多種譯本。通行的爲後秦時鳩摩羅什所譯七卷本。

[7]每日一徧：《梁書》卷五一《庾詵傳》及《通志》卷一七八並同，《册府元龜》卷八二一"日"作"月"。

[8]因寢忽驚覺：按，《梁書·庾詵傳》"寢"上有"晝"字。《册府元龜》卷八二一與本書同，《通志》卷一七八與《梁書》同。

[9]彌陁：阿彌陀佛的略稱。梵文音譯，意譯爲無量壽佛。西方極樂世界的教化之主。與釋迦、藥師並稱三尊。　净域：佛教語。本指彌陀所居之净土。後亦用作寺院的别稱。

[10]武帝聞而下詔：按，詔文具載《梁書·庾詵傳》。

詵所撰《帝歷》二十卷，《易林》二十卷，續伍端休《江陵記》一卷，《晋朝雜事》五卷，[1]總抄八十卷，行於世。

[1]《晋朝雜事》五卷：按，《隋書·經籍志二》及《舊唐書·經籍志上》《新唐書·藝文志二》並著録"《晋朝雜事》二卷"，或疑即此書，但未署撰者，卷數亦不合。

子曼倩字世華，亦早有令譽。元帝在荆州，爲中録事。[1]每出，帝常目送之，謂劉之遴曰：[2]“荆南信多君子。”[3]後轉諮議參軍。[4]所著《喪服儀》《文字體例》《老子義疏》《筭經》及《七曜歷術》，[5]并所製文章，凡九十五卷。子季才，[6]有學行，承聖中，[7]位中書侍郎。[8]江陵平，[9]隨例入長安。

[1]中録事：官名。即中録事參軍。南朝梁始於皇弟皇子府置，七班。陳沿置，六品。

[2]劉之遴：字思貞，南陽涅陽（今河南鄧州市）人。本書卷五〇有附傳，《梁書》卷四〇有傳。

[3]荆南信多君子：按，新野爲庾氏祖籍，曼倩七世祖滔，隨晋元帝過江，因家於南郡江陵縣，故梁元帝有此謂。參《隋書》卷七八、《北史》卷八九《庾季才傳》。

[4]後轉諮議參軍：按，《梁書》卷五一《庾曼倩傳》同。《隋書·庾季才傳》及《北史·庾季才傳》皆云："父曼倩，光禄卿。"諮議參軍，官名。東晋、南朝王府、丞相府、公府、州軍府等皆有置者，職掌不定，其位甚尊。梁自九班至六班，陳自五品至七品，皆依府主地位而定。

[5]《老子義疏》：《梁書·庾曼倩傳》作"《莊老義疏》"。《筭經》及《七曜歷術》：按,《梁書·庾曼倩傳》"《筭經》"上有"注"字。

[6]季才：庾季才。字叔奕。《隋書》卷七八、《北史》卷八九有傳。

[7]承聖：南朝梁元帝蕭繹年號（552—555）。

[8]中書侍郎：官名。爲中書監、令之副。南朝中書省事權悉由舍人執掌，侍郎職閑官清，如缺監、令，或亦主持中書省政務。宋五品。梁九班。陳四品，秩千石。

[9]江陵平：指梁元帝承聖三年西魏攻陷江陵，俘殺梁元帝，驅男女數萬而還。

張孝秀字文逸，南陽宛人也。[1]徙居尋陽。曾祖須無，祖僧監，父希，並別駕從事。[2]

[1]南陽：郡名。治宛縣，在今河南南陽市。　宛：縣名。治所在今河南南陽市。

[2]"徙居尋陽"至"並別駕從事"：按，《梁書》卷五一《張孝秀傳》無此十八字。

孝秀長六尺餘，白皙美鬚眉，[1]仕州中從事史。[2]遇刺史陳伯之叛，[3]孝秀與州中士大夫謀襲之，事覺，逃於盆水側。[4]有商人寘諸褚中，展轉入東林。伯之得其母郭，以蠟灌殺之。孝秀遺妻妾，[5]入匡山修行學道。服闋，建安王召爲別駕。[6]因去職歸山，[7]居于東林寺，有田數十頃，部曲數百人，率以力田，盡供山衆。遠近歸慕，赴之如市。

[1]長六尺餘，白皙美鬚眉：按，今本《梁書》卷五一《張孝秀傳》無此九字，《太平御覽》卷六五四引《梁書》則有。

[2]仕州中從事史:《梁書·張孝秀傳》作"少仕州爲治中從事史"。按，"治"字係避唐高宗李治諱省。中從事史，官名。即治中從事史。州刺史佐吏，掌文書案卷，或主財穀簿書。南朝宋、齊多以六品官爲之。梁揚州治中九班，他州七班至一班不等。陳揚州治中六品，他州高者六品，低者九品。

[3]遇刺史陳伯之叛：以下至"入匡山修行學道"，按，此段

記述《梁書·張孝秀傳》僅以“遭母憂”三字略之。陳伯之，濟陰睢陵（今江蘇睢寧縣）人。本書卷六一、《梁書》卷二〇有傳。

［4］盆水：水名。即湓水。又稱湓浦。今名龍開河。源出今江西瑞昌市西南青湓山，東流經九江市西部，北流至湓浦口入長江。

［5］遺：大德本、汲古閣本、殿本作“遣”。《通志》卷一七八亦作“遣”。

［6］别駕：官名。即别駕從事與别駕從事史的省稱。州刺史的佐官。南朝宋、齊主吏員選舉，秩多六品官。梁揚州别駕十班，陳六品，他州則視刺史地位高低不等。

［7］因去職歸山：《梁書·張孝秀傳》“因”作“遂”，其上有“頃之”二字。

孝秀性通率，不好浮華，常冠穀皮巾，[1]躡蒲履，手執并閭皮麈尾，[2]服寒食散，[3]盛冬卧於石上。博涉群書，專精釋典。僧有虧戒律者，[4]集衆佛前，作羯磨而笞之，[5]多能改過。善談論，工隸書，凡諸藝能，莫不明習。普通三年卒，[6]室中皆聞非常香。梁簡文甚傷悼焉，與劉慧斐書，述其貞白云。

［1］穀皮巾：用穀皮纖維製成的頭巾。穀，木名。又稱構、楮，故左下從木。中華本《南史》及《梁書》皆作“穀”，左下從禾，並誤。

［2］并閭：木名。“栟櫚”二字的省借。棕櫚的别稱。按，《梁書》卷五一《張孝秀傳》作“并櫚”，亦栟櫚之省借。

［3］寒食散：藥名。服後宜吃冷食，故名。以配劑中有五種礦石，又稱五石散。魏晋南北朝時名士盛行服用寒食散，往往有因此致殘喪命者。參余嘉錫《寒食散考》（載《余嘉錫文史論集》，岳麓書社 1997 年版）。

[4]僧有虧戒律者：以下至“多能改過”，按，今本《梁書·張孝秀傳》無此記述，《太平御覽》卷六五四引《梁書》有。

[5]羯磨：佛教語。梵文音譯，意爲作法辦事。指誦經拜佛等法事。

[6]普通三年卒：據《梁書·張孝秀傳》，孝秀卒時年四十二。

庾承先字子通，潁川鄢陵人也。[1]少沈静有志操，是非不涉於言，喜愠不形於色，人莫能窺也。弱歲受學於南陽劉虬，[2]强記敏識，出於群輩。玄經釋典，[3]靡不該悉；九流《七略》，[4]咸所精練。辟功曹不就，[5]乃與道士王僧鎮同游衡岳。[6]晚以弟疾還鄉里，遂居土臺山。[7]梁鄱陽忠烈王在州，欽其風味，要與游處，令講《老子》。遠近名僧，咸來赴集，論難鋒起，異端競至，承先徐相酬答，皆得所未聞。忠烈王尤所欽重。

[1]潁川：郡名。治許昌縣，在今河南許昌市東。　鄢陵：縣名。治所在今河南鄢陵縣西北。

[2]劉虬：字靈預，一字德明，南陽涅陽（今河南鄧州市）人。本書卷五〇、《南齊書》卷五四有傳。

[3]玄經釋典：泛指玄學與佛教經典。

[4]九流《七略》：九流爲先秦至漢初儒、墨、道、法等九大學術流派之合稱，《七略》乃漢劉歆所撰中國最早的圖書目録分類著作。此處泛指各種學術流派與各類圖書典籍。

[5]辟功曹不就：《梁書》卷五一《庾承先傳》“辟”上有“郡”字。似不當删省。

[6]王僧鎮：南朝梁州晋壽（今四川廣元市）人。見唐王懸河《上清道類事相》卷一。　衡岳：山名。即南嶽衡山。在湖南省中

部，綿延於湘、資二水之間。

[7]土臺山：山名。在今湖北荆州市境，確址不詳。

中大通三年，廬山劉慧斐至荆州，承先與之有舊，往從之，荆峽學徒因請承先講《老子》。[1]湘東王親命駕臨聽，論議終日，留連月餘，乃還山。王親祖道，并贈篇什，[2]隱者美之。其年卒，[3]刺史厚有贈賻。門人黄士龍讓曰："先師平素食不求飽，衣不求輕，凡有贈遺，皆無所受。臨終之日，誡約家門，薄棺周形，巾褐爲斂。雖蒙賚及，不敢輕承教旨，以違平生之操。錢布輒付使反。"時論高之。[4]

[1]荆峽：各本及《通志》卷一七八並同，中華本據《梁書》卷五一《庾承先傳》改"荆陜"。

[2]篇什：《詩》的"雅""頌"十篇爲一什，後因以篇什代稱詩卷。

[3]其年卒：據《梁書·庾承先傳》，承先卒時年六十。

[4]"刺史厚有贈賻"至"時論高之"：此段《梁書·庾承先傳》無。刺史，即湘東王蕭繹。見《梁書》卷五《元帝紀》。

馬樞字要理，扶風郿人也。[1]祖靈慶，齊竟陵王録事參軍。

[1]扶風：郡名。治池陽縣，在今陝西涇陽縣西北。　郿：縣名。治所在今陝西眉縣東渭河北岸。

樞數歲而孤，[1]爲其姑所養。六歲，能誦《孝經》

《論語》《老子》。及長，博極經史，尤善佛經及《周易》《老子》義。梁邵陵王綸爲南徐州刺史，[2]素聞其名，引爲學士。綸時自講《大品經》，[3]令樞講《維摩》《老子》《周易》，[4]同日發題，[5]道俗聽者二千人。王欲極觀優劣，乃謂衆曰："與馬學士論義，必使屈服，不得空立客主。"於是數家學者，各起問端。樞乃依次剖判，開其宗旨，然後枝分派別，[6]轉變無窮，論者拱默聽受而已，綸甚嘉之。

[1]樞數歲而孤：《陳書》卷一九《馬樞傳》"孤"作"父母俱喪"。

[2]梁邵陵王綸：蕭綸。字世調，小字六真，梁武帝第六子。本書卷五三、《梁書》卷二九有傳。

[3]《大品經》：佛經名。亦稱《大品般若》《大般若經》。全稱《大般若波羅蜜多經》。有西晋無羅叉和竺叔蘭譯《放光般若經》三十卷、竺法護譯《光贊般若經》十五卷、後秦鳩摩羅什譯《摩訶般若經》四十卷、唐玄奘譯《大般若經》第二會等同本異譯的傳本。

[4]《維摩》：佛經名。即《維摩詰經》。早期大乘經典之一。現存有三國吴支謙譯《維摩詰經》二卷、後秦鳩摩羅什譯《維摩詰所説經》三卷、唐玄奘譯《説無垢稱經》六卷三種傳世漢譯本。

[5]發題：闡發題意。

[6]派别：各本及《通志》卷一七八同，《陳書·馬樞傳》作"流别"。

尋遇侯景之亂，[1]綸舉兵援臺，乃留書二萬卷付樞。樞肆志尋覽，殆將周遍，乃喟然歎曰："吾聞貴爵位者以巢、由爲桎梏，[2]愛山林者以伊、吕爲管庫，[3]束名實則芻芥柱下之言，翫清虚則糠粃席上之説，[4]稽之篤論，亦各從其好也。比求志之士，望塗而息，豈天之不惠高尚，何山林之無聞甚乎。”乃隱于茅山，有終焉之志。

[1]侯景之亂：又稱太清之難。南朝梁武帝末年，北齊降將侯景發動的武裝叛亂。詳見本書卷八〇、《梁書》卷五六之《侯景傳》。

[2]巢、由：上古隱士巢父與許由，相傳堯讓位於二人，皆不受。此代指隱居不仕者。　桎梏：本脚鐐手銬之類的刑具。此謂之羈絆、束縛。

[3]伊、吕：商代伊尹與周代吕望，二人皆爲輔佐君主的賢臣。　管庫：掌管、處理倉庫事務的役吏。

[4]束名實則芻芥柱下之言，翫清虚則糠粃席上之説：語本《後漢書》卷四九《王充王符仲長統傳》論：“貴清静者，以席上爲腐議；束名實者，以柱下爲誕辭。”名實，指名家。柱下之言，謂老子《道德經》。清虚，指玄學。席上之説，謂儒家學説。參《後漢書》卷四九李賢注。

陳天嘉元年，[1]文帝徵爲度支尚書，辭不應命。時樞親故並居京口，每秋冬之際，時往游焉。及鄱陽王爲南徐州刺史，[2]欽其高尚，鄙不能致，乃卑辭厚意，令使邀之，[3]樞固辭以疾。門人勸請，不得已乃行。王别築室以處之，樞惡其崇麗，乃於竹林間自營茅茨而居。每以王公餽餉，辭不獲已者，率十分受一。

[1]天嘉：南朝陳文帝陳蒨年號（560—566）。

[2]鄱陽王：陳伯山。陳文帝第三子，陳宣帝之侄。本書卷六五、《陳書》卷二八有傳。

[3]令使邀之：按，各本及《通志》卷一七八並同，中華本據《陳書》卷一九《馬樞傳》於“使”下補“者”字。“邀之”下《陳書·馬樞傳》有“前後數反”四字，似不當删。

樞少屬亂離，凡所居處，盜賊不入，依託者常數百家。目精洞黄，[1]能視闇中物。有白鷰一雙，巢其庭樹，[2]馴狎櫩廡，時至几案，[3]春來秋去，幾三十年。太建十三年卒。[4]撰《道覺論》行于世。[5]

[1]目：大德本、殿本同。汲古閣本作“日”，誤。

[2]其：大德本、殿本同。汲古閣本作“前”，誤。

[3]時至几案：《陳書》卷一九《馬樞傳》“至”作“集”。

[4]太建十三年卒：大德本、殿本同，汲古閣本“三”作“九”。據《陳書·馬樞傳》，時年六十。按，另據《建康實録》卷二〇，樞於陳宣帝太建十三年七月卒，時年八十六。太建，南朝陳宣帝陳頊年號（569—582）。

[5]撰《道覺論》行于世：按，《陳書·馬樞傳》“《道覺論》”下有“二十卷”三字。或疑《隋書·經籍志二》中未題撰者的《道學傳》及《舊唐書·經籍志上》《新唐書·藝文志三》著録的馬樞《學道傳》二十卷，與本傳所言的《道覺論》爲一書，非也。見元劉大彬《茅山志》卷九“衆真所著經論篇目”。

論曰：[1]夫獨往之人，皆稟偏介之性，不能摧志屈道，借譽期通。若使夫遇見信之主，[2]逢時來之運，豈其放情江海，取逸丘樊？不得已而然故也。[3]且巖壑閑遠，水石清華，雖復崇門八襲，[4]高城萬雉，莫不蓄壤開泉，髣髴林澤。故知松山桂渚，非止素玩，碧澗清潭，翻成麗矚。挂冕東都，[5]夫何難之有。[6]

[1]論曰：按，此論完全襲用《宋書》卷九三《隱逸傳》“史臣曰”。

[2]若使夫遇見信之主：《宋書·隱逸傳》“夫遇見”作“值見”。

[3]不得已而然故也:《宋書·隱逸傳》“不得”上有“蓋”字。

[4]門：大德本、殿本同，汲古閣本作“閣”。《宋書·隱逸傳》亦作“門”。

[5]挂冕東都：本指漢宣帝時太子太傅疏廣、少傅疏受乞骸骨獲准，公卿大夫等於長安東都門外爲其叔侄餞行。後用以指代辭官歸隱。見《漢書》卷七一《疏廣傳》及顔師古注。

[6]夫何難之有：按，《宋書·隱逸傳》“有”下有“哉”字。

南史　卷七七

列傳第六十七

恩倖

戴法興 戴明寶　徐爰　阮佃夫　紀僧真　劉係宗
茹法亮　吕文顯　茹法珍 梅虫兒[1]　周石珍　陸驗 徐驎
司馬申　施文慶　沈客卿　孔範

[1]虫：大德本、汲古閣本同，殿本作“蟲”。

夫鮑魚芳蘭，在於所習，中人之性，[1]可以上下。然則謀於管仲，[2]齊桓有邵陵之師，[3]邇於易牙，[4]小白掩陽門之扇。[5]夫以霸者一身，且有洿隆之别，況下於此，胡可勝言者乎。故古之哲王，莫不斯慎。自漢氏以來，年且千祀，而近習用事，無乏於時，莫不官由近親，情因狎重。至如中書所司，[6]掌在機務。漢元以令、僕用事，[7]魏明以監、令專權，[8]在晋中朝，[9]常爲重寄，故公曾之歎，[10]恨於失職。[11]于時舍人之任，[12]位居九品，江左置通事郎，[13]管司詔誥，其後郎還爲侍郎，[14]而舍人亦稱通事。元帝用琅邪劉超，[15]以謹慎居職。宋文世，[16]秋當、周赳並出寒門。[17]孝武以來，[18]士庶雜選，如東海鮑照以才學知名，[19]又用魯郡巢尚之，江夏王義恭以爲非選。[20]帝遣尚之送尚書四十餘牒，[21]宣敕論辯，義恭乃歎曰："人主誠知人。"及明帝世，[22]胡母顥、阮佃夫之徒，專爲佞倖矣。齊初亦用久勞及以親信，關讞表啓，發署詔敕，頗涉辭翰者，亦爲詔文，侍郎之局復見侵矣。建武世，[23]詔命始不關中書，[24]專出舍人。[25]省内舍人四人，所直四省，其下有主書令史，[26]舊用武官，宋改文吏，人數無員，莫非左右要密。天下文簿板籍，入副其省，萬機嚴秘，有如尚書外司。[27]領武官有制局監、外監，[28]領器仗兵役，亦用寒人。[29]爰及梁、陳，斯風未改。其四代之被恩倖者，今立以爲篇，以繼前史之作云爾。

[1]中人：指稟性、素質居於中等之人。

[2]管仲：春秋時潁上（今安徽潁上縣）人。《史記》卷六二有傳。

[3]齊桓：齊桓公。姜姓，名小白。春秋時齊國國君，爲五霸之首。事見《史記》卷三二《齊太公世家》。　邵陵：地名。又作召陵。春秋楚邑，在今河南漯河市召陵區。《春秋》僖公四年：齊桓公率齊、魯、宋、陳、衛、鄭等國之師臨楚，與楚大夫屈完"盟于召陵"。即此。

[4]易牙：齊桓公之近臣。一作狄牙，名巫。善逢迎，相傳曾烹其子爲羹以獻桓公。桓公死，諸子争立，易牙與豎刁等殺群吏、立公子無虧，齊國因此内亂。事見《左傳》僖公十七年。

［5］陽門：當作“楊門”。本指車篚，用以蔽塵，也做門扉。一説，門名。按，“掩陽門之扇”，詳《管子·小稱》《吕氏春秋·知接》及《史記·齊太公世家》等。

［6］中書：官署名。中書省或中書門下省的簡稱。職掌國家機密、出納帝命、會記時事、典作文章。亦爲官名。漢代爲中書謁者令或中謁者令的簡稱。南北朝時爲中書省官員省稱。多指中書侍郎、中書舍人。

［7］漢元：漢元帝劉奭。公元前48年至前33年在位。《漢書》卷九有紀。　令、僕：並官名省稱。令指中書謁者令或中謁者令，簡稱中書令；僕指中書謁者僕射或中謁者僕射，簡稱中書僕射。

［8］魏明：魏明帝曹叡。公元227年至239年在位。《三國志》卷三有紀。　監、令：並官名省稱。監指中書監，令指中書令。東晋中書監、令成爲閑職，極少並置，多授予宗室王、大臣以示禮遇，或由宰相、諸公兼領。南朝中書省權歸舍人，監、令名爲長官，多用作重臣加官。

［9］中朝：東晋、南朝人對西晋的專稱。

［10］公曾：荀勖。字公曾，潁川潁陰（今河南許昌市）人。《晋書》卷三九有傳。

［11］恨於失職：據《晋書·荀勖傳》載：荀“勖久在中書，專管機事。及失之，甚罔罔悵恨”。

［12］舍人：官名。即中書舍人。中書省屬官。西晋置，與通事共掌收納、轉呈文書章奏。東晋合爲一官，稱通事舍人。後省“通事”二字，簡稱舍人。其時多以名流任之。

［13］江左：南朝人對東晋的專稱。　通事郎：官名。即中書通事郎。亦稱中書郎。三國魏置，西晋改爲中書侍郎。一説魏末已稱中書侍郎。東晋初曾改回此稱，不久仍改爲中書侍郎。

［14］侍郎：官名。即中書侍郎。東晋中書納奏、擬詔出令之職轉歸他省，中書監、令成爲閑職，而以中書侍郎一員值中書、秘書省，分任詔令之起草。

［15］元帝：東晋元帝司馬睿。公元 317 年至 323 年在位。《晋書》卷六有紀。　劉超：字世瑜，琅邪臨沂（今山東臨沂市）人。《晋書》卷七〇有傳。

［16］宋文：宋文帝劉義隆。公元 424 年至 453 年在位。本書卷二、《宋書》卷五有紀。

［17］秋當、周赳：當，海陵（今江蘇泰州市東北）人；赳，一作“糾”。宋文帝元嘉中並爲中書舍人，雖管要務，已授員外郎，猶數爲士族所羞辱。見本書卷三二《張敷傳》、卷四八《陸慧曉傳》。　寒門：亦稱寒族。魏晋南北朝時指不屬於士族的家族。一説南朝指士族高門以外的次門和庶族中的役門、三五門之屬。

［18］孝武：宋孝武帝劉駿。公元 454 年至 464 年在位。本書卷二、《宋書》卷六有紀。

［19］鮑照：字明遠，東海（今山東郯城縣）人。本書卷一三、《宋書》卷五一有附傳。

［20］江夏王義恭：劉義恭。宋武帝之子。諸子之中，最受寵愛。文帝元嘉元年（424）封江夏王。前廢帝狂悖無道，欲謀廢立，被前廢帝所殺。本書卷一三、《宋書》卷六一有傳。

［21］帝遣尚之送尚書四十餘牒：《南齊書》卷五六《倖臣傳序》“四十餘牒”作“二十餘牒”。

［22］明帝：南朝宋明帝劉彧。公元 465 年至 472 年在位。本書卷三、《宋書》卷八有紀。

［23］建武：南朝齊明帝蕭鸞年號（494—498）。

［24］詔命始不關中書：《南齊書·倖臣傳序》“始”作“殆”。中書，指中書省。

［25］舍人：官署名。即舍人省。南朝齊置，梁、陳沿置。名義上隸屬中書省，實際直接受命於皇帝。以中書通事舍人爲長官，掌草擬詔書，受理文書章奏，監督、指導尚書諸曹政務等，“總國内機要，而尚書唯聽受而已”。參《隋書·百官志上》。

［26］主書令史：官名。亦省稱主書。魏晋南北朝尚書、中書、

秘書等官署多置，掌文書。

［27］尚書外司：指在尚書省之外行使其職權的官署。

［28］制局監：官名。南朝齊置，主管宫廷武器與禁兵。地位雖低，頗具權勢。梁沿置。　外監：官名。外殿中監的省稱。南朝宋（一説齊）分殿中監置，與内殿中監共掌殿中宿衛，管理皇帝生活事務，亦代宣詔旨。地位雖低，頗有權勢。梁、陳沿置，稱殿中外監，皆爲流外官職。

［29］亦用寒人：各本同，《南齊書·倖臣傳》於其下有“被恩幸者”四字。寒人，魏晋南北朝時謂寒門出身之人。

戴法興，會稽山陰人也。[1]家貧，父碩子以販紵爲業。法興二兄延壽、延興並脩立，延壽善書，法興好學。山陰有陳戴者，[2]家富有錢三千萬，鄉人或云：[3]“戴碩子三兒敵陳戴三千萬錢。”

［1］會稽：郡名。治山陰縣，在今浙江紹興市。　山陰：縣名。治所在今浙江紹興市。以位於會稽山北而得名。

［2］陳戴：《宋書》卷九四《戴法興傳》作“陳載”，下同。

［3］鄉人或云：《宋書·戴法興傳》“或”作“咸”。

法興少賣葛山陰市，後爲尚書倉部令史。[1]大將軍彭城王義康於尚書中覓了了令史，[2]得法興等五人，以法興爲記室令史。[3]義康敗，仍爲孝武征虜撫軍記室掾。[4]及徙江州，[5]仍補南中郎典籤。[6]帝於巴口建義，[7]法興與典籤戴明寶、蔡閑俱轉參軍督護。[8]上即位，並爲南臺侍御史，[9]同兼中書通事舍人。[10]法興等專管内務，權重當時。孝建元年，[11]爲南魯郡太守，[12]解舍人，侍太子於東宫。大明二年，[13]以南下預密謀，封法興吴昌縣男，明寶湘鄉縣男。閑時已卒，追加爵封。[14]法興轉太子旅賁中郎將。[15]

[1]後爲尚書倉部令史：《宋書》卷九四《戴法興傳》作“後爲吏傳署，入爲尚書倉部令史”。倉部，官署名。尚書省諸曹之一，隸度支尚書，長官爲郎，資深者稱侍郎。職掌全國糧食倉儲出納之政令、帳目。令史，官名。各官署皆設的一種低級辦事員吏，但尚書諸曹令史頗有實權。

[2]彭城王義康：劉義康。小字車子，宋武帝之子。武帝永初元年（420），封彭城王。本書卷一三、《宋書》卷六八有傳。

[3]記室：官署名。南北朝時丞相府及諸王府、公府、將軍府皆置，以參軍爲長官，掌文疏表章。

[4]記室掾：官名。主記室掾的簡稱。爲州郡佐吏，主記室曹長官，位在主記室史上，掌記録文書，催督期會。

[5]江州：州名。治柴桑縣，在今江西九江市西南。

[6]補：官制術語。即遞補、委任官職。　典籤：官名。亦稱主帥、籤帥、典籤帥。本爲掌管文書的小吏。南朝宋時多以年幼皇子出任方鎮，皇帝遂委派親信擔任此職，掌握州、鎮實權。出任者多爲寒人，員額數人，輪番回京面君言事。齊時，其權益重。明帝害諸王，均假典籤之手。梁中葉以後，權勢逐漸衰微。

[7]巴口：地名。在今湖北黄岡市東巴水入江處。

[8]參軍督護：官名。東晋始置，爲領兵諸公屬官，領營兵，有部曲。南北朝沿置，不領營兵。梁時列爲流外官。

[9]南臺侍御史：官名。亦稱南臺御史，簡稱侍御史。侍御臺屬官。南北朝時俗稱御史臺爲南臺，故名。除分曹治事外，亦奉命監國，督察巡視州郡，收捕官吏、宣示詔命等。其職雖重，然爲南朝世族所輕。宋七品。梁一班。陳九品，秩二百石。

[10]中書通事舍人：官名。簡稱舍人。中書省屬官。南朝宋以中書舍人復名。齊因之。梁、陳去“通事”，徑名“中書舍人”。以寒人親信爲之，入直禁中，掌詔誥及呈奏之事，漸奪中書侍郎草擬詔令之任。齊至陳，自成舍人省，“總國内機要”。宋七品。梁四班。陳八品。

[11]孝建：南朝宋孝武帝劉駿年號（454—456）。

[12]南魯郡：郡名。東晋明帝太寧中僑置於京口，在今江蘇鎮江市。南朝齊明帝時省。

[13]大明：南朝宋孝武帝劉駿年號（457—464）。

[14]追加爵封：據《宋書·戴法興傳》，開封高昌縣男。

[15]太子旅賁中郎將：官名。南朝宋置，掌東宫護衛。宋五品。梁五班。陳七品，秩六百石。

孝武親覽朝政，不任大臣，而腹心耳目不得無所委寄。法興頗知古今，素見親侍，雖出待東宫，[1]而意任隆密。魯郡巢尚之，[2]人士之末，元嘉中，[3]侍始興王濬讀書，[4]亦涉獵文史，爲上所知。孝建初，補東海國侍郎，[5]仍兼中書通事舍人。凡選授遷轉誅賞大處分，上皆與法興、尚之參懷。内外諸雜事多委明寶。上性嚴暴，睚眦之間，[6]動至罪戮。尚之每臨事解釋，多得全免，殿省甚賴之。而法興、明寶大通人事，多納貨賄，凡所薦達，言無不行，天下輻凑，門外成市，家産並累千金。明寶驕縱尤甚，長子敬爲揚州從事，[7]與上争買御物。六宫嘗出，敬盛服騎馬，於車左右馳驟去來。上大怒，賜敬死，繫明寶尚方。[8]尋被原釋，委任如初。

[1]素見親侍，雖出待東宫：大德本、汲古閣本、殿本“親

侍”作“親待”，“出待”作“出侍”。底本二字誤倒，應據諸本改。

[2]魯郡：郡名。治魯縣，在今山東曲阜市東北。

[3]元嘉：南朝宋文帝劉義隆年號（424—453）。

[4]始興王濬：劉濬。宋文帝第二子。本書卷一四、《宋書》卷九九有傳。

[5]侍郎：官名。王國屬官，隸郎中令。掌侍從左右，贊相威儀，通傳教令。宋八品。梁一班至流外二班不等。陳九品至流外不等。

[6]踑毗：大德本、汲古閣本作“睚眦”，殿本作“眶眦”。

[7]揚州從事：官名。即揚州都部從事。揚州刺史屬官。東晋始置，二員，分掌建康、秣陵兩縣，察舉非法並司水火劫盜。南朝宋武帝永初後罷省，孝武帝大明元年（457年，一説孝建三年，456年）復置。

[8]尚方：官署名。隸少府，設令、丞，掌管製作帝王御用的器物。多以役徒服勞作，因以爲繫罪囚之所。

孝武崩，前廢帝即位，法興遷越騎校尉。[1]時太宰江夏王義恭録尚書事，[2]任同總己，而法興、尚之執權日久，威行内外，義恭積相畏服，至是懾憚尤甚。廢帝未親萬機，凡詔敕施爲，悉決法興之手，尚書中事無大小專斷之，顔師伯、義恭守空名而已。[3]尚之甚聰敏，時百姓欲爲孝武立寺，疑其名。尚之應聲曰：“宜名天保。《詩》云：‘《天保》，[4]下報上也。’”時服其機速。

[1]越騎校尉：官名。南朝侍衛武官，不領兵，隸中領軍（領軍將軍），多用以安置勳舊武臣。宋四品。梁七班。陳六品，秩

千石。

［2］録尚書事：初爲職銜名。魏晋南北朝多以公卿權重者居之，總領尚書省政務，位在三公上。南朝宋孝武帝不欲威權外假，遂省。其後置省無常。齊始單拜，成爲正式官號。

［3］顔師伯：字長淵，本書避唐高祖李淵諱作“字長深”，琅邪臨沂（今山東臨沂市）人。本書卷三四有附傳，《宋書》卷七七有傳。

［4］《天保》：《詩·小雅·鹿鳴之什》篇名。《毛詩序》：“《天保》，下報上也。君能下下，以成其政；臣能歸美，以報其上焉。”

廢帝年已漸長，凶志轉成，欲有所爲，法興每相禁制。謂帝曰：“官所爲如此，[1]欲作營陽邪？”[2]帝意稍不能平。所愛幸閹人華願兒有盛寵，[3]賜與金帛無筭。法興常加裁減，願兒甚恨之。帝嘗使願兒出入市里，察聽風謡，而道路之言，謂法興爲真天子，帝爲應天子。[4]願兒因此告帝曰：“外間云宫中有兩天子，官是一人，戴法興是一人。官在深宫中，人物不相接，法興與太宰、顔、柳一體，[5]往來門客恒有數百，内外士庶莫不畏服之。法興是孝武左右，復久在宫闈，今將他人作一家，深恐此坐席非復官許。”帝遂免法興官，徙付遠郡，尋於家賜死。法興臨死，封閉庫藏，使家人謹録籥牡。[6]死一宿，又殺其二子，截法興棺兩和，[7]籍没財物。法興能爲文章，頗行於世。

［1］官：魏晋以下對帝王的稱呼或帝王自稱。參《資治通鑑》卷九八《晋紀二十》胡三省注。

［2］營陽：指宋少帝劉義符。小字車兵，宋武帝長子。在位二

年，在位期間居喪無禮、游戲無度，廢爲營陽王。後被殺。本書卷一、《宋書》卷四有紀。

[3]華願兒：南朝宋時人。官至散騎常侍，加將軍帶郡。見《宋書》卷七《前廢帝紀》，參《魏書》卷九七《島夷劉裕傳》。

[4]應：大德本作"贗"，汲古閣本、殿本作"贋"。按，底本誤，當改作"贗"或"贋"。"贗""贋"同，義爲假的，僞造的。

[5]太宰、顔、柳：指録尚書事劉義恭、尚書僕射顔師伯、尚書令柳元景。按，《宋書》卷九四《戴法興傳》"法興與太宰、顔、柳一體"下有"吸習"二字，與下句句首"往來"二字聯作"吸習往來"。

[6]籥牡：鎖門，鎖鑰。籥，大德本、百衲本、中華本同，汲古閣本、殿本作"鑰"。張元濟《南史校勘記》云："按'籥''鑰'通。見《書·金縢》。"牡，大德本、汲古閣本、殿本、中華本同，百衲本訛作"杜"。

[7]截法興棺兩和：百衲本、中華本同，大德本、汲古閣本、殿本"兩和"作"焚之"。張元濟《南史校勘記》："既'焚'何必'截'，疑'兩和'是。"中華本校勘記："按'和'指棺頭，此截斷棺材兩頭故曰'兩和'。"

死後，帝敕巢尚之曰："不謂法興積舋累愆，遂至於此。吾今自覽萬機，卿等宜竭誠盡力。"尚之時爲新安王子鸞撫軍中兵參軍、淮陵太守，[1]乃解舍人，轉爲撫軍諮議參軍，[2]太守如故。明帝初，復以尚之兼中書通事舍人、南清河太守。[3]累遷黄門侍郎，[4]出爲新安太守，[5]病卒。

[1]新安王子鸞：劉子鸞。字孝羽，宋孝武帝第八子。本書卷一四、《宋書》卷八〇有傳。　中兵參軍：官名。亦作中兵參軍事。

兩晋南北朝諸公、軍府僚屬之一，掌本府中兵曹事務，兼備參謀咨詢。其品位隨府主地位高低不等。有以將軍、太守兼領者。　淮陵：郡名。治淮陵縣，在今安徽明光市東北。

[2]諮議參軍：官名。東晋初以軍諮祭酒改置，主諷議衆事、贊劃軍機及處理政務。南北朝沿置。爲諸公、軍府主要僚屬，位次長史、司馬，在諸曹參軍之上。

[3]南清河：郡名。東晋僑置於晋陵（今江蘇常州市）郡界，屬徐州。南朝宋、齊屬南徐州。

[4]黄門侍郎：官名。即給事黄門侍郎。亦省稱黄門、黄門郎、給事黄門。爲侍中省或門下省次官，與侍中俱掌門下衆事，職掌略同，位頗重要。宋五品。梁十二班。陳四品，秩二千石。

[5]新安：郡名。治始新縣，在今浙江淳安縣西北。現已没入千島湖。

戴明寶，南東海丹徒人，[1]亦歷員外散騎侍郎、給事中。[2]孝武時，帶南清河太守。[3]前廢帝即位，權任悉歸法興，而明寶輕矣。明帝初，天下反叛，以明寶舊人，屢經戎事，復委任之。後坐納貨賄繫尚方，尋被宥。位宣城太守。[4]昇明初，[5]老，[6]拜太中大夫，[7]病卒。

[1]南東海：郡名。南朝宋改東海郡置。治京口城，在今江蘇鎮江市。　丹徒：縣名。治所在今江蘇鎮江市丹徒區。

[2]員外散騎侍郎：官名。南朝隸集書省，爲閑散之職，常用以安置閑退官員及衰老人士。陳時作爲三公之子起家官。宋品秩不詳。梁三班。陳七品，秩四百石。　給事中：官名。南朝隸集書省，選輕用卑，地位漸低。常侍從皇帝左右，收發傳達諸奏聞文書，雖可封駁，權不甚重。亦掌管圖書文翰、修史等事。宋五品。梁四

班。陳七品，秩六百石。大德本、汲古閣本同，殿本作“給事史”。

[3]帶：官制術語。中央官員兼任地方郡守、縣令，但不理事，主要是爲獲得其禄秩。

[4]宣城：郡名。治宛陵縣，在今安徽宣城市宣州區。

[5]昇明：南朝宋順帝劉準年號（477—479）。

[6]老：各本同，中華本據《宋書》卷九四《戴明寶傳》補作“年老”。

[7]太中大夫：官名。掌議論，備顧問應對。南朝多用以安置老疾退免的大臣，無具體職事。宋七品。梁十一班。陳四品，秩千石。

武陵國典書令董元嗣與法興、明寶等俱爲孝武南中郎典籤，[1]元嘉三十年，奉使還都，會元凶弒立，[2]遣元嗣南還，報上以徐湛之等反。[3]上時在巴口，元嗣具言弒狀。上遣元嗣下都奉表於劭，既而上率義兵，劭詔責元嗣，元嗣答云："始下未有反謀。"劭不信，備加考掠，不服遂死。孝武事剋，贈員外散騎侍郎，使文士蘇寶生爲之誄焉。[4]

[1]武陵：郡名。治臨沅縣，在今湖南常德市。　典書令：官名。王國典書令的簡稱。晋始置，爲王國屬官，掌國相以下公文上奏。南朝沿置。品秩依諸王國等級不同而不等。

[2]元凶：劉劭。宋文帝長子、太子。本書卷一四、《宋書》卷九九有傳。　弒：汲古閣本、殿本同，大德本作“殺”。

[3]徐湛之：字孝源，東海郯（今山東郯城縣）人。本書卷一五有附傳，《宋書》卷七一有傳。

[4]蘇寶生：南朝宋時人。本寒門。宋文帝元嘉中爲國子學

《毛詩》助教。官至南臺侍御史，江寧令。本書卷二一、《宋書》卷七五有附傳。

大明中，又有奚顯度者，南東海郯人，[1]官至員外散騎侍郎。孝武嘗使主領人功，而苛虐無道，動加棰撲，[2]暑雨寒雪，不聽斬休，[3]人不堪命，或自經死。時建康縣考囚，[4]或用方材壓額及踝脛，人間謡曰：[5]“寧得建康壓額，不能受奚度拍。”又相戲曰：“勿反顧，付奚度。”其酷暴如此。前廢帝嘗戲云：“顯度刻虐爲百姓疾，比當除之。”左右因唱“爾”，[6]即日宣殺焉。[7]時人比之孫皓殺岑昏。[8]

[1]郯：縣名。寄治京口城，在今江蘇鎮江市。爲南東海郡治。

[2]棰：大德本同，汲古閣本、殿本作“捶”。

[3]斬：大德本、汲古閣本、殿本作“暫”。

[4]建康：縣名。治所在今江蘇南京市秦淮河以北。

[5]人間：《宋書》卷九四《戴明寶傳》作“民間”，此避唐太宗李世民諱改。

[6]爾：《宋書·戴明寶傳》作“諾”。

[7]即日宣殺焉：《宋書·戴明寶傳》“宣”字下有“旨”字，似不當省。按，《資治通鑑》卷一三〇《宋紀十二》明帝泰始元年作“左右因唱‘諾’，即宣旨殺之”。

[8]孫皓殺岑昏：事見《三國志》卷四八《吴書·孫皓傳》及裴松之注引干寶《晉紀》。

徐爰字長玉，南琅邪開陽人也。[1]本名瑗，後以與傅亮父同名，[2]亮啓改爲爰。初爲晋琅邪王大司馬府中典軍，[3]從北征，微密有意理，爲武帝所知。少帝在東宮，入侍左右。文帝初，又見親任，遂至殿中侍御史。[4]元嘉十二年，轉南臺御史，始興王濬後行參軍。[5]復侍太子於東宮，遷員外散騎侍郎。文帝每出軍，常懸授兵略。二十九年，重遣王玄謨等北侵，[6]配爰五百人，隨軍碻磝，[7]銜中旨臨時宣示。孝武至新亭，[8]江夏王義恭南奔，爰時在殿内，詐劭追義恭，因即得南走。時孝武將即大位，軍府造次，不曉朝章，爰素諳其事，及至，莫不喜悦，以兼太常丞撰立儀注。[9]後兼尚書右丞，[10]遷左丞。[11]

[1]南琅邪：郡名。南朝宋改琅邪郡置，治金城，在今江蘇句容市西北。齊武帝永明元年（483）移治白下城，在今江蘇南京市北金川門外幕府山南麓。　開陽：縣名。東晉僑置，治所不詳。初屬南琅邪郡，安帝時改屬南彭城郡，在今江蘇常州市武進區西。

[2]傅亮：字季友，北地靈州（今寧夏吴忠市北武市）人。與徐羨之同謀廢立，後被宋文帝所殺。本書卷一五、《宋書》卷四三有傳。

[3]中典軍：官名。三國蜀、吴皆置。蜀中典軍統諸軍，位在中監軍下。吴中典軍與左典軍、右典軍共掌宿衛禁軍。東晉亦置，位在督護下，品秩未詳。南朝宋、齊、梁、陳皆不見此官名，當省。

[4]殿中侍御史：官名。亦稱殿中御史。御史臺屬官，居宫殿内糾察非法。宋七品。梁爲流外七班。陳亦爲流外官。

[5]後行參軍：各本同，中華本據《宋書》卷九四《徐爰傳》補作“後軍行參軍”。應據補。按，據《宋書》卷九九《始興王濬傳》，濬於宋文帝元嘉十三年（436）封始興王、十六年加號後將

軍、二十一年進號中軍將軍，爰爲始興王濬後軍行參軍當在文帝元嘉十六至二十年間。

［6］王玄謨：字彦德，太原祁（今山西祁縣）人。本書卷一六、《宋書》卷七六有傳。

［7］碻磝：城名。在今山東聊城市茌平區西南古黄河南岸碻磝津東。

［8］新亭：地名。又名中興亭。在今江蘇南京市西南。地近江濱，依山爲城壘，爲軍事和交通要地。

［9］兼：官制術語。即以本官兼任、兼行或兼領其他官職。太常丞：官名。南北朝爲太常副貳，掌管宗廟祭祀禮儀的具體事務，總署曹務，參議禮制。宋七品。梁五班。陳八品，秩六百石。

［10］尚書右丞：官名。南朝尚書省佐官，位次尚書，與左丞共掌尚書都省庶務，糾舉彈劾百官。又掌本省庫藏廬舍，督録遠道州郡文書章奏等。宋六品。梁八班。陳四品，秩六百石。

［11］左丞：官名。即尚書左丞。南朝尚書省佐官，位次尚書，與右丞共掌尚書都省庶務，糾舉彈劾百官。又掌宗廟祠祀、朝儀禮制、選授官吏等文書奏事，職權重於右丞。宋六品。梁九班。陳四品，秩六百石。

先是，元嘉中使著作郎何承天草創國史，[1]孝武初又使奉朝請山謙之、南臺御史蘇寶生踵成之。[2]孝建六年，[3]又以爰領著作郎，[4]使終其業。[5]爰雖因前作，而專爲一家之書。上表“起元義熙，[6]爲王業之始，[7]載序宣力，爲功臣之斷”。於是内外博議。太宰江夏王義恭等三十五人同爰，宜以義熙元年爲斷。散騎常侍巴陵王休若、尚書金部郎檀道鸞二人謂宜以元興三年爲始。[8]太學博士虞龢謂宜以開國爲宋公元年。[9]詔曰：“項籍、聖公,[10]編録二漢，前史已有成例。桓玄傳宜在宋典,[11]餘如爰議。"

[1]著作郎：官名。掌國史及起居注的修撰，爲清要之官。南朝宋時曾作爲宗室的起家之官。宋六品。梁六班。陳六品，秩六百石。　何承天：東海郯（今山東郯城縣）人。本書卷三三、《宋書》卷六四有傳。

[2]奉朝請：官名。意即奉朝廷召請而參加期會。本非官職，亦無員額，衹是一種政治待遇。南朝爲安置閑散官員，始爲官號。宋初以後，以其選雜，故令尚公主者不加此官。齊武帝時，獲此官號者至六百餘人。梁二班。陳八品。　山謙之：史學生、學士、奉朝請。宋文帝元嘉中，曾私自鳩集《耕藉禮儀注》以奏聞。文帝欲封禪，詔其草撰《封禪儀注》。孝建初，孝武帝命其續修國史，未就病亡。參《宋書·禮志一》《禮志三》、卷一〇〇《自序》。

[3]孝建六年：孝建年號止於三年，故"孝建"當作"大明"。詳馬宗霍《南史校證》（湖南教育出版社2008年版，第1194頁）。

[4]領：官制術語。兼任、暫攝。多謂高級官員兼任低級官職，亦常有以卑官攝行高職者。

[5]使終其業：謂完成修撰國史之業。《隋書·經籍志二》史部正史類著録"《宋書》六十五卷，宋中散大夫徐爰撰"。

[6]義熙：東晋安帝司馬德宗年號（405—418）。

[7]王業：大德本、殿本、中華本同，汲古閣本、百衲本作"三乘"。張元濟《南史校勘記》:"殿是，見《宋書》。汲'三乘'注'一作王業'。"

[8]巴陵王休若：劉休若。宋文帝第十九子。孝武帝孝建三年（456），封巴陵王。本書卷一四、《宋書》卷七二有傳。　檀道鸞：字萬安，高平金鄉（今山東嘉祥縣）人。本書卷七二有附傳。　謂：大德本、殿本同，汲古閣本作"爲"。　元興：東晋安帝司馬

德宗年號（402—404）。

[9]虞龢：會稽餘姚（今浙江餘姚市）人。本書卷七二有附傳。　開國爲宋公元年：即東晋安帝義熙十四年。是年六月，劉裕“受相國宋公九錫之命”。

[10]項籍、聖公：項羽、劉玄。項羽，名籍，字羽。《漢書》卷三一有傳。劉玄，字聖公。《後漢書》卷一一有傳。

[11]桓玄：字敬道，一名靈寶，譙國龍亢（今安徽懷遠縣）人，桓温之子。《晋書》卷九九有傳。

孝武崩，營景寧陵，[1]以本官兼將作大匠。[2]爰便僻善事人，能得人主微旨，頗涉書傳，尤悉朝儀。元嘉初，便入侍左右，預參顧問。長於附會，又飾以典文，故爲文帝所任遇。大明世，委寄尤重，朝廷大禮儀，非爰議不行。雖復當時碩學所解過之者，既不敢立異議，所言亦不見從。孝武崩，公除後，[3]晋安王子勛侍讀博士諮爰宜習業與不？[4]爰答曰：“居喪讀喪禮，習業何嫌。”少日，始安王子真博士諮爰，[5]爰曰：“小功廢業，[6]三年喪何容讀書。”其專斷乖謬皆如此。

[1]景寧陵：陵墓名。在今江蘇南京市江寧區巖山南麓。

[2]將作大匠：官名。掌修建宫室、宗廟、陵寢等土木工程，並植樹於道側。兩晋與南朝宋、齊有事則臨時設置，事訖即罷，常以他官兼領。梁、陳常置，改名大匠卿。

[3]公除：謂帝王或官吏因公務在身而提前除孝。除，除去孝服。

[4]晋安王子勛：劉子勛。字孝德，宋孝武帝第三子。孝武帝大明四年（460），封晋安王，任征虜將軍、南兖州刺史。本書卷一

四、《宋書》卷八〇有傳。　侍讀博士：官名。南朝宋孝武帝置，掌給諸王講授經史。

[5]始安王子真：劉子真。字孝貞，宋孝武帝第十一子。本書卷一四、《宋書》卷八〇有傳。

[6]小功：喪服名。用熟麻布製成喪服，服喪期爲五個月。

前廢帝凶暴無道，殿省舊人多見罪黜，唯爰巧於將迎，始終無忤。誅群公後，以爰爲黄門侍郎，領射聲校尉，[1]著作如故，封吴平縣子。寵待隆密，群臣莫二。帝每出行，常與沈慶之、山陰公主同輦，[2]爰亦預焉。

[1]射聲校尉：官名。西漢置，至東晋省。南朝復置，爲侍衛武官，不領營兵，隸中領軍（領軍將軍），用以安置勳舊武臣。宋四品。梁七班。陳六品，秩千石。

[2]沈慶之：字弘先，吴興武康（今浙江德清縣）人。本書卷三七、《宋書》卷七七有傳。　山陰公主：劉楚玉。宋孝武帝之女，文穆王皇后所生，前廢帝劉子業同母姊。前廢帝時，改封會稽郡長公主。事見本書卷二《宋前廢帝紀》、卷一四《豫章王子尚傳》，《宋書》卷七《前廢帝紀》、卷八〇《豫章王子尚傳》等。

明帝即位，以黄門侍郎改領長水校尉，兼尚書左丞。明年，除太中大夫，著作並如故。爰執權日久，上在蕃素所不悅，及景和世，[1]屈辱卑約，爰禮敬甚簡，益銜之。泰始三年，[2]詔暴其罪，徙交州。[3]及行，又詔除廣州統内郡。有司奏以爲宋隆太守。除命既下，爰已至交州。久之聽還，仍除南康郡丞。[4]明帝崩，還都，以爰爲濟南太守，[5]復除中散大夫。[6]元徽三年卒，[7]年八十二。

[1]景和：南朝宋前廢帝劉子業年號（465）。

[2]泰始：南朝宋明帝劉彧年號（465—471）。

[3]交州：州名。治龍編縣，在今越南北寧省仙游縣東。

[4]南康：郡名。治贛縣，在今江西贛州市東北。　郡丞：官名。爲郡守副貳，佐郡守掌衆事。宋八品。梁十班。陳七品至八品，秩六百石。

[5]濟南太守：《宋書》卷九四《徐爰傳》作“南濟陰太守”。濟南，郡名。治歷城縣，在今山東濟南市。

[6]中散大夫：官名。爲閑散之官，多養老疾，無職事。宋六百石。梁十班。陳四品，秩千石。

[7]元徽：南朝宋後廢帝劉昱年號（473—477）。

爰子希秀，[1]甚有學解，亦閑篆隸，正覺、禪靈二寺碑，[2]即希秀書也。爰之徙交州，明帝召希秀謂曰："比當令卿父還。"希秀再拜答曰："臣父年老，恐不及後恩。"帝大嗟賞，即召爰還。希秀位驍騎將軍、淮南太守。[3]子泓甚閑吏職，而在事刻薄，於人少恩。仕齊歷位臺郎，[4]秣陵、建康令，湘東太守。[5]

[1]爰子希秀：按，“爰子希秀”及其後“（希秀）子泓”二附傳爲《宋書》卷九四《徐爰傳》所無。

[2]正覺：佛寺名。宋明帝泰始中建。在今江蘇南京市西南朝天宫。　禪靈：佛寺名。南朝齊武帝永明中建，在今江蘇南京市西南秦淮河旁。

[3]驍騎將軍：官名。領兵宿衛宫廷，與領軍、護軍、左衛、

右衛、游擊合稱六軍。兩晋、南朝宋四品。齊沿置。梁置左、右驍騎將軍，後改驍騎爲雲騎，十班。陳沿置，四品，秩千石。　淮南：郡名。治姑孰，在今安徽當塗縣。

[4]臺郎：官名。尚書郎别稱。東漢尚書分曹辦事，掌曹務者稱尚書郎。後歷朝沿置，職事不盡相同。南朝宋六品。梁吏部郎十一班，其餘六班或五班。陳皆四品，秩六百石。

[5]湘東：郡名。治臨烝縣，在今湖南衡陽市。

阮佃夫，會稽諸暨人也。[1]明帝初出閤，[2]選爲主衣，[3]後又請爲世子師，甚見信待。景和末，明帝被拘於殿内，住在秘書省，[4]爲帝所疑，大禍將至。佃夫與王道隆、李道兒及帝左右琅邪淳于文祖謀共廢立。[5]時直閤將軍柳光世亦與帝左右蘭陵繆方盛、丹楊周登之有密謀，[6]未知所奉。登之與明帝有舊，方盛等乃使登之結佃夫，佃夫大悦。先是，帝立皇后，普暫撤諸王奄人，[7]明帝左右錢藍生亦在例，事畢未被遣，密使藍生候帝。慮事泄，藍生不欲自出，帝動止輒以告淳于文祖，令報佃夫。

[1]諸暨：縣名。治所在今浙江諸暨市。

[2]出閤：皇子出就藩封。

[3]主衣：官名。南朝皇帝、後宫、東宫、諸王皆置，掌御用衣服器玩，多用左右親信，以寒人充任。

[4]秘書省：官署名。晋置，南朝沿置。設秘書監爲長官，領著作省，掌國史修撰及管理中外三閣圖書。一説晋稱秘書寺，至南朝梁改稱秘書省，與尚書、中書、門下、集書並稱五省。

[5]李道兒：臨淮（今江蘇盱眙縣）人。宋明帝時官至中書通

事舍人、給事中。《宋書》卷九四有附傳。

[6]直閤將軍：官名。爲皇帝左右侍衛之官。在南朝宫廷政變中舉足輕重。梁時亦領兵出征。　柳光世：河東解（今山西臨猗縣）人。本書卷三八、《宋書》卷七七有附傳。

[7]帝立皇后，普暫撤諸王奄人：《宋書》卷九四《阮佃夫傳》同，《資治通鑑》卷一三〇《宋紀十二》明帝泰始元年作“帝以立后故，假諸王閹人”。

景和元年十一月二十九日晡時，帝出華林園。[1]建安王休仁、山陽王休祐、山陰主並侍側，[2]明帝猶在秘書省不被召，益懼。佃夫以告外監典事東陽朱幼，[3]又告主衣吴興壽寂之、細鎧主南彭城姜産之。[4]産之又語所領細鎧將臨淮王敬則，[5]幼又告中書舍人戴明寶，並響應。明寶、幼欲取其日向曉，[6]佃夫等勸取開門鼓。[7]幼預約勒内外，使錢藍生密報建安王休仁等。

[1]華林園：宫苑名。位於建康宫北隅，在今江蘇南京市雞籠山南古臺城内。

[2]建安王休仁：劉休仁。宋文帝第十二子。本書卷一四、《宋書》卷七二有傳。　山陽王休祐：劉休祐。宋文帝第十三子。本書卷一四、《宋書》卷七二有傳。

[3]外監典事：官名。外殿中監屬吏，掌庶務。《南齊書》卷二《高帝紀下》：“有司奏遣外監典事四人，周行離門外三十五里爲限。”

[4]細鎧主：官名。南朝宋置，掌宿衛。梁、陳時隸屬朱衣直閤將軍。

[5]細鎧將：官名。南朝宋置，細鎧主屬官，領細鎧左右，佐

掌宿衛。　王敬則：臨淮射陽（今江蘇寶應縣）人，僑居晋陵南沙（今江蘇常熟市）。本書卷四五、《南齊書》卷二六有傳。

[6]並響應。明寶：大德本、殿本同，汲古閣本無。

[7]開門鼓：各本同，中華本據《宋書》卷九四《阮佃夫傳》補作“開門鼓後”。

時帝欲南巡，腹心直閤將軍宗越等，[1]其夕並聽出外裝束，唯有隊主樊僧整防華林閤，是柳光世鄉人。光世要之，即受命。姜產之又要隊副陽平聶慶及所領壯士會稽富靈符、吴郡俞道龍、丹楊宋逵之、陽平田嗣，並聚於慶省。佃夫慮力少，更欲招合，壽寂之曰：“謀廣或泄，不煩多人。”時巫覡言後堂有鬼，其夕帝於竹林堂前與巫共射之，[2]建安王休仁等、山陰主並從。帝素不悦寂之，見輒切齒。寂之既與佃夫等成謀，又慮禍至，抽刀前入，姜產之隨其後，淳于文祖、繆方盛、周登之、富靈符、聶慶、田嗣、王敬則、俞道龍、宋逵之又繼進。休仁聞行聲甚疾，謂休祐曰：“作矣。”相隨奔景陽山。[3]帝見寂之至，引弓射之，不中，乃走。寂之追殺之。事定，宣令宿衛曰：“湘東王受太后令除狂主，[4]今已太平。”

[1]宗越：南陽葉（今河南葉縣）人。本書卷四〇、《宋書》卷八三有傳。

[2]竹林堂：殿堂名。南朝宋孝武帝大明初建，在華林園内。

[3]景陽山：假山名。南朝宋文帝元嘉中築，在華林園内。

[4]狂主：大德本、汲古閣本、殿本、中華本及《宋書》卷九四《阮佃夫傳》同，百衲本作“狂王”。張元濟《南史校勘記》：

"殿是。"

明帝即位，論功，壽寂之封應城縣侯，產之汝南縣侯，佃夫建城縣侯，王道隆吴平縣侯，淳于文祖陽城縣侯，李道兒新渝縣侯，繆方盛劉陽縣侯，周登之曲陵縣侯，富靈符惠懷縣子，聶慶建陽縣子，田嗣將樂縣子，王敬則重安縣子，俞道龍荼陵縣子，[1]宋逵之零陵縣子。佃夫遷南臺侍御史。

[1]俞道龍：大德本、汲古閣本同，殿本作"俞道隆"。　荼陵：大德本、汲古閣本、殿本作"茶陵"。《宋書·州郡志三》有茶陵，無荼陵，底本誤，應據諸本改。

薛索兒度淮爲寇，[1]山陽太守程天祚又反，[2]佃夫與諸軍破薛索兒，降天祚。後轉太子步兵校尉、南魯郡太守，[3]侍太子於東宫。泰始四年，以本官兼游擊將軍，[4]及輔國將軍蓋次陽與二衛參員直。[5]次陽字崇基，平昌安丘人也，[6]位冠軍將軍，卒。[7]

[1]薛索兒：河東汾陰（今山西萬榮縣）人。宋明帝即位，授左將軍。泰始二年（466），參與從叔徐州刺史薛安都謀反，兵敗被斬。事見本書卷四〇、《宋書》卷八八《薛安都傳》。

[2]山陽：郡名。治山陽縣，在今江蘇淮安市。　程天祚：冀州廣平（今河北雞澤縣）人。宋文帝元嘉中爲殿中將軍，與劉坦之等攻魏，兵敗被擒，尋放還。孝武帝孝建初參與平定劉劭。後出爲山陽太守。參本書卷四〇《魯爽傳》、卷一八《臧質傳》及《魏書》卷五三《李孝伯傳》。

［3］太子步兵校尉：官名。亦稱東宫步兵校尉。南朝宋初置，爲太子三校尉之一，員七人，掌東宫護衛。齊、梁、陳沿置，員一人。梁七班。陳六品，秩千石。

［4］游擊將軍：官名。禁軍將領，隸中將軍（領軍將軍），與驍騎將軍分領殿中虎賁，掌宿衛之任。宋四品。齊沿置。梁置左、右游擊將軍，十一班（原游擊將軍改游騎將軍）。陳沿置，四品，秩二千石。

［5］蓋次陽：各本同，《宋書》卷九四《阮佃夫傳》作"孟次陽"，中華本據《宋書》改。　二衛：即左衛將軍和右衛將軍。

［6］平昌：郡名。治安丘縣，在今山東安丘市西南。　安丘：縣名。治所在今山東安丘市西南。

［7］位冠軍將軍，卒：《宋書·阮佃夫傳》作"進號冠軍將軍。元徽四年，卒"。

時佃夫及王道隆、楊運夫並執權，[1]亞於人主，巢、戴大明之世，方之蔑如也。嘗正旦應合朔，[2]尚書奏遷元會。[3]佃夫曰："元正慶會，國之大禮，何不遷合朔日邪？"其不稽古如此。大通貨賄，凡事非重賂不行。人有餉絹二百疋，嫌少不答書。宅舍園池，諸王邸第莫及。女妓數十，藝貌冠絶當時。金玉錦繡之飾，宫掖不逮也。每製一衣，造一物，都下莫不法效焉。於宅内開瀆東出十許里，塘岸整潔，汎輕舟，奏女樂。中書舍人劉休嘗詣之，[4]遇佃夫出行，中路相逢，要休同反。就席便命施設，一時珍羞，莫不畢備。[5]凡諸火劑，並皆始熟，如此者數十種。佃夫常作數十人饌以待賓客，[6]故造次便辦，類皆如此，雖晋世王、石不能過也。[7]泰始初，軍功既多，爵秩無序，佃夫僕從附隸皆受不次之位：捉車人武賁中郎將，[8]傍馬者員外郎。[9]朝士貴賤，莫不自結，而矜傲無所降意，入其室者唯吴興沈勃、吴郡張澹數人而已。[10]

[1]楊運夫：按，各本同。據本卷下文《楊運長傳》及《宋書》卷九四《阮佃夫傳》，應改作“楊運長”。本書卷三《宋明帝紀》言“阮佃夫、楊運長、王道隆皆擅威權”，亦可證“夫”字爲“長”字之訛。

[2]合朔：謂日月運行處於同宫同度。一般指農曆每月初一。

[3]元會：亦稱正會。帝王於農曆元旦朝會群臣。始於漢，魏晋以下因之。

[4]劉休：字弘明，沛郡相（今安徽濉溪縣）人。本書卷四七、《南齊書》卷三四有傳。

[5]畢：汲古閣本、殿本同，大德本作“必”。

[6]數十人：大德本、汲古閣本同。殿本、百衲本“十”作“千”，誤。

[7]晋世王、石：指西晋王愷和石崇。

[8]武賁中郎將：官名。即虎賁中郎將，此避唐高祖李淵祖父李虎諱改。主宿衛。南朝宋屬領軍，齊、梁、陳及北魏、北齊沿置。宋五品。梁五班。陳七品，秩六百石。

[9]員外郎：官名。員外散騎侍郎的簡稱。屬散騎省（東省、集書省），爲閑散之職，常用以安置閑退官員及衰老人士。

[10]沈勃：吴興武康（今浙江德清縣）人。本書卷三六、《宋書》卷六三有附傳。　張澹：吴郡（今江蘇蘇州市）人。後出爲武陵内史，宋順帝昇明中，有罪，下獄死。事見《宋書》卷一〇《順帝紀》。

明帝晏駕，後廢帝即位，佃夫權任轉重，兼中書通事舍人，加給事中、輔國將軍，餘如故。欲用張澹爲武陵郡，衛將軍袁粲以下皆不同，[1]而佃夫稱敕施行。又廬江何恢有妓張耀華美而有寵，[2]爲廣州刺史將發，[3]要佃夫飲，設樂，見張氏，悦之，頻求。恢曰："恢可得，此人不可得也。"佃夫拂衣出户，曰："惜指失掌邪?"遂諷有司以公事彈恢。凡如此，粲等並不敢執。

[1]衛將軍：官名。位在諸名號大將軍上。東晋、南朝甚重之，常以中書監、尚書令等權臣兼任，統兵出征。晋、宋二品，開府者位從公，一品。梁改置鎮衛將軍，爲武職二十四班之首。陳沿置，擬一品，比秩中二千石。　袁粲：字景倩，陳郡陽夏（今河南太康縣）人。本書卷二六有附傳，《宋書》卷八九有傳。

[2]何恢：宋前廢帝何皇后侄。《宋書》卷四一有附傳。

[3]廣州：州名。治番禺縣，在今廣東廣州市。

元徽三年，遷黄門侍郎，領右衛將軍。明年，改領驍騎將軍，遷南豫州刺史、歷陽太守，[1]猶管内任。時廢帝猖狂，好出游走。始出宫，猶整羽儀隊仗，俄而棄部伍，單騎與數人相隨，或出郊野，或入市鄽，内外莫不憂懼。佃夫密與直閤將軍申伯宗、步兵校尉朱幼、于天寶謀共廢帝，[2]立安成王。[3]

[1]南豫州：州名。南朝宋初分豫州淮河以南地置。治歷陽縣，在今安徽和縣。其後屢經省置，治所、轄境亦一再遷改。宋孝武帝大明元年（457）至齊高帝建元二年（480）治所在姑孰，在今安徽當塗縣。按，本書卷三《宋後廢帝紀》"南豫州刺史"作"豫州刺史"；《宋書》卷九《後廢帝紀》元徽四年八月作"南豫州刺

史”，五年四月作“豫州刺史”。　歷陽：郡名。治歷陽縣，在今安徽和縣。

[2]直閤將軍：《宋書》卷九四《阮佃夫傳》、《魏書》卷九四《島夷劉裕傳》同，本書《宋後廢帝紀》、《宋書·後廢帝紀》作“步兵校尉”。

[3]安成王：即宋順帝劉準。宋明帝第三子，初封安成王。本書卷三、《宋書》卷一〇有紀。

五年春，帝欲往江乘射雉。[1]帝每出，常留隊仗在樂游苑前，[2]棄之而去。佃夫欲稱太后令喚隊仗還，閉城門，分人守石頭、東府，[3]遣人執帝廢之，自爲揚州刺史輔政。[4]與幼等已成謀，會帝不成向江乘，故事不行。于天寶因以其謀告帝，帝乃收佃夫、幼、伯宗於光禄外部賜死。[5]佃夫、幼等罪止一身，其餘無所問。

[1]江乘：縣名。治所在今江蘇句容市北。

[2]樂游苑：苑囿名。南朝宋置，在今江蘇南京市玄武湖南岸九華山南。

[3]石頭：城名。又名石首城、石城。在今江蘇南京市西清涼山上。六朝時，江流緊迫山麓，城負山面江，南臨秦淮河口，當交通要衝，爲建康軍事重鎮。　東府：城名。簡稱東城。位於建康城東南，在今江蘇南京市通濟門附近，南臨秦淮河。爲東晋、南朝宰相兼揚州刺史的府第所在。

[4]揚州刺史：官名。揚州地區軍政長官。三國魏、西晋皆置司隸校尉以統領京師所在之州。東晋罷司隸校尉，而以揚州刺史當其職。南朝諸代因襲之，均視揚州刺史爲國家之要職，以諸王或宰相領之，其權任與丹陽尹相表裏。

[5]光禄外部：獄名。在禁中宫殿門外。見《宋書·百官志上》。

幼，泰始初爲外監配衣，[1]諸軍征討，有濟辦之能，遂官涉三品，[2]爲奉朝請、南高平太守，[3]封安浦縣侯。

[1]爲外監配衣：《宋書》卷九四《阮佃夫傳》作“爲外監，配張永諸軍征討”，無“衣”字。外監配衣，外殿中監所領禁軍。

[2]遂官涉三品：各本及《宋書·阮佃夫傳》並同。中華本據《通志》改“涉”爲“陟”。按，“涉”爲至、到之義，幼封安浦縣侯，據《宋書·百官志下》，縣侯，三品，則“涉”字可通，似不必改。

[3]南高平：郡名。宋明帝泰始五年（469）僑置。初寄治淮陰縣，在今江蘇淮安市淮陰區。復徙淮南郡當塗縣，在今安徽蕪湖市西北。參《南齊書·州郡志上》。

于天寶，其先胡人，豫竹林堂功，元徽中封鄂縣子。發佃夫謀，以爲清河太守、右軍將軍。[1]昇明中，齊高帝以其反覆賜死。

[1]清河：郡名。治清陽縣，在今河北清河縣東南。　右軍將軍：官名。與前軍、後軍、左軍將軍合稱四軍將軍，共掌宫禁宿衛。南朝宋初員限一人，四品。明帝泰始以後，多以軍功得官，無復員限，成爲侍衛武職。梁九班。陳五品，秩千石。

壽寂之位太子屯騎校尉、南泰山太守，[1]多納貨賄，請謁無窮。有一不從，便切齒罵詈，常云“利刀在手，何憂不辦”。鞭尉吏，斫邏將，後爲有司所奏，徙送越州。[2]行至豫章謀叛，[3]乃殺之。姜産之位南濟陽太守。[4]後北侵魏，戰敗見殺。

[1]太子屯騎校尉：官名。太子侍從武官，掌東宫護衛。南朝宋置，與太子步兵校尉、太子翊軍校尉合稱太子三校尉。齊、梁、陳沿置。宋四品。梁七班。陳六品，秩千石。　南泰山：僑郡名。據《宋書·州郡志一》，治丹徒縣，在今江蘇鎮江、常州二市間。南朝齊明帝建武三年（496）省。

[2]越州：州名。南朝宋置。治合浦縣，在今廣西合浦縣東北舊州。

[3]行至：大德本、汲古閣本、殿本無“行”字。《宋書》卷九四《壽寂之傳》亦作“行至”。　豫章：郡名。治南昌縣，在今江西南昌市。

[4]南濟陽：郡名。東晋明帝太寧中僑置，郡治待考，屬徐州。南朝宋屬南徐州，齊明帝建武三年省。

王道隆，吴興烏程人。[1]兄道迄涉學善書，形貌又美，吴興太守王韶之謂人曰：[2]“有子弟如王道迄，無所少。”道隆亦知書，泰始二年，兼中書通事舍人。道隆爲明帝所委，過於佃夫，而和謹自保，不妄毁傷人。執權既久，家産豐積，豪麗雖不及佃夫，而精整過之。元徽二年，桂陽王休範舉兵，[3]乃以討佃夫、道隆及楊運長爲名。休範奄至新亭見殺。

[1]吴興：郡名。治烏程縣，在今浙江湖州市。　烏程：縣名。治所在今浙江湖州市。

[2]王韶之：字休泰，琅邪臨沂（今山東臨沂市）人。本書卷二四、《宋書》卷六〇有傳。

[3]桂陽王休範：劉休範。宋文帝第十八子。本書卷一四、《宋書》卷七九有傳。

楊運長，宣城懷安人。[1]素善射，爲射師。性謹愨，爲明帝委信。及即位，親遇甚厚。後廢帝即位，與佃夫俱兼通事舍人。以平桂陽王休範功，封南城縣子。運長質木廉正，脩身甚清，不事園宅，不受餉遺。而凡鄙無識，唯與寒人潘智、徐文盛厚善。動止施爲，必與二人量議。文盛爲奉朝請，預平桂陽王休範，封廣晋縣男。順帝即位，運長爲宣城太守，尋還家。沈攸之反，[2]運長有異志，齊高帝遣驃騎司馬崔文仲誅之。[3]

[1]懷安：縣名。治所在今安徽寧國市東南。

[2]沈攸之：字仲達，吴興武康（今浙江德清縣）人。本書卷三七有附傳，《宋書》卷七四有傳。

[3]崔文仲：清河東武城（今河北清河縣）人。本書卷四七、《南齊書》卷二八有附傳。

紀僧真，丹楊建康人也。[1]少隨逐征西將軍蕭思話及子惠開，[2]皆被賞遇。惠開性苛，僧真以微過見罰，既而委任如舊。及罷益州還都，[3]不得志，而僧真事之愈謹。惠開臨終歎曰："紀僧真方當富貴，我不見也。"以僧真託劉彦節、周顒。[4]

[1]丹楊：郡名。即丹陽。治建康縣，在今江蘇南京市。

[2]蕭思話：南蘭陵（今江蘇常州市武進區）人，宋孝懿皇后弟子。本書卷一八、《宋書》卷七八有傳。　惠開：蕭惠開。本書卷一八有附傳，《宋書》卷八七有傳。

[3]益州：州名。治成都縣，在今四川成都市。

[4]劉彦節：劉秉。字彦節，本書避唐高祖李淵父李昞諱以字

行。本書卷一三、《宋書》卷五一有附傳。　周顒：字彦倫，汝南安成（今河南汝南縣）人。通音律，長於佛理，兼善《老子》《周易》。本書卷三四有附傳，《南齊書》卷四一有傳。

初，惠開在益州，土反，被圍危急，有道人謂之曰："城圍尋解，檀越貴門後方大興，[1]無憂外賊也。"惠開密謂僧真曰："我子弟見在者並無異才，政是蕭道成耳。"僧真憶其言，乃請事齊高帝，隨從在淮陰。[2]以閑書題，令答遠近書疏。自寒官歷至高帝冠軍府參軍主簿。[3]僧真夢蒿艾生滿江，驚而白之。高帝曰："詩人採蕭，[4]蕭即艾也。蕭生斷流，卿勿廣言。"其見親如此。後除南臺御史、高帝領軍功曹。

[1]檀越：梵文音譯。即施主。

[2]淮陰：縣名。治所在今江蘇淮安市淮陰區西南。宋明帝泰始二年（466）僑置兗州，寄治於此。齊改爲北兗州，梁爲淮州治。

[3]寒官：謂冷清卑微的官職。亦指下級官吏。

[4]詩人採蕭：典出《詩·國風·采葛》："彼采蕭兮，一日不見，如三秋兮。"《毛詩序》："采葛，懼讒也。"

上將廢立，謀之袁粲、褚彦回。[1]僧真啓上曰："今朝廷猖狂，人不自保，天下之望，不在袁、褚，明公豈得默己，坐受夷滅？存亡之機，仰希熟慮。"高帝納之。高帝欲度廣陵起兵，[2]僧真又曰："主上雖復狂釁，而累代皇基，猶固盤石。今百口北度，何必得俱；縱得廣陵城，天子居深宫，施號令，目明公爲逆，何以避此？如其不勝，則應北走。竊謂此非萬全策也。”上曰：“卿顧家，豈能逐我行邪？”僧真頓首稱無貳。

[1]褚彦回：褚淵。字彦回，本書避唐高祖李淵諱以字行，河南陽翟（今河南禹州市）人。本書卷二八有附傳，《南齊書》卷二三有傳。

[2]廣陵：郡名。治廣陵縣，在今江蘇揚州市西北蜀岡上。

昇明元年，除員外郎，帶東武城令，尋除給事中。高帝坐東府高樓望石頭城，僧真在側。上曰：“諸將勸我誅袁、劉，我意未願便爾。”及沈攸之事起，從高帝入朝堂。石頭反夜，高帝遣衆軍掩討。宫城中望石頭火光及叫聲甚盛，人懷不測。僧真謂衆曰：“叫聲不絶，是必官軍所攻。火光起者，賊不容自燒其城，此必官軍勝也。”尋而啓石頭平。

上出頓新亭，使僧真領千人在帳内。初，上在領軍府，令僧真學上手迹下名，至是報答書疏皆付僧真。上觀之笑曰：“我亦不復能别也。”

初，上在淮陰脩理城，得古錫趺九枚，[1]下有篆文，莫能識者。僧真省事獨曰：“何須辯此文字，此自久遠之物。錫而有九，九錫之徵也。”[2]高帝曰：“卿勿妄言。”及上將拜齊公，已剋日，有楊祖之謀於臨軒作難，[3]僧真請上更選吉辰，尋而祖之事覺。上曰：“無卿言，亦當致小狼狽，此亦何異呼沲之冰。”[4]轉齊國中書舍人。建元初，[5]帶東燕令，封新陽縣男。轉羽林監，[6]遷尚書主客郎，[7]太尉中兵參軍，兼中書舍人。

[1]趺（fū）：碑刻等的底座、基址。

[2]九錫：天子賜給諸侯、大臣的車馬、衣服、樂則、朱户、納陛等九種器物，爲最高禮遇。魏晋南北朝權臣奪取政權，率皆沿襲王莽謀漢先邀九錫之故事，後因以爲權臣篡位之先兆。

[3]臨軒：殿前堂陛之間近檐處兩邊的檻楯，如車之軒，故稱。

[4]呼沲之冰：指劉秀爲王郎所追，履冰險度滹沱河，擺脱追兵之事。見《後漢書》卷二〇《王霸傳》。呼沲，水名。即今河北西部滹沱河。按，大德本、汲古閣本、殿本、百衲本及《南齊書》卷五六《紀僧真傳》並同，中華本作“滹沱”。

[5]建元：南朝齊高帝蕭道成年號（479—482）。

[6]羽林監：官名。掌宿衛送從。南朝多以文官領之。宋五品。梁五班。陳七品，秩六百石。

[7]尚書主客郎：官名。尚書省主客曹長官通稱。宋六品。梁五班。陳四品，秩六百石。

高帝疾甚，令僧真典遺詔。永明元年，[1]丁父喪。起爲建威將軍，尋除南太山太守，[2]又爲舍人。僧真容貌言吐，雅有士風，武帝嘗目送之，笑曰：“人生何必計門户，[3]紀僧真常常，貴人所不及也。”[4]諸權要中最被眄遇。後除前軍將軍。[5]遭母喪，開冢得五色兩頭蛇。武帝崩，僧真號泣思慕。

[1]永明：南朝齊武帝蕭賾年號（483—493）。

[2]南太山：郡名。即南泰山郡。東晋僑置。寄治丹徒，在今江蘇鎮江市丹徒區。齊明帝建武三年（496）省。

[3]人生何必計門户：《南齊書》卷五六《紀僧真傳》“人”下無“生”字，作“人何必計門户”。

[4]紀僧真常常，貴人所不及也：按，大德本、百衲本同，汲

古閣本、殿本“常常”作“堂堂”。《南齊書·紀僧真傳》作“紀僧真常貴人所不及”。

［5］前軍將軍：官名。與後軍、左軍、右軍將軍合稱四軍將軍，共掌宮禁宿衛。南朝宋初員一人；明帝泰始後，多以軍功得官，無復員限。宋四品。梁九班。陳五品，秩千石。

明帝以僧真歷朝驅使，建武初，除游擊將軍，兼司農，[1]待之如舊。欲令僧真臨郡，僧真啓進其弟僧猛爲鎮蠻護軍、晋熙太守。[2]永泰元年，[3]除司農卿。[4]明帝崩，掌山陵事，出爲廬陵内史。[5]卒于官。僧猛後卒於晋熙太守。兄弟皆有風姿舉止，並善隸書。僧猛又能飛白書，作《飛白賦》。僧真子交卿，甚有解用。

［1］司農：官名。大司農的簡稱。掌農政。宋三品。梁改名司農卿。

［2］鎮蠻護軍：官名。東晋、南朝置。職掌如將軍，而地位略低。統兵，管理少數民族事務。南朝宋、齊廬江、晋熙、西陽太守加此，立府。若單爲此職，不兼太守，則减太守一階。　晋熙：郡名。東晋末分廬江郡置。治懷寧縣，在今安徽潜山市。隋文帝開皇初廢。

［3］永泰：南朝齊明帝蕭鸞年號（498）。

［4］除：官制術語。謂除拜，即拜官、授職。　司農卿：官名。南朝宋、齊及之前爲大司農的别稱。至梁武帝天監七年（508）定爲正式官號，十一班。陳因之，三品，秩中二千石。

［5］廬陵：郡名。治石陽縣，在今江西吉水縣東北。

宋時道人楊法持與高帝有舊，元徽末，宣傳密謀。

昇明中，以爲僧正。[1]建元初，罷道，[2]爲寧朔將軍，封州陵男。二年，遣法持爲軍主，[3]領支軍救援朐山。[4]永明四年，坐役使將客，奪其鮭稟，[5]削封，卒。

[1]僧正：官名。掌管佛教事務之僧官。十六國後秦始置，秩同侍中。南朝宋亦置，品秩無考。梁時名大僧正。

[2]罷道：謂中止修行。即還俗。

[3]軍主：官名。南北朝皆置。爲一軍之長帥，所統兵力無定員。《資治通鑑》卷一二三《宋紀五》文帝元嘉十七年胡三省注："江南軍制，呼長帥爲隊主、軍主。隊主者，主一隊之稱；軍主者，主一軍之稱。"

[4]朐山：城名。南朝宋廢朐縣爲朐山城，在今江蘇連雲港市海州區。齊爲東莞、琅邪二郡治所。梁時改置招遠縣。

[5]鮭稟：指官府發的薪給糧米。

劉係宗，丹楊人也。少便書畫，爲宋竟陵王誕子景粹侍書。[1]誕舉兵，廣陵城内皆死，敕沈慶之赦係宗，以爲東宮侍書。[2]泰始中，爲主書，[3]以寒宦累至勳品。[4]元徽初，爲奉朝請，兼中書通事舍人、員外郎，封始興南亭侯，帶秣陵令。[5]

[1]宋竟陵王誕：劉誕。字休文，宋文帝第六子。初封廣陵王，改封隨郡王，復改封竟陵王。本書卷一四、《宋書》卷七九有傳。
侍書：官名。王國屬官，掌教書翰。《資治通鑑》卷一三〇《宋紀十二》明帝泰始元年胡三省注："諸王有侍讀，掌授王經；有侍書，掌教王書。"

[2]東宮侍書：官名。南朝宋東宮侍從文官。

[3]主書：官名。主書令史的省稱。

[4]以寒宦累至勳品：大德本、汲古閣本、殿本同。中華本據《南齊書》卷五六《劉係宗傳》改“寒宦”作“寒官”。勳品，勳官品級。亦泛指勳官。按，勳官爲授予有功官員的榮譽稱號，並無實職。

[5]秣陵：縣名。治所在今江蘇南京市中華門外。

齊高帝廢蒼梧，[1]明旦呼正直舍人虞整，[2]醉不能起，係宗歡喜奉敕。高帝曰："今天地重開，是卿盡力之日。"使寫諸處分敕令及四方書疏。使主書十人、書吏二十人配之，事皆稱旨。高帝即位，除龍驤將軍、建康令。[3]永明初，爲右軍將軍、淮陵太守，兼中書通事舍人。母喪自解，起復本職。

[1]蒼梧：指宋後廢帝劉昱。字德融，小字慧震，宋明帝長子。被廢殺後追貶爲蒼梧郡王。本書卷三、《宋書》卷八有紀。

[2]虞整：宋後廢帝時爲中書舍人，甚閑辭翰。順帝昇明中，王儉倡議加權相蕭道成太傅、假黄鉞，乃使整爲之作詔。參本書卷二二《王儉傳》及《資治通鑑》卷一三四《宋紀十六》。

[3]龍驤將軍：官名。南朝宋三品。齊時亦有開府置僚屬者。其後爲加官、散官性質的將軍，地位漸低。梁武帝大通三年（529）定爲武職三十四班中的十二班，且不置。陳復置，擬七品，比秩六百石。

四年，白賊唐寓之起，[1]宿衛兵東討，遣係宗隨軍慰勞。遍至遭賊郡縣，百姓被驅逼者，悉無所問，還復人伍。係宗還，上曰："此段有征無戰，以時平蕩，百姓安怗，[2]甚快也。”賜係宗錢帛。

[1]白賊：南北朝時對白民造反者的蔑稱。白民，即身無官爵之人，衣白，故名。　唐寓之：富陽（今浙江杭州市富陽區）人。聚衆四百起兵，攻占富陽、錢唐，稱帝，立太子、置百官。後爲禁軍所敗，被殺。事見本書卷四七《虞玩之傳》。

[2]怗：大德本同，汲古閣本作“恬”，殿本作“帖”。“怗”“帖”通。

上欲脩白下城，[1]難於動役。係宗啓讁役在東人丁隨寓之爲逆者，上從之。後車駕出講武，上履行白下城，曰：“劉係宗爲國家得此一城。”永明中，魏使書常令係宗題答，秘書局皆隸之。再爲少府。[2]鬱林即位，除寧朔將軍、宣城太守。

[1]白下城：城名。即白石壘。在今江蘇南京市北金川門外，幕府山南麓。南朝齊、梁時曾爲南琅邪郡治所。

[2]少府：官名。職掌宫廷手工業及冶鑄、土木、庫藏等。宋三品。梁改少府卿，九班。陳沿置，三品，秩中二千石。

係宗久在朝省，閑於職事，武帝常云：[1]“學士輩不堪經國，唯大讀書耳。經國，一劉係宗足矣。沈約、王融數百人，[2]於事何用。”其重吏事如此。建武二年，卒官。

[1]武帝常云：《南齊書》卷五六《劉係宗傳》作“明帝曰”。按，二書所載言語内容以有出入。

[2]沈約：字休文，吴興武康（今浙江德清縣）人。本書卷五七、《梁書》卷一三有傳。　王融：字元長，琅邪臨沂（今山東臨沂市）。本書卷二一有附傳，《南齊書》卷四七有傳。

茹法亮，吴興武康人也。[1]宋大明中，出身爲小史。[2]歷齋幹扶侍。[3]孝武末年，鞭罰過度，[4]校獵江右，[5]選白衣左右百八十人，[6]皆面首富室，從至南州，[7]得鞭者過半。法亮憂懼，因緣啓出家得爲道人。明帝初，罷道，結事阮佃夫，累至齊高帝冠軍府行參軍。及武帝鎮盆城，[8]須舊驅使人，法亮求留爲武帝江州典籤，除南臺御史，帶松滋令。[9]

[1]武康：縣名。治所在今浙江德清縣西。

[2]小史：侍從、書童。各本同，南監本《南齊書》作“小吏”。

[3]齋幹：在齋室中執役的童僕。

[4]鞭罰過度：《南齊書》卷五六《茹法亮傳》其上有“作酒法”三字。

[5]江右：地區名。泛指長江下游以西地區。

[6]白衣：又作白民或白丁。古代平民衣白，故因指平民。亦指身無官爵的士人。

[7]南州：地名。亦作南洲。東晋、南朝時姑孰城别名，在今安徽當塗縣。

[8]盆城：城名。即湓口城。以地當湓水入長江口得名。在今江西九江市。

[9]松滋：縣名。東晋僑置。治所在今江西九江市東。南朝齊廢。

法亮便僻解事，善於承奉，稍見委信。建元初，度東宫主書，[1]除奉朝請，補東宫通事舍人。[2]武帝即位，仍爲中書通事舍人，除員外郎，帶南濟陰太守。[3]與會稽吕文度、臨海吕文顯並以姦佞諂事武帝。[4]文度爲外監，專制兵權，領軍將軍守虚位而已。[5]天文寺常以上將星占文度吉凶。[6]文度尤見委信，上嘗云："公卿中有憂國如文度者，復何憂天下不寧。"

[1]東宫主書：官名。南朝齊、梁時東宫官屬。

[2]東宫通事舍人：官名。南朝齊置，掌宣傳皇太子令旨、東宫内外啓事。梁多以他官兼任，一班。陳沿置，九品。

[3]南濟陰：郡名。東晋僑置於晋陵（今江蘇常州市）郡界，屬南兖州。南朝宋改屬徐州，齊屬南徐州，至明帝建武三年（496）罷省。

[4]與會稽吕文度、臨海吕文顯並以姦佞諂事武帝：此句下至"事見《虞玩之傳》"，按，《南齊書·茹法亮傳》及同書卷三四《虞玩之傳》無。吕文度《南齊書》卷五六自有傳，本書則附於《茹法亮傳》，所叙各有詳略。

[5]領軍將軍：官名。禁衛軍最高統帥。東漢末年曹丕始置，後歷代沿置。南朝宋時掌禁衛軍及京都諸軍，三品。齊制，諸爲將軍者皆敬領軍、護軍，如諸王爲將軍，道相逢，則領、護讓道。梁十五班。陳三品，秩中二千石。按，《南齊書·吕文度傳》："殿内軍隊及發遣外鎮人，〔文度〕悉關之，甚有要勢。"又，《資治通鑑》卷一三六《齊紀二》武帝永明三年胡三省注："外監，屬中領軍。而親任過於領軍。"

[6]上將星：古星名。文昌星座（今名大熊座）六星的第一星，古代讖緯稱其與樹立權勢相感應。見《史記·天官書》"斗魁戴匡六星"及司馬貞索隱引《春秋元命包》。

文度既見委用，大納財賄，廣開宅宇，盛起土山，奇禽怪樹，皆聚其中，後房羅綺，王侯不能及。又啓上籍被却者悉充遠戍，[1]百姓嗟怨，或逃亡避咎。富陽人唐寓之因此聚黨爲亂，[2]鼓行而東，乃於錢唐縣僭號，[3]以新城戍爲僞宮，[4]以錢唐縣爲僞太子宮，置百官皆備。三吴却籍者奔之，[5]衆至三萬。竊稱吴國，僞年號興平。其源始於虞玩之，[6]而成於文度，事見《虞玩之傳》。

[1]籍被却者：又稱却籍者、却籍户。即因檢校核實户籍，被取消士籍而淪爲庶族的民户。

[2]富陽：縣名。治所在今浙江杭州市富陽區。

[3]錢唐縣：縣名。治所在今浙江杭州市。

[4]新城戍：城名。即新城縣治所，在今浙江杭州市富陽區新登鎮。

[5]三吴：地區名。所指説法不一。兩晋南北朝多指吴（今江蘇蘇州市）、吴興（今浙江湖州市）、會稽（今浙江紹興市）三郡。參《水經注·漸水》。亦泛指長江下游一帶。

[6]虞玩之：字茂瑶，會稽餘姚（今浙江餘姚市）人。本書卷四七、《南齊書》卷三四有傳。

法亮、文度並勢傾天下，太尉王儉常謂人曰：[1]“我雖有大位，權寄豈及茹公。”[2]永明二年，封望蔡縣男。七年，除臨淮太守，[3]轉竟陵王司徒中兵參軍。

[1]太尉：官名。魏晋南北朝時名譽宰相，位列三公之首，官居一品。多爲大臣加官，無實際職掌。　王儉：字仲寶，琅邪臨沂（今山東臨沂市）人。本書卷二二有附傳，《南齊書》卷二三有傳。

［2］權寄：指所掌實權。

［3］臨淮：郡名。治盱眙縣，在今江蘇盱眙縣東北。

巴東王子響於荆州殺僚佐，[1]上遣軍西上，使法亮宣旨安撫子響。法亮至江津，[2]子響呼法亮，疑畏不肯往。又求見傳詔，法亮又不遣。故子響怒，遣兵破尹略軍。[3]事平，法亮至江陵，誅賞處分，皆稱敕斷决。軍還，上悔誅子響，法亮被責，少時親任如舊。廣開宅宇，杉齋光麗，[4]與延昌殿相埒。延昌殿，武帝中齋也。[5]宅後爲魚池釣臺，上山樓館，[6]長廊將一里。竹林花藥之美，公家苑囿所不能及。鬱林即位，除步兵校尉。[7]

［1］巴東王子響：蕭子響。字雲音，齊武帝第四子。初封巴東王。死後貶爲魚復侯。本書卷四四、《南齊書》卷四〇有傳。　荆州：州名。治江陵縣，在今湖北荆州市荆州區。

［2］江津：城名。即江津戍，一名奉城。在今湖北荆州市南長江中。

［3］尹略：淮南（今安徽壽縣）人。《南齊書》卷三〇有附傳。

［4］廣開宅宇，杉齋光麗：此句下至“公家苑囿所不能及”，按，爲《南齊書》卷五六《茹法亮傳》所無。杉齋，《册府元龜》卷九四六同，《通志》卷一八四作“私齋”。

［5］中齋：正廳。

［6］上山：汲古閣本同，大德本、殿本、百衲本、中華本作“土山”。

［7］步兵校尉：官名。皇帝的侍衛武官，用以安置勳舊武臣。宋四品。梁七班。陳六品，秩千石。

時有綦母珍之，[1]居舍人之任，凡所論薦，事無不允。内外要職及郡丞尉，皆論價而後施行。貨賄交至，旬月之間，累至千金。帝給珍之宅，宅邊又有空宅，從即併取，輒令材官營作，[2]不關詔旨。材官將軍細作丞相語云：[3]"寧拒至尊敕，不可違舍人命。"珍之母隨弟欽之作暨陽令，[4]欽之罷縣還，珍之迎母至湖熟，[5]輒將青氅百人自隨，[6]鼓角横吹，都下富人追從者百數。欽之自行佐作縣，還除廬陵王驃騎正將軍，又詐宣敕使欽之領青氅。珍之有一銅鏡，背有"三公"字，常語人云："徵祥如此，何患三公不至。"乃就蔣王廟乞願得三公，[7]封郡王。啓帝求封，朝議未許。又自陳曰："珍之西州伏事，[8]侍從入宫，契闊心膂，竭盡誠力。王融姦謀潛構，自非珍之翼衛扶持，事在不測。今惜千户侯，誰爲官使者。"又有牒自論於朝廷曰："當世祖晏駕之時，[9]内外紛擾，珍之手抱至尊，口行處分，忠誠契闊，人誰不知。今希千户侯，於分非過。"乃許三百户。瞋恚形於言色，進爲五百户，又不肯受。明帝議誅之，乃許封汝南縣。

[1]綦母珍之：暨陽縣（今江蘇江陰市）寒人。按，"時有綦母珍之"以下至"此道剛所以死也"諸附傳皆爲《南齊書》卷五六《倖臣傳》所無。

[2]材官：官署名。掌工匠土木之事。南朝宋、齊隸中領軍（領軍將軍），兼隸尚書省起部曹。梁、陳並隸少府。

[3]材官將軍：官名。掌工匠土木之事。南朝宋、齊隸中領軍（領軍將軍），兼隸尚書省起部曹。梁、陳改隸少府卿。宋五品。梁

二班。陳九品，秩六百石。　細作丞：官名。南朝及北齊皆置。細作署副長官，協助細作令監製供奉御用精巧珍寶器玩等。

[4]暨陽：縣名。治所在今江蘇江陰市東南。

[5]湖熟：縣名。治所在今江蘇南京市江寧區湖熟街道。

[6]青氅：南朝齊、梁時宫廷侍衛儀仗之一。隸直閤將軍等，掌直守宫殿諸門，皇帝出行則儀衛左右。以外著青色羽氅，故名。見《隋書·禮儀志七》，參宋人高承《事物紀原》卷三《旗旐采章部·氅》引《宋朝防要》。氅，同"氅"。

[7]蔣王廟：又稱蔣侯廟。在今江蘇南京市太平門外鍾山之麓。蔣王，即蔣子文，東漢末秣陵尉，追盜至山中，傷額而死。三國吴封其爲蔣侯，南朝宋封鍾山王，齊封靈帝。

[8]西州：城名。東晋築，在今江蘇南京市朝天宫東運瀆故道西岸一帶。因位於臺城以西，且其時爲揚州刺史治所，故名。

[9]世祖：齊武帝蕭賾的廟號。

有杜文謙者，吴郡錢唐人。帝爲南郡王，文謙侍《五經》文句，歷太學博士。[1]出爲溧陽令，[2]未之職。會明帝知權，蕭諶用事，[3]文謙乃謂珍之曰："天下事可知，灰盡粉滅，匪朝伊夕，不早爲計，吾徒無類矣。"珍之曰："計將安出？"答曰："先帝故人多見擯斥，今召而使之，誰不慷慨。近聞王洪軌與趙越常、徐僧亮、萬靈會共語，[4]皆攘袂槌牀。君其密報周奉叔，[5]使萬靈會、魏僧勔殺蕭諶，則宫内之兵皆我用也。即勒兵入尚書斬蕭令，兩都伯力耳。[6]其次則遣荆軻、豫讓之徒，[7]因諮事，左手頓其胷，則方寸之刃，足以立事，亦萬世一時也。今舉大事亦死，不舉事亦死，二死等耳，死社稷可乎。若遲疑不斷，復少日，録君稱敕賜死，[8]父母爲殉，在眼中矣。”珍之不能用。時徐龍駒亦當得封，珍之耻與龍駒共詔，因求别立。事未及行而事敗。珍之在西州時有一手板，[9]相者云“當貴”。每以此言動帝，又圖黄門郎，帝嘗問之曰：“西州時手板何在？”珍之曰：“比是黄門手板，[10]官何須問？”帝大笑。珍之時爲左將軍、南彭城太守，[11]領中書通事舍人。正直宿，宣旨使即往蔣王廟祈福，因收送廷尉，與周奉叔、杜文謙同死。

[1]太學博士：官名。隸國子祭酒，掌教授國學生。南朝宋、齊或置或省，六品。梁二班，位次國子博士、《五經》博士。陳因之，八品，秩六百石。

[2]溧陽：縣名。治所在今江蘇南京市高淳區。

[3]蕭諶：字彦孚，蕭道成族子。本書卷四一、《南齊書》卷四二有傳。

[4]王洪軌：各本同。本書卷七〇有傳。按，本書及《南齊書》紀、傳或作“王洪軌”，或作“王洪範”，中華本依《資治通鑑》卷一三五《齊紀一》一律改爲“王洪範”。説詳本書卷七〇中華本校勘記。

[5]周奉叔：周盤龍子。本書卷四六、《南齊書》卷二九有附傳。

[6]都伯：行刑者、劊子手。

[7]荆軻、豫讓：軻，戰國末衛國人，奉燕太子丹命入秦刺秦王嬴政未成，被殺。讓，春秋戰國之際晋國人，智伯家臣，多次謀刺趙襄子不果，遂伏劍而死。《史記》卷八六並有傳。

[8]録君：即蕭鸞。時蕭鸞録尚書事，故稱。

[9]手板：即笏，用玉、象牙或竹木等製成的狹長板子。古時

大臣上朝時所執，用以記事備忘。

［10］比：大德本、汲古閣本、殿本、百衲本、中華本作“此”。《太平御覽》卷六九二、《册府元龜》卷七五八亦作“此”。

［11］左將軍：官名。魏晋常設，略高於一般雜號將軍。初猶領兵征戰，東晋、南北朝成爲軍府名號，用作加官，常不載官品。南彭城：郡名。東晋僑置於晋陵郡界，治所在今江蘇常州市武進區西。隋廢。

文謙有學行，善言吐。其父聞其死，曰：“吾所以憂者，恐其不得死地耳。今以忠義死，復何恨哉。王經母所以欣經之義也。”[1]時人美其言。

［1］王經：清河（今河北清河縣）人。《三國志》卷九有附傳。按，“王經母所以欣經之義”，事見《三國志·魏書·王經傳》裴松之注引《漢晋春秋》。

龍駒以奄人本給安陸侯，[1]後度東宫爲齋師。[2]帝即位以後便佞見寵。[3]凡諸鄙黷雜事，皆所誘勸。位羽林監、後閤舍人、黄門署令、淮陵太守。[4]帝爲龍駒置嬪御妓樂。常住含章殿，[5]著黄綸帽，被貂裘，南面向按，[6]代帝畫敕。内左右侍直，與帝不異。前代趙忠、張讓之徒，[7]莫之能比。封惠懷縣男，事未行，明帝請誅之，懇至，乃見許。

［1］安陸侯：蕭緬。字景業。齊景帝蕭道生第三子，齊明帝蕭鸞之弟。本書卷四一、《南齊書》卷四五有傳。

［2］齋師：殿本同，大德本、汲古閣本、百衲本、中華本作

“齋帥”。應作“齋帥”。齋帥，官名。南北朝置。帝王齋宫禁衛齋仗之長。南朝地位較低，多由寒人充任。北朝地位較高，常兼任要職。齋仗，天子齋内精仗手。見《資治通鑑》卷一三七《齊紀三》胡三省注。

［3］帝即位以後便佞見寵：各本同，中華本作“帝即位後，以便佞見寵”。

［4］後閤舍人：官名。南朝齊置，以宦者充任。　黄門署令：官名。又稱黄門令。黄門署長官，以宦者充任，掌中宫别處，侍從皇帝左右。

［5］含章殿：宫殿名。在建康宫城皇后宫中。

［6］按：汲古閣本同，大德本、殿本、百衲本作“桉”，中華本作“案”。

［7］趙忠、張讓：並爲東漢末專權黷政的宦官。忠，安平（今河北衡水市冀州區）人。讓，潁川（今河南禹州市）人。後袁紹誅宦官，忠被斬，讓投河死。《後漢書》卷七八並有傳。

曹道剛，廢帝之日直閤省，蕭諶先入，若欲論事，兵隨後奄進，以刀刺之，洞胷死，因進宫内廢帝。直後徐僧亮盛怒，[1]大言於衆曰：“吾等荷恩，今日應死報。”又見殺。道剛字景昭，彭城人，[2]性質直。帝雖與之狎而未嘗敢誹。帝説市里雜事，[3]以爲歡樂。道剛輒避之。益州人韓護善騎馬，帝嘗呼入華林園令騎，大賞狎之。道剛出謂明帝：“主上猶是小兒，左右皆須正人，使日見禮則。近聞韓護與天子齊馬並馳，此導人君於危地，[4]道剛欲殺之。”既而遣人刺殺護。及道剛死，張融謂劉繪曰：[5]“道剛似不爲諂，亦復不免也。”答曰：“夫徑寸之珠，非不寶也，而蜯之所病，云何不瘵之哉，此道剛所以死也。”

[1]盛：大德本、汲古閣本、殿本作“甚”。

[2]彭城：郡名。治彭城縣，在今江蘇徐州市。

[3]説：大德本、汲古閣本、殿本、百衲本皆作“悦”。“説”“悦”通。

[4]導：大德本、汲古閣本同，殿本作“道”。“導”“道”通。

[5]張融：字思光，吴郡吴（今江蘇蘇州市）人。釋道兼修，神解過人。本書卷三二有附傳，《南齊書》卷四一有傳。　劉繪：字士章，彭城（今江蘇徐州市）安上里人。本書卷三九有附傳，《南齊書》卷四八有傳。

明帝即位，高、武舊人鮮有存者，法亮以主者久事，[1]故不見疑，位任如故。先是延昌殿爲武帝陰室，[2]藏諸服御，[3]二少帝並居西殿。及明帝居東齋，開陰室，出武帝白紗帽、防身刀，法亮歔欷流涕。永泰元年，王敬則事平，法亮復受敕宣慰諸郡，無所納受。東昏即位，出法亮爲大司農。中書權利之職，[4]法亮不樂去，固辭不受。既而代人已到，法亮垂涕而出，卒官。

[1]法亮以主者久事：各本同，中華本據《南齊書》卷五六《茹法亮傳》改“者久”爲“署文”。

[2]陰室：南朝宋、齊時於皇帝死後，以其生前所居殿爲陰室，存放其日常用品。參《資治通鑑》卷一二九《宋紀十一》胡三省注。

[3]藏諸服御：《南齊書・茹法亮傳》“服御”作“御服”。

[4]中書權利之職：《南齊書・茹法亮傳》“權利”作“勢利”。

呂文顯，臨海人也。[1]昇明初，[2]爲齊高帝録尚書省事，[3]累遷殿中御史。[4]後爲秣陵令，封劉陽縣男。永明元年，爲中書通事舍人。文顯臨事以刻覈被知。三年，帶南清河太守，與茹法亮等迭出入爲舍人，並見親幸。多四方餉遺，並造大宅，聚山開池。[5]時中書舍人四人各住一省，[6]世謂之四户。既總重權，勢傾天下。晋、宋舊制，宰人之官，以六年爲限，近世以六年過久，又以三周爲期，[7]謂之小滿。而遷换去來，又不依三周之制，送故迎新，吏人疲於道路。四方守宰餉遺，一年咸數百萬。舍人茹法亮於衆中語人曰："何須覓外禄，此一户内年辦百萬。"蓋約言之也。其後玄象失度，[8]史官奏宜脩祈禳之禮。[9]王儉聞之，謂上曰："天文乖忤，此禍由四户。"仍奏文顯等專擅愆和，極言其事。上雖納之而不能改也。文顯累遷左中郎將，[10]南東莞太守。[11]

[1]臨海：郡名。治章安縣，在今浙江台州市椒江區章安街道。

[2]昇明：大德本、汲古閣本、殿本作"昇平"。中華本據《南齊書》卷五六《呂文顯傳》改作"昇明"。底本不誤。

[3]省事：誦讀文書的小吏。西晋始置，品秩章服與令史略同。南朝尚書省、中書省正副長官皆置。

[4]殿中御史：大德本、汲古閣本、殿本、百衲本同，中華本據《南齊書·呂文顯傳》改作"殿中侍御史"。按，殿中御史亦稱殿中侍御史，似不必改。

[5]聚山開池：大德本、汲古閣本、殿本同，百衲本"池"作"地"。

[6]時中書舍人四人：以下至"上雖納之而不能改也"，《南齊書·呂文顯傳》無。

[7]三周：三年。

[8]玄象：天象。指日月星辰在天上的位置及其狀態。

[9]祈禳：謂祈禱求福禳除灾異。

[10]左中郎將：官名。爲侍從武官，隸中領軍（領軍將軍）。宋四品。梁八班。陳五品，秩千石。

[11]南東莞：郡名。東晋僑置。治莒縣，在今江蘇常州市武進區東南。南朝齊後省。

故事，[1]府州部内論事，皆籤前直叙所論之事，後云謹籤，日月下又云某官某籤，故府州置典籤以典之。本五品吏，宋初改爲七職。[2]宋氏晚運，多以幼少皇子爲方鎮，時主皆以親近左右領典籤，典籤之權稍重。[3]大明、太始，長王臨蕃，素放出鎮，[4]莫不皆出内教命，刺史不得專其任也。宗慤爲豫州，[5]吴喜公爲典籤。慤刑政所施，喜公每多違執。慤大怒曰："宗慤年將六十，爲國竭命，政得一州如斗大，不能復與典籤共臨之！"[6]喜公稽顙流血乃止。自此以後，權寄彌隆，典籤遞互還都，一歲數反，時主輒與間言，訪以方事。刺史行事之美惡，係於典籤之口，莫不折節推奉，恒慮不及。於是威行州郡，權重蕃君。[7]劉道濟、柯孟孫等姦慝發露，[8]雖即顯戮，而權任之重不異。明帝輔政，深知之，始制諸州急事宜密有所論，不得遣典籤還都，而典籤之任輕矣。後以文顯守少府，[9]見任使，歷建武、永元之世，[10]至尚書右丞，少府卿，[11]卒官。

[1]故事：以下至"而典籤之任輕矣"，《南齊書》卷五六《吕

文顯傳》無。馬宗霍《南史校證》：此段文字"叙宋齊典籤權重之弊，足補宋齊二《書》所未及。《通鑑》卷一三九亦叙之，與《南史》互有詳略，可相參證"（第1201頁）。

[2]七職：《通志》卷一七八同，《資治通鑑》卷一二〇《宋紀二》文帝元嘉元年胡三省注引《南史》作"士職"。

[3]典籤之權稍重：《資治通鑑·宋紀二》胡三省注引《南史》作"其權任遂重"。

[4]素放：大德本、汲古閣本、殿本作"素族"。底本誤，應據諸本改。素族，謂不屬於皇族的家族。亦指累代世族。

[5]宗慤：字元幹，南陽（今河南南陽市）人。本書卷三七、《宋書》卷七六有傳。　豫州：州名。治壽春縣，在今安徽壽縣。

[6]臨之：汲古閣本同，大德本、殿本作"臨"。

[7]蕃君：南朝時稱諸王及庶姓之任刺史者爲蕃君。按，"權重蕃君"，事詳本書卷四四《巴陵王子倫傳》。

[8]劉道濟：齊武帝永明中任南兖州刺史西陽王蕭子明典籤，取府州人役自給及贓私百萬等，爲有司所奏，被賜死。事見《南齊書》卷五三《沈憲傳》。

[9]守：官制術語。猶"攝"，即試用。魏晋南北朝以低品署理高職、或以高品署理低職均稱守。　少府：官名。職掌帝室財政，如皇帝私府。管理山澤陂池市肆租税收入，供宫廷日常生活、祭祀、賞賜開支等。宋三品，領左右尚方、東冶、南冶、平準等令、丞。齊又有鍛署、御府、上林等令。

[10]永元：南朝齊東昏侯蕭寶卷年號（499—501）。

[11]少府卿：官名。少府的尊稱，至南朝梁定爲正式官名。

茹法珍，會稽人，梅蟲兒，吴興人也，[1]齊東昏時並爲制局監，俱見愛幸。自江祏、始安王遥光等誅後，[2]及左右應敕捉刀之徒並專國命，[3]人間謂之刀敕，[4]權奪人主。都下爲之語曰："欲求貴職依刀敕，須得富豪事御刀。"[5]

[1]茹法珍，會稽人，梅蟲兒，吴興人也：以下至"意者以凶黨皆常細剉而烹之也"，《南齊書》卷五六《倖臣傳》無。李延壽於其中所叙茹法珍、梅蟲兒及附叙徐世檦、徐僧重、王咺之、俞寶慶、俞靈韻、王寶孫等人事迹多取自《南齊書》卷七《東昏侯紀》，亦有兼采他書者。吴興人也，大德本、汲古閣本、殿本無"也"字。

[2]江祏：字弘業，濟陽考城（今河南民權縣）人。齊明帝腹心。本書卷四七、《南齊書》卷四二有傳。　始安王遥光：蕭遥光。字元暉，始安王蕭鳳長子，襲父爵。本書卷四一有傳，《南齊書》卷四五有附傳。

[3]應敕：謂在帝王身邊侍候與傳達旨意之人。《資治通鑑》卷一四二《齊紀八》東昏侯永元元年胡三省注："應敕，在左右祗應敕命者。"　捉刀：亦作御刀。借指宫廷武裝衛士。《資治通鑑》卷一三六《齊紀二》武帝永明二年胡三省注："捉刀，執刀以衛左右者也。"

[4]刀敕：應敕、捉刀的省略合稱。

[5]御刀：大德本、殿本同，汲古閣本作"捉力"。

時又有新蔡人徐世檦，尤見寵信，自殿内主帥爲直閤驍騎將軍。[1]凡諸殺戮，皆世檦所勸。殺徐孝嗣後，[2]封臨汝縣子。陳顯達事起，[3]加輔國將軍。[4]雖用護軍崔慧景爲都督，[5]而兵權實在世檦，當時權勢傾法珍、蟲兒。又謂法珍、蟲兒曰："何世天子無要人，但阿儂貨主惡耳。"法珍等與之争權，遂以白帝，帝稍惡其凶强。

世櫆竊欲生心，左右徐僧重密知之，[6]發其事，收得千餘人仗及呪詛文，又畫帝十餘形像，備爲刑斬刺射支解之狀；[7]而自作己像著通天冠衮服，題云徐氏皇帝。永元二年事發，乃族之。自是法珍、蟲兒用事，並爲外監，[8]口稱詔敕，中書舍人王咺之與相脣齒，[9]專掌文翰。其餘二十餘人，皆有勢力。崔慧景平後，法珍封餘干縣男，蟲兒封竟陵縣男。

[1]殿内主帥：官名。南朝齊置，掌殿内宿衛。　直閤：官名。南朝及北魏、北齊置。爲皇帝左右侍衛之官。

[2]徐孝嗣：字始昌，小字遺奴，東海郯（今山東郯城縣）人。本書卷一五有附傳，《南齊書》卷四四有傳。

[3]陳顯達：南彭城彭城（今江蘇鎮江市）人。本書卷四五、《南齊書》卷二六有傳。

[4]輔國將軍：官名。南朝宋一度改名輔師將軍，後復舊名，三品。齊爲小號將軍。梁罷。

[5]護軍：官名。護軍將軍的省稱。掌督京師以外諸軍，猶别領禁衛營兵，權任頗重。宋三品。梁十五班。陳三品，秩中二千石。　崔慧景：字君山，清河東武城（今河北清河縣）人。本書卷四五、《南齊書》卷五一有傳。

[6]徐僧重：齊東昏侯時爲御刀。事見本書卷四四、《南齊書》卷四〇之《蕭昭胄傳》。

[7]刺射：大德本、汲古閣本、殿本、百衲本、中華本作“刻射”。

[8]自是法珍、蟲兒用事，並爲外監：大德本、汲古閣本、殿本、百衲本、中華本皆無“用事”二字。《南齊書》卷七《東昏侯紀》亦云“自是法珍、蟲兒用事，並爲外監”。

[9]王咺之：初爲太學博士，遷中書舍人。事見本書卷一九

《謝超宗傳》。

崔慧景之平，曲赦都下及南兖州，[1]本以宥賊黨，而群凶用事，刑辟不依詔書。無罪家富者，不論赦令，莫不受戮，籍其家産；與慧景深相關爲盡力而家貧者，一無所問。始安、顯達時亦已如此，至慧景平復然。或説王咺之云："赦書無信，人情大惡。"咺之曰："政當復有赦耳。"復赦，群小誅戮亦復如先。

[1]南兖州：州名。東晋僑立兖州，宋時改爲南兖州，初治京口，在今江蘇鎮江市。宋文帝元嘉八年（431）移治廣陵縣，在今江蘇揚州市西北蜀岡上。

帝自群公誅後，無復忌憚，無日不游走。所幸潘妃本姓俞名尼子，王敬則伎也。或云宋文帝有潘妃，[1]在位三十年，於是改姓曰潘，其父寶慶亦從改焉。帝呼寶慶及法珍爲阿文，[2]蟲兒及東冶營兵俞靈韻爲阿兄。[3]帝與法珍等俱詣寶慶，帝躬自汲水，助厨人作膳，爲市中雜語以爲諧謔。又帝輕騎戎服往諸刀敕家游宴，有吉凶輒往慶吊。奄人王寶孫年十三四，號爲倀子，[4]最有寵，參預朝政，雖王咺之、蟲兒之徒亦下之。控制大臣，移易詔敕，[5]乃至騎馬入殿，詆訶天子。公卿見之，莫不懾息。其佐成昏亂者：法珍、蟲兒及王咺之、俞寶慶、俞靈韻、祝靈勇、范亮之、徐僧重、時崇濟、芮安泰、劉文泰、吕文慶、胡輝光、繆買養、章道之、楊敬子、李粲之、周管之、范曇濟、石曇悦、張惡奴、王勝公、王懷藻、梅師濟、鄒伯兒、史元益、王靈範、席休文、解滂及太史令駱文叔、大巫朱光尚，[6]凡三十一人。又有奄官王寶孫、王法昭、許朗之、許伯孫、方佛念、馬僧猛、盛劭、王竺兒、隨要、袁係世等十人。梁武平建鄴，皆誅。又朱興光爲茹法珍所疾，得罪被繫，豐勇之與王珍國相知，[7]行殺皆免。初，左右刀敕之徒悉號爲鬼，宫中訛云："趙鬼食鴨劚，[8]諸鬼盡著調。"當時莫解。梁武平建鄴，東昏死，群小一時誅滅，故稱爲諸鬼也。俗間以細剉肉糅以薑桂曰劚，意者以凶黨皆常細剉而烹之也。[9]

［1］宋文帝有潘妃：即潘淑妃。本書卷一一有附傳。

［2］阿文：大德本、汲古閣本、殿本作"阿丈"。底本誤，應據諸本改。

［3］東冶：城名。亦稱冶城。在今江蘇南京市東南秦淮河北岸。

［4］倀子：按，本書卷五《齊東昏侯紀》、《梁書》卷一《武帝紀上》並同，《南齊書》卷七《東昏侯紀》作"長子"。《資治通鑑》卷一四三《齊紀九》東昏侯永元二年作"倀子"，胡三省注："倀，狂也。"

［5］詔敕：大德本、汲古閣本、殿本作"敕詔"。

［6］祝靈勇：東海（今山東郯城縣）人。事見本書卷四七《江祏傳》。　朱光尚：齊東昏侯時爲御刀，"挾左道以惑東昏"。事見本書卷四四《蕭昭胄傳》。

［7］豐勇之：初爲右衛軍人。齊東昏時爲御刀，與茹法珍、梅蟲兒等八人號爲"八要"。及蕭衍圍臺城，王珍國勒兵入殿誅東昏，勇之爲内應，因免死。事見本書卷五《齊廢帝東昏侯紀》、卷六《梁武帝紀上》、卷四七《江祏傳》。　王珍國：字德重，沛郡相

（今安徽濉溪縣）人。本書卷四六有附傳，《梁書》卷一七有傳。

[8]趙鬼：齊東昏侯左右趙姓嬖幸，能讀《西京賦》。時大火燒璿儀等殿及華林、秘閣三千餘間，趙鬼引賦云“柏梁既災，建章是營”，東昏於是大起芳樂、芳德、仙華等殿。見本書《齊廢帝東昏侯紀》。

[9]常：大德本、汲古閣本、殿本作“當”。

周石珍，[1]建康之厮隸也，世以販絹爲業。梁天監中，[2]稍遷至宣傳左右。[3]身長七尺，頗閑應對，後遂至制局監，帶開陽令。歷位直閤將軍。[4]太清三年，[5]封南豐縣侯，猶領制局。臺城未陷，[6]已射書與侯景相結，[7]門初開，石珍猶侍左右。時賊遣其徒入直殿内，或驅驢馬出入殿庭。武帝方坐文德殿，[8]怪問之，石珍曰：“皆丞相甲士。”上曰：“何物丞相？”對曰：“侯丞相。”上怒叱之曰：“是名侯景，何謂丞相！”石珍求媚於賊，乃養其黨田遷以爲己子，[9]遷亦父事之。景篡位，制度羽儀皆石珍自出。景平後，及中書舍人嚴亶等送于江陵。[10]

[1]周石珍：按，《梁書》《陳書》皆無《恩倖傳》，周石珍及以下陸驗、徐驎、司馬申、施文慶、沈客卿、孔範七傳，並李延壽所補。清王鳴盛《十七史商榷》卷六四《恩倖傳論》云：諸傳“所叙連類附及之小人尤多，此甚有功”。今有學者指出，本書所叙周、陸、徐三人之事，爲《資治通鑑》卷一六一、卷一六二、卷一六四分别采之；所叙司馬、施、沈、孔四人之事，爲《通鑑》卷一七五、卷一七六分别采之（參見馬宗霍《南史校證》，第1201頁）。

[2]天監：南朝梁武帝蕭衍年號（502—519）。

[3]宣傳左右：官名。南朝梁、陳及北魏置。爲皇帝左右的親

近之職，品階不高，但權勢很大。

［4］直閤將軍：官名。東晋、南朝及北魏、北齊置。掌宫廷警衛，爲皇帝左右侍衛之官，地位顯要。南朝梁時亦領兵出征。

［5］太清：南朝梁武帝蕭衍年號（547—549）。

［6］臺城：城名。爲東晋、南朝臺省與宫殿所在地，故名。在今江蘇南京市雞籠山南、乾河沿北。

［7］侯景：字萬景。原爲東魏大將，後叛至南朝梁，於梁武帝太清二年在壽陽發動叛亂，次年攻克都城建康，擅行廢立，禍亂朝野，史稱“侯景之亂”。本書卷八〇、《梁書》卷五六有傳。

［8］文德殿：宫殿名。即建康宫前殿。梁時於殿内藏聚群書七萬卷。

［9］田遷：事見本書卷八〇、《梁書》卷五六之《侯景傳》。

［10］江陵：縣名。治所在今湖北荆州市荆州區舊江陵縣城。亦爲荆州及南郡治所。南朝梁承聖元年（552），元帝蕭繹即位，建都於此。

亶本爲齋監，[1]居臺省積久，多閑故實。在賊居要，亞於石珍。及簡文見立，亶學北人著靴上殿，無肅恭之禮。有怪之者，亶曰：“吾豈畏劉禪乎。”[2]從景圍巴陵郡，[3]叫曰：“荆州那不送降！”及至江陵，將刑於市，泣謂石珍曰：“吾等死亦是罪盈。”石珍與其子昇相抱哭。亶謂監刑人曰：“倩語湘東王，[4]不有廢也，君何以興？”俱腰斬。自是更殺賊黨，以板柙舌，釘釘之，不復得語。

［1］齋監：官名。南朝梁置，流外三品藴位。按，三品藴位，梁官職等級，在十八班及流外七班之下，授予寒士與寒人居流外

官者。

［2］劉禪：三國時蜀漢後主。《三國志》卷三三有傳。

［3］巴陵：郡名。南朝宋置。治巴陵縣，在今湖南岳陽市。梁時爲巴州治。

［4］湘東王：蕭繹。即梁元帝。字世誠，梁武帝第七子。本書卷八、《梁書》卷五有紀。

陸驗、徐驎，並吴郡吴人。[1]驗少而貧苦，落魄無行。邑人郁吉卿者甚富，驗傾身事之。吉卿貸以錢米，驗借以商販，遂致千金。因出都下，散貲以事權貴。朱异，[2]其邑子也，故嘗有德，遂言於武帝拔之，與徐驎兩人遞爲少府丞、太市令。[3]驗本無藝業，而容貌特醜。先是，外國獻生犀，其形甚陋，故閭里咸謂驗爲生犀。驗、驎並以苛刻爲務，百賈畏之，异尤與之昵，世人謂之三蠹。司農卿傅岐，[4]梗直士也，嘗謂异曰："卿任參國鈞，榮寵如此，比日所聞，鄙穢狼藉，若使聖主發悟，欲免得乎？"异曰："外間謗讟，知之久矣，心苟無媿，何卹人言。"岐謂人曰："朱彦和將死矣，恃諂以求容，肆辯以拒諫，聞難而不拒，[5]知惡而不改。天奪其鑒，其能久乎。"[6]驗竟以侵削爲能，數年遂登列棘，[7]鳴佩珥貂，並肩英彦。仕至太子右衛率，[8]卒，贈右衛將軍。遠近聞其死，莫不快之。

［1］吴郡：郡名。治吴縣，在今江蘇蘇州市。　吴：縣名。治所在今江蘇蘇州市。

［2］朱异：字彦和，吴郡錢唐（今浙江杭州市）人。本書卷六

二、《梁書》卷三八有傳。

［3］少府丞：官名。南朝宋爲少府副貳。梁、陳爲少府卿副貳。宋七品。梁四班。陳八品，秩六百石。　太市令：官名。一作大市令。南朝梁置，屬太府卿，掌百族交易之事。梁一班。陳沿置。

［4］傅岐：字景平，北地靈州（今寧夏吴忠市北武市）人。史稱其"在禁省十餘年，機事密勿，亞於朱异"。本書卷七〇、《梁書》卷四二有傳。

［5］拒：大德本、汲古閣本、殿本作"懼"。

［6］天奪其鑒，其能久乎：語本《左傳》僖公二年："虢公敗戎于桑田。晋卜偃曰：'虢必亡矣。亡下陽不懼而又有功，是天奪之鑒，而益其疾也。'"杜預注："鑒，所以自照。"

［7］登列棘：相傳周代朝廷内樹棘，以定卿大夫公侯等朝臣之品位，謂之"列棘"。後因以稱入朝任高官爲"登列棘"。參《周禮·秋官·朝士》。

［8］太子右衛率：官名。掌東宫護衛，亦任征伐，地位頗重。宋五品。梁十一班。陳四品，秩二千石。

驎素爲邵陵王綸所憾，[1]太清二年，爲綸所殺。

［1］邵陵王綸：蕭綸。字世調，小字六真，梁武帝第六子。本書卷五三、《梁書》卷二九有傳。

司馬申，字季和，河内温人也。[1]祖慧遠，梁都水使者。父玄通，梁尚書左户郎。

［1］河内：郡名。治野王縣，在今河南沁陽市。　温：縣名。治所在今河南温縣西南。

申早有風槩，[1]十四便善弈棋。嘗隨父候吏部尚書到溉，[2]時梁州刺史陰子春、領軍朱异在焉，[3]呼與棋。申每有妙思，异觀而奇之，因引申游處。太清之難，[4]父母俱没，因此自誓，擔土菜食終身。

[1]槩：大德本、汲古閣本、殿本作“鑒”。

[2]到溉：字茂灌，彭城武原（今江蘇邳州市）人。本書卷二五有附傳，《梁書》卷四〇有傳。

[3]陰子春：字幼文，武威姑臧（今甘肅武威市）人。本書卷六四、《梁書》卷四六有傳。

[4]太清之難：即侯景之亂。梁武帝太清二年（548）東魏降將侯景發動的叛亂。

梁元帝承制，[1]累遷鎮西外兵記室參軍。[2]及侯景寇郢州，[3]申隨都督王僧辯據巴陵，[4]每進策，皆見行用。僧辯歎曰：“此生要韃汗馬，或非所長，若使撫衆守城，必有奇績。”僧辯之討陸納也，[5]于時賊衆奄至，左右披靡，申躬蔽僧辯，蒙楯而前，會裴之横救至，[6]賊乃退。僧辯顧而笑曰：“仁者必有勇，豈虚言哉。”

[1]承制：秉承皇帝旨意而便宜行事。魏晋南北朝時權臣多以此名義自行處置政務、任免官吏，故雖稱“承制行事”，但未必已取得皇帝同意。

[2]外兵記室參軍：官名。兩晋南北朝諸公、軍府僚屬。掌本府外兵曹與記室曹事務，兼備參謀咨詢。位隨府主地位高低自七品至九品不等。

[3]郢州：州名。南朝宋置。治夏口城（後稱郢城），在今湖

北武漢市武昌區。

[4]王僧辯：字君才，太原祁（今山西祁縣）人。本書卷六三有附傳，《梁書》卷四五有傳。

[5]陸納：王琳長史。事見本書卷六四、《北齊書》卷三二之《王琳傳》。

[6]裴之橫：字如岳，河東聞喜（今山西聞喜縣）人。本書卷五八、《梁書》卷二八有附傳。

陳大建中，[1]除秣陵令，在職以清能見紀，有白雀集于縣庭。復爲東宫通事舍人。叔陵之肆逆也，[2]事既不捷，出據東府，申馳召右衛將軍蕭摩訶帥兵先至，[3]追斬之，後主深嘉焉。以功除太子左衛率，[4]封文招縣伯，[5]兼中書通事舍人。遷右衛將軍。[6]歷事三帝，内掌機密，頗作威福。性忍害，好飛書以譖毁，[7]朝之端士，遍罹其殃。參預謀謨，乃於外宣説，以爲己力，内省中秘事，[8]往往泄漏。性又果敢，善應對，能候人主顔色。有忤己者，必以微言譖之；附己者，因機進之。是以朝廷内外，皆從風靡。

[1]大建：按，大德本、汲古閣本、殿本作“太建”。“太建”是。太建，南朝陳宣帝陳頊年號（569—582）。

[2]叔陵：陳叔陵。陳宣帝第二子，封始興郡王。本書卷六五、《陳書》卷三六有傳。

[3]蕭摩訶：字元胤，蘭陵（今山東棗莊市）人。本書卷六七、《陳書》卷三一有傳。

[4]太子左衛率：官名。掌東宫護衛，亦任征伐，地位頗重。宋五品。梁十一班。陳四品，秩二千石。

[5]文招：大德本、汲古閣本同，殿本作“文始”。

[6]右衛將軍：官名。爲禁衛軍主要統帥之一，多由皇帝親信之人擔任。與領軍、護軍、左衛、驍騎、游擊等將軍合稱爲六軍。南朝後期亦統兵出征。齊高帝詔左、右二衛將軍每晚留一人宿直宮中。宋四品。梁十二班。陳三品，秩二千石。

[7]飛書：又作飛條、蜚條。即匿名信。以無根而至，若飛來，故名。

[8]内省中秘事：大德本、汲古閣本、殿本無“内”字。

初，尚書右僕射沈君理卒，[1]朝廷議以毛喜代之。[2]申慮喜預政，乃短喜於後主曰：“喜臣之妻兄，高帝時稱陛下有酒德，[3]請逐去宮臣，陛下寧忘之邪！”喜由是廢錮。又與施文慶、李脱兒比周，譖殺傅縡，[4]奪任忠部曲以配蔡徵、孔範，[5]是以文武解體，至於覆滅。申嘗晝寢於尚書下省，有烏啄其口，流血及地，時論以爲譖賢之效也。

[1]沈君理：字仲倫，吴興（今浙江湖州市）人，陳後主沈皇后之父。本書卷六八、《陳書》卷二三有傳。

[2]毛喜：字伯武，滎陽陽武（今河南原陽縣）人。本書卷六八、《陳書》卷二九有傳。

[3]高帝：高宗皇帝省稱。高宗，陳宣帝陳頊的廟號。　酒德：謂以酗酒爲事。多指酒後昏亂。語出《尚書·無逸》：“無若殷王受之迷亂，酗于酒德哉！”孔安國傳：“言紂心迷政亂，以酗酒爲德。”

[4]傅縡：字宜事，北地靈州（今寧夏吴忠市北武市）人。本書卷六九、《陳書》卷三〇有傳。

[5]任忠：字奉誠，小名蠻奴，汝陰（今安徽阜陽市）人。本

書卷六七、《陳書》卷三一有傳。　蔡徵：本名覽，後更名徵，字希祥，濟陽考城（今河南民權縣）人。官至中書令、權知中領軍，後降隋。本書卷六八有附傳，《陳書》卷二九有傳。

後加散騎常侍，右衛、舍人如故。至德四年卒，[1]後主嗟悼久之。贈侍中、護軍將軍，進爵爲侯，謚曰忠。及葬，後主自爲製誌銘。子琇嗣，官至太子舍人。

[1]至德：南朝陳後主陳叔寶年號（583—586）。

施文慶，不知何許人也。[1]家本吏門，[2]至文慶好學，頗涉書史。陳後主之在東宫，文慶事焉。及即位，擢爲中書舍人。仍屬叔陵作亂，隋師臨境，軍國事務，多起倉卒，文慶聰敏强記，明閑吏職，心筭口占，應時條理，由是大被親幸。又自太建以來，吏道疏簡，百司弛縱，文慶盡其力用，無所縱捨，分官聯事，莫不振懼。又引沈客卿、陽惠朗、徐哲、暨慧景等，云有使能，[3]後主信之。然並不達大體，督責苛碎，聚斂無猒，王公大人，咸共疾之。後主益以文慶爲能，尤更親重，内外衆事，無不任委。累遷太子左衛率，舍人如故。

[1]施文慶，不知何許人也：《陳書》卷三一《任忠傳》謂“有施文慶者，吴興烏程人”。

[2]家本吏門：《陳書·任忠傳》作“起自微賤”。吏門，又稱吏姓。南朝門第之一。指庶族中的貧寒人户，爲地方官府服事供職者。

[3]使：大德本、汲古閣本、殿本作“吏”。《陳書·任忠傳》云“有吏用，後主拔爲主書”。

貞明三年，[1]湘州刺史晋熙王叔文在職既久，[2]大得人和，後主以其據有上流，陰忌之。自度素與群臣少恩，恐不爲用，無所任者，乃擢文慶爲都督、湘州刺史，配以精兵二千，[3]欲令西上，仍徵叔文還朝。文慶深喜其事，然懼居外，後執事者持己短長，因進其黨沈客卿以自代。未發間，二人共掌機密。

[1]貞明：按，大德本、汲古閣本、殿本作“禎明”。“禎明”是。禎明，南朝陳後主陳叔寶年號（587—589）。

[2]湘州：州名。治臨湘縣，在今湖南長沙市。　晋熙王叔文：陳叔文。字子才，陳宣帝第十二子。本書卷六五、《陳書》卷二八有傳。

[3]二千：大德本、汲古閣本、殿本無此二字。《資治通鑑》卷一七六《陳紀十》後主禎明二年亦有“二千”二字。

時隋軍大舉，分道而進，尚書僕射袁憲、驃騎將軍蕭摩訶及文武群臣共議，[1]請於京口、採石各置兵五千，[2]并出金翅二百，[3]緣江上下，以爲防備。文慶恐無兵從己，廢其述職，而客卿又利文慶之任己得專權，俱言於朝曰："必有論議，不假面陳，但作文啓，即爲通奏。"憲等以爲然。二人齎啓入白後主曰："此是常事，邊城將帥，足以當之。若出人船，必恐驚擾。"

[1]袁憲：字德章，陳郡陽夏（今河南太康縣）人。本書卷二六有附傳，《陳書》卷二四有傳。

[2]京口：地名。在今江蘇鎮江市。　採石：地名。在今安徽馬鞍山市西南長江東岸。

[3]金翅：一種較爲靈便的戰船。參《陳書》卷二〇《華皎傳》。

及隋軍臨江，間諜驟至，憲等慇懃奏請，至于再三。文慶等曰："元會將逼，南郊之日，[1]太子多從，今若出兵，事便廢闕。"後主曰："今且出兵，若北邊無事，因以水軍從郊，何爲不可。"又對曰："如此，則聲聞鄰境，便謂國弱。"後又以貨動江總，[2]總内爲之游說，後主重違其意，而迫群官之請，乃令付外詳議，總又抑憲等，[3]由是未決，而隋師濟江。

[1]南郊：謂帝王祭天大禮。《資治通鑑》卷一七六《陳紀十》後主禎明二年胡三省注："陳仍梁制，以間歲正月上辛祀天地於南、北二郊，用特牛一。蓋來年正月當行此禮。"

[2]江總：字總持，濟陽考城（今河南民權縣）人。本書卷三六有附傳，《陳書》卷二七有傳。

[3]總又：大德本、汲古閣本、殿本作無"總"字。《資治通鑑·陳紀十》後主禎明二年有"總"字。

後主性怯懦，不達軍事，晝夜啼泣，臺内處分，一以委之。文慶既知諸將疾己，恐其有功，乃奏曰："此等怏怏，素不伏官，[1]迫此事機，那可專信。"凡有所啓請，經略之計，並皆不行。尋敕文慶領兵頓于樂游苑。

陳亡，隋晋王廣以文慶受委不忠，[2]曲爲諂佞，以蔽耳目，比黨數人，並於石闕前斬之，[3]以謝百姓。

[1]伏：大德本、汲古閣本同，殿本作“服”。

[2]隋晋王廣：隋煬帝楊廣。初封晋王。《隋書》卷三、卷四，《北史》卷一一有紀。

[3]石闕：即神龍、仁虎闕，在建康宫城南。

沈客卿，吴興武康人也。美風采，善談論，博涉書史，[1]與施文慶少相親昵。仕陳，累遷至尚書儀曹郎。[2]聰明有口辯，頗知故事。每朝廷體式，吉凶儀注，凡所疑議，客卿斟酌裁斷，理雖有不經，而衆莫能屈，事多施行。

[1]博涉書史：大德本、汲古閣本、殿本作“博涉群書”。

[2]尚書儀曹郎：官名。尚書省儀曹長官，隸祠部尚書或尚書右僕射，職掌車服、羽儀、朝覲、郊廟、饗宴等禮儀。宋六品。梁五班。陳四品，秩六百石。

至德初，以爲中書舍人，兼步兵校尉，掌金帛局。[1]以舊制軍人士人，二品清官，並無關市之税。後主盛脩宫室，窮極耳目，府軍空虚，[2]有所興造，恒苦不給。客卿每立異端，唯以刻削百姓爲事，奏請不問士庶，並責關市之估，而又增重其舊。於是以陽惠朗爲太市令，暨慧景爲尚書金、倉都令史。[3]二人家本小吏，[4]考校簿領，毫釐不差，糺謫嚴急，[5]百姓嗟怨。而客卿居舍人，總以督之，每歲所入，過於常格數十倍，後主大悦。尋加客卿散騎常侍、左衛將軍，[6]舍人如故。惠朗、惠景奉朝請。[7]禎明三年，客卿遂與文慶俱掌機密。隋師至，文慶出頓樂游苑，内外事客卿總焉。臺城失守，隋晋王以客卿重賦厚斂，以悦於上，與文慶、暨惠景、陽惠朗等，俱斬於石闕前。徐哲，[8]不知何許人，施文慶引爲制局監，掌刑法，[9]亦與客卿同誅。

[1]金帛局：官署名。南朝陳中書省所分二十一局之一。掌金帛受納。

[2]府軍：大德本、汲古閣本、殿本作“府庫”。《資治通鑑》卷一七六《陳紀十》後主至德二年亦作“府庫”。

[3]尚書金、倉都令史：官名。尚書省金部、倉部都令史。按梁制，尚書都令史位視奉朝請。

[4]小吏：低級職吏的統稱。一説指官俸百石以下的官吏。

[5]紥：大德本、殿本同，汲古閣本作“紀”。

[6]左衛將軍：官名。禁衛軍統帥之一，多由皇帝親信之人擔任。與領軍、護軍、右衛、驍騎、游擊等將軍合稱六軍。宋四品。梁十二班。陳三品，秩二千石。

[7]惠景：大德本、汲古閣本同，殿本作“慧”。下同，不另注。

[8]徐哲：按，《隋書》卷三《煬帝紀》作“徐析”，《資治通鑑·陳紀十》後主至德二年作“徐哲”、卷一七七《隋紀一》文帝開皇九年作“徐析”。

[9]掌刑法：《隋書·煬帝紀》《資治通鑑·隋紀一》並作“刑法監”。

孔範字法言，會稽山陰人也。曾祖景偉，齊散騎常侍。祖滔，梁海鹽令。父岱，歷職清顯。

範少好學，博涉書史。陳太建中，位宣惠江夏王長史。[1]後主即位，爲都官尚書，[2]與江總等並爲狎客。範容止都雅，文章贍麗，又善五言詩，尤見親愛。[3]後主性愚佷，[4]惡聞過失，每有惡事，範必曲爲文飾，稱揚贊美。時孔貴人絶愛幸，範與孔氏結爲兄妹，寵遇優渥，言聽計從。朝廷公卿咸畏範，[5]範因驕矜，以爲文武才能舉朝莫及。從容白後主曰："外聞諸將，[6]起自行伍，匹夫敵耳。深見遠慮，豈其所知。"後主以問施文慶，文慶畏範，益以爲然。自是將帥微有過失，即奪其兵，分配文吏。

[1]宣惠江夏王：陳伯義。字堅之，陳文帝第九子。封江夏王，爲宣惠將軍。本書卷六五、《陳書》卷二八有傳。　長史：官名。王府屬官。掌理王府事，領府中幕僚。

[2]都官尚書：官名。南北朝皆置，領尚書省都官、水部、庫部、功論四曹。宋三品。梁十三班。陳三品，秩中二千石。隋沿置，改名刑部尚書。

[3]見：大德本、殿本同。汲古閣本作"兒"，誤。

[4]後主性愚佷：各本同，中華本作"愚狠"。

[5]朝廷公卿咸畏範：大德本同，汲古閣本、殿本無"範"字，中華本據《通志》補"範"字。

[6]聞：大德本、汲古閣本、殿本作"間"。《資治通鑑》卷一七六《陳紀十》後主至德二年亦作"間"。

隋師將濟江，群官請爲備防，文慶沮壞之，後主未决。範奏曰:"長江天塹，古來限隔,[1]虜軍豈能飛度?邊將欲作功勞，妄言事急。臣自恨位卑，虜若能來，定作太尉公矣。"或妄言北軍馬死，範曰:"此是我馬，何因死去。"後主笑以爲然，故不深備。

[1]古來限隔:《隋書·五行志下》引孔範曰作"古以爲限隔南北"。

尋而隋將賀若弼陷南徐州,[1]執城主莊元始，韓擒陷南豫州,[2]敗水軍都督高文泰。與中領軍魯廣達頓于白塔寺。[3]後主多出金帛，募人立功，範素於武士不接，莫有至者，唯負販輕薄多從之，高麗、百濟、崑崙諸夷並受督。[4]時任蠻奴請不戰,[5]而己渡江攻其大軍。又司馬消難言於後主曰:[6]"弼若登高舉烽，與韓擒相應，鼓聲交震，人情必離。請急遣兵北據蔣山,[7]南斷淮水,[8]質其妻子，重其賞賜。陛下以精兵萬人，守城莫出。不過十日，食盡，二將之頭可致闕下。"[9]範冀欲立功，志在於戰，乃曰:"司馬消難狼子野心，任蠻奴淮南傖士，語並不可信。"事遂不行。

[1]賀若弼:字輔伯，河南洛陽(今河南洛陽市)人。《隋書》卷五二有傳，《北史》卷六八有附傳。　南徐州:州名。南朝宋改徐州置。治京口城，在今江蘇鎮江市。隋廢。

[2]韓擒:即韓擒虎，本書避高祖李淵祖父李虎諱而去"虎"字，字子通，河南東垣(今河南新安縣)人。《隋書》卷五二有傳，《北史》卷六八有附傳。大德本、汲古閣本同，殿本作"韓擒

虎”。下同。　南豫州：州名。南朝宋初分豫州淮東置，後或省或置，治所亦多變動。至梁侯景亂後，定治姑孰，在今安徽當塗縣。隋廢。

[3]與中領軍魯廣達頓于白塔寺：各本同，中華本據王懋竑《讀書記疑》説於“與”前補“範”字。魯廣達，字偏覽，扶風郿（今陝西眉縣）人。本書卷六七有附傳，《陳書》卷三一有傳。白塔寺，佛寺名。南朝宋末蕭道成建。以得外國甎爲白塔，故名。其地在今江蘇南京市西南秦淮河畔。

[4]高麗：古族名和古國名。即高句麗。本書卷七九、《梁書》卷五四有傳。　百濟：古國名。在今朝鮮半島西南部。本書卷七九及南北朝諸史有傳。　崑崙：泛指中印半島南部及南洋諸島各國或膚色黝黑的外國人。參《舊唐書》卷一九七《南蠻傳》。

[5]任蠻奴：即任忠。此避隋諱以小名行。

[6]司馬消難：字道融，河内温（今河南温縣）人，北齊名臣司馬子如之子。《周書》卷二一有傳，《北齊書》卷一八、《北史》卷五四有附傳。

[7]蔣山：山名。即鍾山。在今江蘇南京市中山門外。爲寧鎮山脉的西段中列，山勢險峻蜿蜒，實乃建康北面之屏障。三國時諸葛亮稱“鍾山龍蟠”，即指此山。後孫權爲避其祖諱，又因漢末秣陵尉蔣子文葬此，遂改名。

[8]淮水：水名。即今江蘇西南部的長江支流秦淮河。其東源句容河、南源溧水河在南京市江寧區中南部匯合後，西北流經南京市區注入長江。東晋、南朝爲建康南面之屏障，西連石頭城，東接青溪水，設浮航二十四座，每遇戰事則撤航爲備。

[9]闕下：大德本、汲古閣本同，殿本、百衲本作“闕下”。

隋軍既逼，蠻奴又欲爲持久計，範又奏：“請作一決，當爲官勒石燕然。”[1]後主從之。明日，範以其徒居中，以抗隋師，未陣而北，範脱身遁免。[2]尋與後主俱入長安。

[1]勒石燕然：指東漢竇憲破北匈奴，登燕然山，刻石勒功。事見《後漢書》卷二三《竇憲傳》。燕然山，即今蒙古國境内杭愛山脉。

[2]範：大德本、殿本同，汲古閣本無此字。

初，晋王廣所戮陳五佞人，[1]範與散騎常侍王瑳、王儀、御史中丞沈瓘，[2]過惡未彰，故免。及至長安，事並露，隋文帝以其姦佞諂惑，並暴其過惡，名爲四罪人，流之遠裔，以謝吴、越之人。瑳、儀並琅邪人。[3]瑳刻薄貪鄙，忌害才能。儀候意承顔，傾巧側媚，又獻其二女，以求親昵。瓘險慘奇酷，[4]發言邪諂，故同罪焉。

[1]陳五佞人：《資治通鑑》卷一七七《隋紀一》文帝開皇九年胡三省注："五佞，謂施文慶、沈客卿、陽慧朗、徐析、暨慧景。"

[2]沈瓘：《資治通鑑·隋紀一》文帝開皇九年同，《隋書》卷二《高祖紀下》、《北史》卷一一《隋文帝紀》、《册府元龜》卷一五二並作"沈觀"。《通志》卷一八作"沈觀"，卷一四五、卷一八三作"沈瓘"。

[3]琅邪：郡名。治開陽縣，在今山東臨沂市北。

[4]奇酷：大德本、汲古閣本、殿本作"苛酷"。

論曰：自宋中世以來，宰御朝政，[1]萬機碎密，不關外司。[2]尚書八坐五曹，[3]各有恒任，係以九卿六府，[4]事存副職。至於冠冕搢紳，[5]任疏人貴，伏奏之務既寢，[6]趨走之勞亦息。[7]關宣所寄，[8]屬當事有所歸。[9]通驛内外，切自音旨。若夫竭忠盡節，仕子恒圖，隨方致用，明君盛典，舊非本舊，因新以成舊者也，狎非先狎，因疏以成狎者也。而任隔疏情，[10]殊塗一致，權歸近狎，[11]異世同揆。[12]故環纓斂笏，俯仰晨昏，[13]瞻幄坐而竦躬，[14]陪蘭檻而高眄，探求恩色，習覩威顔，遷蘭變鮑，久而彌信。因城社之固，執開壅之機。長主君世，振裘持領，[15]賞罰事殷，能不踰漏，宫省咳唾，[16]義必先知。故窺盈縮於望景，[17]獲驪珠於龍睡，[18]坐歸聲勢，卧震都鄙。賄賂日積，苞苴歲通，富擬公侯，威行州郡。制局小司，專典兵力，[19]雲陛天居，[20]亘設蘭錡，[21]羽林精卒，重屯廣衛。至於元戎啓轍，武候還麾，[22]遮迾清道，神行按轡，督察往來，馳騖輦轂，驅役分部，親承几桉，領護所攝，[23]示總成規。若徵兵動衆，大興人役，優劇遠近，[24]斷於外監之心，譴辱詆訶，恣於典事之口。[25]抑符緩詔，姦僞非一，書死爲生，請謁成市，左臂揮金，右手刊字，紙爲銅落，筆由利染。故門同玉署，[26]家號金穴，[27]嬙嫒侍女，燕、秦、蔡、鄭之聲，琁池碧沼，[28]魚龍雀馬之翫，莫不充牣錦室，照徹青雲，害政傷人，於斯爲切。[29]况乎主幼時昏，讒慝亦何可勝也。[30]

[1]宰御朝政：《南齊書》卷五六《倖臣傳》“朝政”作“天下”。

[2]外司：謂外朝諸司官。指以丞相爲首的各行政官署及其

官員。

［3］八坐：官名合稱。又作八座。始於東漢，魏晋以下沿稱，但歷代所指不一。南朝通常指尚書令、左右僕射和五曹尚書，或指尚書令、僕射和六曹尚書（若無右僕射，則置祠部尚書）。　五曹：指五曹尚書所領官署，亦泛指尚書省諸曹。包括吏部尚書所領吏部、删定、三公、比部四曹，度支尚書所領度支、金部、倉部、起部四曹，左民尚書所領左民、駕部二曹，都官尚書所領都官、水部、庫部、功論四曹，五兵尚書所領中兵、外兵二曹。另加左僕射所領殿中、主客二曹，右僕射所領祠部、儀曹二曹，合爲二十曹。見《宋書·百官志上》。

［4］係：大德本、汲古閣本同，殿本作“卿”。　九卿：官名合稱。秦漢指三公之下奉常（太常）、郎中令（光禄勳）、衛尉、太僕等分掌全國行政的高級官署長官。魏晋南朝因設尚書分主各曹行政，九卿專掌一部分事務，職任漸輕，但仍作爲卿級官員的統稱。按，九爲多數之義，故所置或十卿、十二卿，仍以九爲號。　六府：傳爲上古六種税官。見《禮記·曲禮下》“天子之六府”及鄭玄注。此泛指徵税官員及其税收機構。按，六爲衆多之義，並非實數。

［5］至於冠冕搢紳：《南齊書·倖臣傳》“至於”作“咸皆”。冠冕搢紳，本指莊重場合佩戴的官帽和腰際飾帶，此處代指世族高官。

［6］伏奏：俯伏上奏。

［7］趨走：奔走服役。

［8］關宣：官府文書和皇帝命令。關，關文，官府間的平行文書。宣，皇帝命令或傳達皇帝的命令。

［9］屬當事有所歸：《南齊書·倖臣傳》無“事”“所”二字，作“屬當有歸”。

［10］疏情：大德本、汲古閣本同，殿本作“情疏”。

［11］近狎：指狎近帝王的侍臣。

［12］異世同揆：《宋書》卷九四《恩倖傳》“揆”作“規”。

［13］晨昏：晨昏定省之略語。謂朝夕問候奉侍。

［14］幄坐：垂帳的帝、后座位。

［15］振裘持領：比喻把握事物的關鍵。

［16］咳唾：語出《莊子·漁父》：“竊待於下風，幸聞咳唾之音以卒相丘也。”後用作稱美對方的言論、談吐。

［17］故窺盈縮於望景：《南齊書·倖臣傳》“故”“窺”之間有“能”字。盈縮，猶進退或長短。

［18］獲驪珠於龍睡：語本《莊子·列禦寇》：“夫千金之珠，必在九重之淵，而驪龍頷下。子能得珠者，必遭其睡也。”比喻趁他人昏睡而竊取其寶物。

［19］制局小司，專典兵力：本書卷五一《吴平侯景傳》：“領軍管天下兵要，宋孝建以來，制局用事，與領軍分權，典事以上皆得呈奏，領軍垂拱而已。”

［20］雲陛：巍峨的宫殿。

［21］亘設蘭綺：《南齊書·倖臣傳》“蘭綺”作“蘭錡”。

［22］武候：《南齊書·倖臣傳》作“式候”。

［23］領護：領軍將軍與護軍將軍的合稱。並爲軍隊統帥。

［24］優劇遠近：以下至“照徹青雲”，《宋書》《南齊書》無，係李延壽自撰。

［25］典事：外監典事的省稱。

［26］玉署：官署的美稱。

［27］金穴：藏金之窟。形容豪富之家。

［28］碧沼：大德本、北監本、殿本同，汲古閣本、百衲本、中華本作“碧梁”。參張元濟《南史校勘記》。

［29］於斯爲切：《南齊書·倖臣傳》“切”作“蠹”。

［30］讒慝亦何可勝也：各本同，《南齊書·倖臣傳》作“其爲讒慝，亦何可勝紀也”。中華本據《南齊書》於“勝”後補“紀”字。應據補。

南史　卷七八

列傳第六十八

夷貊上

海南諸國[1]

［1］海南諸國：按，大德本、汲古閣本、百衲本、中華本同，殿本作“海南諸國西南夷”。卷首目録“海南諸國”四字下，當據殿本補“西南夷”三字。

海南諸國，[1]大抵在交州南及西南大海洲上，[2]相去或四五千里，[3]遠者二三萬里。其西與西域諸國接。[4]漢元鼎中，[5]遣伏波將軍路博德開百越，[6]置日南郡。[7]其徼外諸國，自武帝以來皆朝貢。後漢桓帝世，[8]大秦、天竺皆由此道遣使貢獻。[9]及吴孫權時，[10]遣宣化從事朱應、中郎康泰通焉。[11]其所經過及傳聞則有百數十國，因立記傳。晋代通中國者蓋鮮，[12]故不載史官。及宋、齊至梁，[13]其奉正朔、脩貢職，[14]航海往往至矣。[15]今采其風俗粗著者，列爲《海南》云。[16]

[1]海南諸國：以下至“列爲《海南》云”，按，此篇叙文全采《梁書》卷五四《海南傳》叙而稍加删改。

[2]交州：州名。治龍編縣，在今越南北寧省仙游縣東。

[3]相去或四五千里：按，《梁書·海南傳》“或”“四”分别作“近者”“三”。

[4]西域：地域名。西漢以後對玉門關（今甘肅敦煌市西北小方盤城）以西地區的總稱。

[5]元鼎：西漢武帝劉徹年號（前116—前111）。

[6]伏波將軍：官名。西漢武帝時置。初爲統兵武官名號，後漸成官名。掌征伐。東漢、魏、晋及南朝沿置，隋煬帝時罷。　路博德：西河平州（今山西介休市西）人。事見《史記》卷一一一《衛將軍驃騎列傳》、《漢書》卷五五《衛青霍去病傳》。　百越：一作百粤。中國古代長江下游及東南、中南沿海各地土著族群的總稱。亦泛指百越人居住的地區。

[7]日南郡：郡名。西漢平南越國後所置九郡之一。治西捲縣，在今越南廣治省廣治河與甘露河合流處。

[8]後漢桓帝：劉志。在位二十二年（146—167），謚桓。《後漢書》卷七有紀。

[9]大秦：古國名。又名黎軒、犂鞬。漢、晋時對羅馬帝國的稱呼。南北朝後，羅馬帝國分裂爲二，則指東羅馬帝國，即今土耳其及叙利亞北部地區。　天竺：古國名。亦譯作身毒等。即古印度的别稱。

[10]孫權：字仲謀，吴郡富春（今浙江杭州市富陽區）人。三國吴皇帝。東漢末，繼其兄孫策據有江東六郡。始稱吴王，立都武昌。後稱帝，國號吴，遷都建業。在位三十一年（222—252），謚號大皇帝。《三國志》卷四七有傳。

［11］宣化從事：官名。三國吴置，職掌、品秩不詳。　朱應：字建安。三國吴人。所撰《扶南異物志》一卷，又名《扶南以南記》，《隋書·經籍志二》《舊唐書·經籍志上》《新唐書·藝文志二》均有著録。　中郎：官名。從事中郎的簡稱。東漢置，大將軍屬官，職參謀議，有時也領兵征戰，秩六百石。漢末稱雄諸州亦置此官。魏晋南北朝三公府、將軍府等皆置，其職掌、品秩依時依府而異。北周末避楊忠諱，改稱從事内郎。　康泰：三國吴人。所撰《外國傳》，又名《吴時外國傳》《扶南記》《扶南土俗傳》等。原書已佚，《水經注》《史記正義》《北堂書鈔》《藝文類聚》《法苑珠林》《初學記》《太平御覽》等書多見徵引。

［12］晋代通中國者蓋鮮：《梁書·海南傳》“鮮”作“尠”。按，尠，音 xiǎn，同“鮮”。少也。

［13］及宋、齊至梁：按，此五字係由《梁書·海南傳》十七字删就。其中，“及宋齊至”與其下“者有十餘國始爲之傳”爲前句，而“梁”則與其上“自”、其下“革運”屬後句。

［14］其奉正朔、脩貢職：“其”上《梁書·海南傳》有“自梁革運”四字。正朔，指帝王新頒行的曆法。古代曆法，年始曰“正”，月初曰“朔”，一年第一天謂之“正朔”。凡改朝换代，必改正朔，以示新承天命的合法性。貢職，又稱職貢。指藩屬國或外國對朝廷貢獻方物和陳述職守。

［15］航海往往至矣：按，《梁書·海南傳》“往往”作“歲”，“至”下有“踰於前代”四字。

［16］列爲《海南》云：按，《梁書·海南傳》“列”作“綴”，“南”下有“傳”字。

林邑國，[1]本漢日南郡象林縣，[2]古越裳界也。[3]伏波將軍馬援開南境，[4]置此縣。其地從廣可六百里。城去海百二十里，去日南南界四百餘里，[5]北接九德郡。[6]

其南界，水步道二百餘里，有西圖夷亦稱王，[7]馬援所植二銅柱，表漢家界處也。其國有金山，石皆赤色，其中生金。金夜則出飛，狀如螢火。又出瑇瑁、貝齒、吉貝、沈木香。[8]吉貝者，樹名也，其華成時如鵝毳，[9]抽其緒紡之以作布，布與紵布不殊。[10]亦染成五色，織爲班布。[11]沈木香者，土人斫斷，積以歲年，朽爛而心節獨在，置水中則沉，[12]故名曰沈香，次浮者棧香。[13]

[1]林邑國：古國名。亦稱臨邑國。故地在今越南中部一帶。唐時又稱占婆、環王等，五代時改稱占城。按，馬宗霍《南史校證》以爲“此傳兼採《宋》《齊》《梁》書，而以《梁書》爲多”（湖南教育出版社 2008 年版，第 1204 頁），高敏《南北史掇瑣》以爲“其内容較《宋書》《南齊書》及《梁書》所載林邑國事均詳，有超出三書之部分存在”（中州古籍出版社 2003 年版，第 394 頁）。

[2]象林縣：縣名。西漢置，治所在今越南廣南省維川縣南茶橋。東漢末，舊治成爲林邑國都，遂寄治盧容縣，在今越南平治天省廣田縣東香江與蒲江合流處。東晉後地入林邑國。

[3]越裳：古族名。古越人的一支，分布於交趾以南。相傳周成王時曾重譯來獻白雉。或以爲即秦漢時駱越先民之一。

[4]馬援：字文淵，扶風茂陵（今陝西興平市）人。東漢開國功臣，拜伏波將軍，封新息縣侯。光武帝建武十八年（42），率軍平定交趾征側、征貳。《後漢書》卷二四有傳。　開南境：《梁書》卷五四《海南傳》“開”下有“漢”字，似不當省。

[5]去日南南界四百餘里：“日南南界”《梁書·海南傳》作“日南界”。

[6]九德郡：郡名。三國吴時分九真郡置，治咸驩縣，在今越南義安省演州縣西。西晋移治九德縣，在今越南義安省榮市。南朝宋移治浦陽縣，在今榮市東南。齊還治九德縣。梁、陳爲德州治。

隋平陳廢。

[7]有西圖夷亦稱王：按，大德本、汲古閣本、百衲本、中華本及《通志》卷一九八同，殿本及《梁書・海南傳》“圖”作“國”。《太平御覽》卷七八六引《南史》或作“西圖夷”（文淵閣四庫全書本），或作“西國夷”（四部叢刊本）。又，《水經注》卷三六引《林邑記》謂“馬援樹兩銅柱于象林南界，與西屠國分漢之南疆也”，則“圖”亦作“屠”。

[8]瑇（dài）瑁：龜鱉目海龜科動物名。産於熱帶、亞熱帶沿海，其背甲可長達一米。　貝齒：也稱齒貝。腹下潔白，有刻如魚齒的貝。其貝殼可用作貨幣。晋法顯《佛國記》:“貨易則用貝齒。”　吉貝：中國古代兼指木棉和草棉。此處指木棉。按，《梁書・海南傳》同，大德本、汲古閣本、殿本、百衲本、中華本皆作“古貝”。本卷下同，不再出注。　沈木香：即沉香。又稱蜜香、伽南香、奇南香、沉水香等。瑞香科沉香屬常緑喬木，産於熱帶及亞熱帶。其木質堅色黑，爲著名香料。又可用來治療嘔吐、氣喘等病症。參晋嵇含《南方草木狀・木類・蜜香沉香等》。按，“沈”同“沉”。大德本、汲古閣本、百衲本同，殿本、中華本及《梁書・海南傳》作“沉”。

[9]鵝毳（cuì）：鵝絨，鵝毛。毳，鳥獸的細密絨毛。

[10]布與紵布不殊：按，《梁書・海南傳》作“潔白與紵布不殊”。紵布，用紵麻纖維織成的布。

[11]織爲班布：大德本、汲古閣本、百衲本同，殿本、中華本及《梁書・海南傳》“班”作“斑”。

[12]置水中則沉：殿本、中華本及《梁書・海南傳》同，大德本、汲古閣本、百衲本“沉”作“沈”。

[13]次浮者棧香:《梁書・海南傳》“浮”上有“不沉不”三字，“棧”作“籛”。按，《太平御覽》卷七八六引《南史》、《通志》卷一九八皆作“次浮者棧香”。

漢末大亂，功曹區連殺縣令，[1]自立爲王。數世，其後王無嗣，外甥范熊代立，[2]死，子逸嗣。[3]晋成帝咸康三年，[4]逸死，奴文篡立。文本日南西卷縣夷帥范幼家奴，[5]嘗牧牛於山澗，得鱧魚二化而爲鐵，因以鑄刀。刀成，文向石呪曰："若斫石破者，文當王此國。"因斫石，如斷芻槀，[6]文心異之。范幼嘗使之商賈至林邑，因教林邑王作宫室及兵車器械，王寵任之。後乃讒言諸子，[7]各奔餘國。[8]及王死無嗣，文乃於鄰國迓王子，[9]置毒於漿中殺之，遂脅國人自立。時交州刺史姜莊使所親韓戢、謝幼前後監日南郡，[10]並貪殘，諸國患之。穆帝永和三年，[11]臺遣夏侯覽爲太守，[12]侵刻尤甚。[13]林邑素無田上，[14]貪日南地肥沃，常欲略有之。至是因人之怨，襲殺覽，以其屍祭天。留日南三年，乃還林邑。交州刺史朱藩後遣督護劉雄戍日南，[15]文復滅之，進寇九德郡，害吏人。遣使告藩，願以日南北境横山爲界。[16]藩不許。[17]文歸林邑，尋復屯日南。文死，子佛立，猶屯日南。征西將軍桓温遣督護滕畯、九真太守灌邃討之，[18]追至林邑，佛乃請降。[19]安帝隆安三年，[20]佛孫須達復寇日南、九德諸郡，[21]無歲不至，殺傷甚多，[22]交州遂致虚弱。[23]

[1]功曹：官名。即縣功曹。漢始置。主選舉，兼參諸曹事，在縣屬吏中地位最高，職權最大。品秩不詳。魏晋及南朝宋沿置，齊、梁、陳亦當置之，唯史傳無可考。　區連：東漢日南象林人。順帝永和二年（137），率徼外蠻夷數千人攻象林縣，殺長吏，建立林邑國。事見《後漢書》卷八六《南蠻傳》。按，本書及《晋書》

卷九七《南蠻傳》、《隋書》卷八二《南蠻傳》、《册府元龜》卷九五六、《資治通鑑》卷九五、《通志》卷一九八同，《後漢書》作"區憐"，《梁書》卷五四《海南傳》作"區達"。"連""憐"同音異譯，"連""達"形近易訛，似當以"連"字爲是。

［2］外甥：《梁書·海南傳》、《通志》卷一九八同，《隋書·南蠻傳》作"其甥"，《晋書·南蠻傳》、《册府元龜》卷九六六及《資治通鑑》卷九五胡三省注作"外孫"。

［3］逸：范逸。林邑國王。在位期間（？—336或337），於晋武帝太康五年（284）始來西晋貢獻，結束了自三國吴以來林邑國與中國不相往來的狀態。見《南齊書》卷五八《東南夷傳》及《晋書·南蠻傳》。

［4］晋成帝：司馬衍。在位十八年（325—342），謚號成帝。《晋書》卷七有紀。　咸康：東晋成帝司馬衍年號（335—342）。　三年：《梁書·海南傳》同，《晋書·南蠻傳》、《通志》卷一九八作"二年"。

［5］西卷：縣名。或作西捲。西漢置，治所在今越南廣治省廣治河與甘露河合流處。　范幼：按，大德本、汲古閣本、百衲本同，殿本及《南齊書·東南夷傳》《梁書·海南傳》作"范稚"。"幼"本爲"稚"，此乃李延壽避唐高宗李治諱改。殿本違例回改，妄也。

［6］如斷芻稟：大德本、汲古閣本、百衲本、中華本同，殿本"稟"作"藁"。

［7］後乃讒言諸子：《梁書·海南傳》"讒言"作"讒王"，《晋書·南蠻傳》作"譖逸"。按，《隋書·海南傳》作"文因間其子弟"。

［8］餘國：别國，他國。

［9］文乃於鄰國迓（yà）王子：大德本、汲古閣本、殿本、百衲本、中華本及《梁書·海南傳》"乃"作"僞"。迓，迎接。

［10］謝幼：按，大德本、汲古閣本、百衲本、中華本並同，殿

本及《梁書·海南傳》作“謝稚”。“幼”本爲“稚”，此乃李延壽避唐高宗李治諱改。殿本違例回改，妄也。又，《晋書·南蠻傳》、《通志》卷一九八、《册府元龜》卷一〇〇〇作“謝擢”。　監：官制術語。即以較高官職監理下級部門或某地區諸軍事，或以他官監理某地區民政事務。凡監某州、郡、縣者，即行刺史、郡守、縣令職權。南朝多見此制。

［11］穆帝：東晋穆帝司馬聃。在位十八年（344—361），謚號穆帝。《晋書》卷八有紀。　永和：東晋穆帝司馬聃年號（345—356）。

［12］臺：官署名。兩晋、南朝時用作朝廷禁省及中樞政權機構的代稱。

［13］侵刻尤甚：大德本、殿本及《梁書·海南傳》同，汲古閣本、百衲本、中華本“甚”作“盛”。

［14］林邑素無田上：素，《通志》卷一九八同，《梁書·海南傳》作“先”。上，大德本、汲古閣本、殿本、百衲本、中華本及《梁書·海南傳》、《通志》卷一九八作“土”。按，“上”與“土”形近，刻寫易訛，當改。

［15］督護：官名。西晋末始置。東晋及南北朝沿置。州、郡及出鎮方面將軍府皆設，掌兵事。品秩不詳。隸州、郡者地位或低於隸軍府者。南朝齊、梁、陳時廣州設有西江、戸江、南江督護，專掌征伐。

［16］願以日南北境横山爲界：《梁書·海南傳》同，《晋書·南蠻傳》“願”作“求”。横山，山名。在今越南中部河静省與廣平省交界處。《水經注》卷三六：“永和三年，范文侵交州，于横山分界。”

［17］藩不許：《梁書·海南傳》“許”下有“又遣督護陶緩、李衢討之”十字。

［18］征西將軍：官名。東漢置，掌征伐。起初地位不高，與偏、裨、雜號將軍同。漢獻帝建安中，列爲四征將軍之一，地位提

高，秩二千石。三國魏文帝黄初中，定爲二品，位次三公。兩晋及南北朝沿置，多授予出鎮方面的都督軍事者。晋三品。若持節都督，則進爲二品。　桓温：字元子，譙國龍亢（今安徽懷遠縣）人。《晋書》卷九八有傳。　滕畯：南郡（今湖北荆州市）人。後歷長沙、西陽太守。曾捨江陵城内宅第建寺，以安置金佛像。見《晋書·桓温傳》、宋釋本覺《歷代編年釋氏通鑑》卷三。　九真：郡名。西漢初南越國置，漢武帝元鼎六年（前111）入漢。治胥浦縣，在今越南清化省東山縣北。南朝宋移治移風縣，在今越南清化省清化市北馬江南岸。　太守：汲古閣本、殿本、百衲本、中華本及《梁書·海南傳》同，大德本訛"太子"。

[19]追至林邑，佛乃請降：據《舊唐書·地理志四》景州北景縣："晋將灌邃攻林邑王范佛，破其國，遂於其國五月五日立表。"

[20]安帝：東晋安帝司馬德宗。在位二十三年（396—418），謚號安帝。《晋書》卷一〇有紀。　隆安：東晋安帝司馬德宗年號（397—401）。

[21]佛孫須達：按，《梁書·海南傳》同。《晋書·安帝紀》作"范胡達"，同書《林邑國傳》云："佛死，子胡達立。"参《晋書》卷一〇中華本校勘記。

[22]傷：《晋書·南蠻傳》同，《梁書·海南傳》作"蕩"。多：《梁書·海南傳》同，《晋書·南蠻傳》作"衆"。

[23]交州遂致虚弱：按，《梁書·海南傳》同。《晋書·南蠻傳》及《通志》卷一九八"虚弱"下有"而林邑亦用疲弊"七字。

須達死，子敵真立，其弟敵鎧攜母出奔。敵真追恨不能容其母弟，捨國而之天竺，禪位於其甥。國相藏驎固諫不從。其甥立而殺藏驎，藏驎子又攻殺之，而立敵鎧同母異父弟曰文敵。文敵復爲扶南王子當根純所殺，[1]大臣范諸農平其亂，自立爲王。[2]諸農死，子陽邁立。[3]陽邁初在孕，其母夢生兒，有人以金席藉之，其色光麗。夷人謂金之精者爲陽邁，若中國云紫磨者，[4]因以爲名。宋永初二年，[5]遣使貢獻，以陽邁爲林邑王。陽邁死，子咄立，纂其父，[6]復曰陽邁。

[1]文敵復爲扶南王子當根純所殺：按，文敵，《南齊書》卷五八《東南夷傳》作“楊邁子孫”，《資治通鑑》卷一三七《齊紀三》作“陽邁”；扶南王子當根純，二書皆作“夷人范當根純”。又，二書將“夷人范當根純攻奪其國”事繫於齊武帝永明九年或稍前，與本書、《梁書》所叙當根純殺文敵於晉末宋初亦不同。

[2]大臣范諸農平其亂，自立爲王：按，大臣范諸農，《南齊書·東南夷傳》作“范楊邁子孫范諸農”，《資治通鑑·齊紀三》作“范陽邁之孫諸農”。又，二書叙范諸農“攻當根純，復得本國”事，一在齊明帝永明九年，一在永明十年，與本書、《梁書》所叙亦不同。

[3]諸農死，子陽邁立：按，《梁書》卷五四《海南傳》、《通典》卷一八八、《通志》卷一九八與本書同。據《南齊書·東南夷傳》及《資治通鑑》卷一四一《齊紀七》，諸農死後繼立爲林邑王者乃其子“文款”，而非“楊邁”或“陽邁”。

[4]紫磨：紫磨金的簡稱。即上品黄金。《水經注·温水》：“華俗謂上金爲‘紫磨金’，夷俗謂上金爲‘陽邁金’。”

[5]永初：南朝宋武帝劉裕年號（420—422）。

[6]纂其父：按，中華本據《南齊書·東南夷傳》、《太平御覽》卷七八六引改“纂”作“慕”。《梁書》中華本亦據《南齊書》改作“慕”。疑“纂”字訛誤，依文義“慕”字較爲允當。參本書、《梁書》之中華本校勘記。

其國俗，居處爲閣，名曰干闌，[1]門户皆北向。[2]書樹葉爲紙。[3]男女皆以横幅吉貝繞腰以下，謂之干漫，[4]亦曰都漫。[5]穿耳貫小環。貴者著革屣，賤者跣行。自林邑、扶南以南諸國皆然也。其王者著法服，加瓔珞，如佛像之飾。[6]出則乘象，吹螺擊鼓，罩吉貝繖，以吉貝爲幡旗。國不設刑法，有罪者使象蹋殺之。其大姓號婆羅門，[7]嫁娶必用八月。女先求男，由賤男而貴女。同姓還相婚姻。[8]使婆羅門引壻見婦，握手相付，呪曰："吉利吉利。"爲成禮。死者焚之中野，謂之火葬。其寡婦孤居，散髮至老。國王事尼乾道，[9]鑄金銀人像大十圍。

[1]干闌：亦作干欄，即用木、竹料作樁柱架成的上下兩層的房屋。上層住人，下層圈養牲畜和置放農具等物。按，本書與《通典》卷一八八《邊防典四》作"干闌"，《梁書》卷五四《海南傳》作"于闌"，《通志》卷一九八作"干蘭"。

[2]門户皆北向：《梁書·海南傳》同，《通典·邊防典四》、《通志》卷一九八作"皆開北户以向日"。北向，即朝北、向北（開置門窗）。

[3]樹葉：又稱貝葉。即貝多樹的樹葉。經過水漚處理後可代替紙張寫字。古代印度人多將佛經書寫其上。

[4]干漫：亦作干縵。用木棉布製成的圍裹身體的一種服飾，流行於東南亞等地。

[5]都漫：《通典·邊防典四》、《通志》卷一九八同，《梁書·海南傳》作"縵"。

[6]其王者著法服，加瓔珞，如佛像之飾：《梁書·海南傳》同，《南齊書》卷五八《東南夷傳》作"王服天冠如佛冠，身被香

纓絡”，《通典·邊防典四》作“其王戴金花冠，形如章甫，加瓔珞”，《通志》作“其王戴金花冠形如章甫，加纓絡，如佛象之飾”。瓔珞，即纓絡，一種用珠玉穿成的飾物，多用作頸飾。

[7]其大姓號婆羅門:《梁書·海南傳》同，《南齊書·東南夷傳》作“謂師君爲婆羅門”。婆羅門，梵語音譯，意爲“净行”“净裔”。古印度世襲祭司貴族。居四種姓之首，以祭祀、誦經、傳教爲專業，享有種種特權。參唐玄奘《大唐西域記》卷二《印度總述》之“釋名”“族姓”。

[8]同姓還相婚姻：《梁書·海南傳》、《通典·邊防典四》、《通志》卷一九八同，《南齊書·東南夷傳》作“群從相姻通”。

[9]尼乾道：宗教名。尼乾，亦作尼犍，梵文音譯，意爲“離繫”。尼乾道即露形外道，佛教所説的二十種外道之一，主張遠離繫縛，裸體修行。參《大唐西域記》卷一〇。按，《南齊書·東南夷傳》、《梁書·海南傳》、《通典·邊防典四》、《册府元龜》卷九五九同，《太平御覽》卷七八六引《南史》、《通志》卷一九八作“竺乾道”。

元嘉初，[1]陽邁侵暴日南、九德諸郡，交州刺史杜弘文建牙欲討之，[2]聞有代乃止。八年，又寇九德郡，[3]入四會浦口。[4]交州刺史阮彌之遣隊主相道生帥兵赴討，[5]攻區粟城不剋，[6]乃引還。[7]十二年、十五年、十六年、十八年，每遣使貢獻，獻亦陋薄，而寇盗不已。文帝忿其違傲，二十三年，[8]使交州刺史檀和之、振武將軍宗慤伐之。[9]和之遣司馬蕭景憲爲前鋒，[10]陽邁聞之懼，欲輸金一萬斤、銀十萬斤、銅三十萬斤，還所略日南户。[11]其大臣𦳶僧達諫止之。乃遣大帥范扶龍戍其北界區粟城。景憲攻城剋之，乘勝即剋林邑，陽邁父子並挺身逃奔。獲其珍異，皆是未名之寶。又銷其金人，得黃金數十萬斤。

［1］元嘉：南朝宋文帝劉義隆年號（424—453）。

［2］交州刺史杜弘文建牙欲討之：按，《梁書》卷五四《海南傳》同。《宋書》卷九七《夷蠻傳》“建牙”下有“聚衆”二字。杜弘文，交阯朱䳒（今越南興安省快州縣附近）人。交州刺史杜慧度長子，繼父爲刺史，襲爵龍編侯。本書卷七〇、《宋書》卷九二有附傳。

［3］八年，又寇九德郡：按，《梁書·海南傳》同。《宋書·夷蠻傳》“寇”上有“遣樓船百餘”五字。

［4］四會浦口：地名。即今越南義安、河静二省藍江河口。一説即今越南廣治省廣治河口。

［5］隊主：官名。其名始見於東晋，官品、職事無考。南北朝時爲軍隊基層組織對的主官。下設隊副，上屬軍主。所統轄的兵力無定員，擔負征戰、守備或宿衛等事。南朝多以雜號將軍領之。帥兵：《梁書·海南傳》同，《宋書·夷蠻傳》作“三千人”三字。

［6］區栗城：城名。又作區粟城。在今越南平治天省廣治西北石杆河與甘露河合流處。

［7］乃引還：汲古閣本、百衲本、中華本及《梁書·海南傳》同，大德本、殿本無“引”字，《宋書·夷蠻傳》作“引還”。

［8］二十三年：按，《宋書·夷蠻傳》《梁書·海南傳》同，《南齊書》卷五八《東南夷傳》作“二十二年”。《宋書》卷五《文帝紀》繫此事於元嘉二十三年六月。

［9］檀和之：高平金鄉（今山東嘉祥縣）人。《宋書》卷九七有附傳。　振武將軍：官名。西漢末王莽置，爲雜號將軍，統兵、掌征伐。東漢沿之，不常置。三國魏改爲常設將軍名號，四品。兩晋南北朝沿置。宋時與建武、奮武、揚武、廣武合稱五武將軍。

晋、宋皆四品。　宗慤：字元幹，南陽涅陽（今河南鄧州市）人。本書卷三七、《宋書》卷七六有傳。

［10］司馬：官名。州軍府高級幕僚。兩晋南北朝刺史帶將軍名號者皆置，主府内軍務，武職。南朝宋持節都督府司馬六品。按，《梁書·海南傳》同；《宋書·夷蠻傳》作"府司馬""龍驤司馬"，《宋書·宗慤傳》及本書《宗慤傳》作"安西參軍"。　蕭景憲：南朝宋時人。文帝元嘉二十三年，以剋林邑功，授建威將軍、交州刺史。孝武帝孝建二年（455），再任交州刺史。事見《宋書》卷五《文帝紀》、卷六《孝武帝紀》。

［11］還所略日南户：《宋書·夷蠻傳》《梁書·海南傳》"户"上並有"民"字，此避唐太宗李世民諱删。按，《南齊書·東南夷傳》作"還日南地"。

和之，高平金鄉人，[1]檀馮之子也。[2]以功封雲杜縣子。[3]孝建三年，[4]爲南兖州刺史，[5]坐酣飲黷貨，迎獄中女子入内，免官禁錮。後病死，見胡神爲祟。[6]追贈左將軍，謚曰襄子。

［1］高平：郡名。治昌邑縣，在今山東巨野縣南。　金鄉：縣名。治所在今山東嘉祥縣南。

［2］檀馮之：即檀憑之。字慶子。東晋將領。與劉裕情好甚密。隨裕起兵京口討桓玄，爲建武將軍。後與皇甫敷戰於羅落橋，兵敗被殺。《晋書》卷八五有傳。

［3］以功封雲杜縣子：《宋書》卷九七《夷蠻傳》其下有"食邑四百户"。雲杜，縣名。治所在今湖北京山市。南朝宋屬竟陵郡。

［4］孝建：南朝宋孝武帝劉駿年號（454—456）。

［5］南兖州：州名。東晋僑立兖州，宋時改爲南兖州，初治京口，在今江蘇鎮江市。宋文帝元嘉八年（431）移治廣陵縣，在今

江蘇揚州市西北蜀岡上。

[6]後病死，見胡神爲祟：按，大德本、汲古閣本、殿本、百衲本“祟”作“祟”，底本誤，應據諸本改。《宋書》叙檀和之事雖詳於本書，但僅言“其年卒”，並未提及“見胡神爲祟”。

孝武孝建二年，[1]林邑又遣長史范龍跋奉使貢獻，除龍跋揚武將軍。大明二年，[2]林邑王范神成又遣長史范流奉表獻金銀器、香、布諸物。明帝泰豫元年，[3]又遣使獻方物。齊永明中，[4]范文贊累遣使貢獻。梁天監九年，[5]文贊子天凱奉獻白猴，詔加持節、督緣海諸軍事、威南將軍、林邑王。死，子弼毳跋摩立，奉表貢獻。普通七年，[6]王高戍勝鎧遣使獻方物，[7]詔以爲持節、督緣海諸軍事、綏南將軍、林邑王。大通元年，[8]又遣使貢獻。大通二年，[9]行林邑王高戍律陁羅跋摩遣使貢獻，詔以爲持節、督緣海諸軍事、綏南將軍、林邑王。六年，[10]又遣使獻方物。[11]

[1]孝武：南朝宋孝武帝劉駿。字休龍，文帝第三子。在位十一年（454—464），謚號孝武帝。本書卷二、《宋書》卷六有紀。

[2]大明：南朝宋孝武帝劉駿年號（457—464）。

[3]明帝：南朝宋明帝劉彧。字休炳，宋文帝第十一子。在位八年（465—472），謚號明帝。本書卷三、《宋書》卷八有紀。泰豫：南朝宋明帝劉彧年號（472）。

[4]永明：南朝齊武帝蕭賾年號（483—493）。

[5]天監：南朝梁武帝蕭衍年號（502—519）。

[6]普通：南朝梁武帝蕭衍年號（520—527）。

[7]高戍勝鎧：林邑王名。按，《梁書》卷五四《海南傳》

“戍”作“式”。《通志》卷一九八與本書同，《册府元龜》卷九六三與《梁書》同，未審孰是。下文“高戍律陁羅跋摩”同此。

[8]大通：南朝梁武帝蕭衍年號（527—529）。

[9]大通二年：按，《梁書·海南傳》作“中大通二年”，《册府元龜》與《梁書》同。依史例上下文間同一年號不重出。檢本書卷七《梁武帝紀下》、《梁書》卷三《武帝紀下》，大通二年均無涉及林邑事，而中大通二年（530）六月皆言林邑國遣使事。故“大通”應從《梁書·海南傳》作“中大通”。中大通，南朝梁武帝蕭衍年號（529—534）。

[10]六年：按，大通紀年止於三年，此“六年”乃“中大通六年”。本書卷七及《梁書》卷三均載是年七月林邑國遣使事。

[11]又遣使獻方物：按，《梁書》同。“方物”下，《通志》尚有“自是迄于陳氏使命弗絶”云云。

廣州諸山並俚獠，[1]種類繁熾，前後屢爲侵暴，歷世患之。宋孝武大明中，合浦大帥陳檀歸順，[2]拜龍驤將軍。[3]檀乞官軍征討未附，[4]乃以檀爲高興太守，[5]遣前朱提太守費沈、龍驤將軍武期南伐，[6]并通朱崖道，[7]並無功，輒殺檀而反，沈下獄死。

[1]廣州：州名。三國吴分交州置。治廣信縣，在今廣西梧州市。不久廢而復置，治番禺縣，在今廣東廣州市。至南朝時轄境漸縮小。　俚獠：古族名。古代嶺南和西南地區一些少數民族的泛稱。大德本、汲古閣本、殿本、百衲本作“狸獠”。一般認爲，狸即俚、獠即僚，皆屬百越衆支系中的西甌與駱越，是今之壯、黎、侗、水、傣、布依、毛南、仫佬等族的祖先。

[2]合浦：郡名。西漢置，治徐聞縣，在今廣東徐聞縣南。南朝宋治合浦縣，在今廣西合浦縣東北舊州。齊移治徐聞縣，梁移治

合浦縣，在今廣西合浦縣東北舊州。隋滅陳後廢。

[3]龍驤將軍：官名。西晋時始置，地位較高，三品。東晋、南北朝沿置。南朝多以爲加官，地位漸低。宋三品。

[4]檀乞官軍征討未附：按，《宋書》卷九七《夷蠻傳》“檀”字上有“四年”二字，下有“表”字。

[5]高興：郡名。三國吴置。治廣化縣，在今廣東陽江市西。

[6]朱提：郡名。治朱提縣，在今雲南昭通市。　費沈：南朝宋時人。文帝元嘉末爲武陵王劉駿撫軍司馬。孝武帝即位，爲梁、南秦二州刺史。著《喪服集議》十卷、《注孝經》一卷。按，“費沈”之“沈”，大德本、汲古閣本、百衲本、中華本同，殿本作“沉”。下同。

[7]朱崖：地名。亦作朱崖洲，在今海南島。《水經注·温水》引王氏《交廣春秋》曰：朱崖在“大海中，南極之外，對合浦徐聞縣。清朗無風之日，逕望朱崖州，如囷廩大。從徐聞對渡，北風舉帆，一日一夜而至”。

扶南國，[1]日南郡之南，[2]海西大灣中，[3]去日南可七千里。在林邑西南三千餘里。城去海五百里。有大江，[4]廣十里，從西流東入海。[5]其國廣輪三千餘里，[6]土地洿下而平博，氣候、風俗大較與林邑同。出金、銀、銅、錫、沈木香、象、犀、孔翠、五色鸚鵡。[7]

[1]扶南國：古國名。其地在今柬埔寨以及越南、老撾、泰國相鄰地帶。按，此傳采自《梁書》卷五四《海南傳》。

[2]日南郡之南：按，各本並同，中華本據《南齊書》卷五八《東南夷傳》、《梁書·海南傳》及《册府元龜》卷九五七於“日”上補“在”字。《建康實録》卷一六、《通志》卷一九八亦有“在”字，當從補。

[3]海西大灣:《梁書·海南傳》、《通志》卷一九八作“海西大灣”,《南齊書·東南夷傳》、《太平御覽》卷七八六引《建康實録》作“大海西灣”,《晋書》卷九七《四夷傳》、《册府元龜》卷九五七、《資治通鑑》卷七〇《魏紀二》文帝黄初七年胡三省注作“海大灣”。

[4]大江：即今湄公河。上游在中國境内稱瀾滄江。流經緬甸、老撾、泰國、柬埔寨，於越南胡志明市流入南中國海。

[5]從西流東入海:《通志》卷一九八同,《南齊書·東南夷傳》作“西流入海”,《梁書·海南傳》作“西北流，東入於海”,《建康實録》卷一六作“向西流入海”。

[6]其國廣輪三千餘里:《通志》卷一九八同,《南齊書·東南夷傳》、《晋書·四夷傳》、《通典》卷一八八《邊防典四》“廣輪”作“廣袤”,《梁書·海南傳》作“輪廣”。廣輪，東西爲廣、南北爲輪，謂土地的面積。

[7]象、犀：獸名。即大象、犀牛。按,《册府元龜》卷九五七、《通志》卷一九八同,《梁書·海南傳》作“象牙”。　孔翠：鳥名。孔雀和翠鳥的合稱。或指孔雀和翠鳥的羽毛。亦特指孔雀。

其南界三千餘里有頓遜國,[1]在海崎上,[2]地方千里。城去海十里。有五王，並羈屬扶南。頓遜之東界通交州諸賈人。[3]其西界接天竺、安息徼外諸國,[4]往還交易。[5]其市，東西交會,[6]日有萬餘人。珍物寶貨無不有。又有酒樹，似安石榴，采其花汁停瓮中，數日成酒。

[1]頓遜國：古國名。亦稱典遜、典孫。爲古代東西方海上貿易的重要商埠和各國商人居留地。其地具體方位説法不一。或以爲在今緬甸南端丹那沙林附近，或以爲在今泰國那空是貪瑪叻一帶。

一説泛指馬來半島北部，其主要港口在今泰國董里。

［2］海崎：指伸入大海之中的半島。

［3］諸賈人：按，《册府元龜》卷九五九同，《梁書》卷五四《海南傳》及《通志》卷一九八則無之。或疑“諸賈人”衍文。

［4］安息：古國名。即今伊朗。此指波斯薩珊王朝（224—651）。

［5］往還交易：按，《册府元龜》卷九五九同，《梁書·海南傳》“交易”作“交市”。《通志》卷一九八作“賈人多至其國交易焉”。

［6］其市，東西交會：按，《册府元龜》卷九五九同。“其市”上，《梁書·海南傳》有“所以然者，頓遜迴入海中千餘里，漲海無崖岸，船舶未曾得逕過也”諸語。《通志》卷一九八與《梁書·海南傳》略同。

頓遜之外大海洲中，又有毗騫國，[1]去扶南八千里。傳其王身長丈二，頭長三尺，[2]自古不死，莫知其年。王神聖，國中人善惡及將來事，王皆知之，是以無敢欺者。南方號曰長頸王。國俗，有室屋、衣服，噉粳米。其人言語，小異扶南。有山出金，金露生石上，無央限也。[3]國法，刑人並於王前噉其肉。[4]國内不受估客，[5]有往者亦殺而噉之，是以商旅不敢至。王常樓居，[6]不血食，[7]不事鬼神。其子孫生死如常人，唯王不死。扶南王數使與書相報答。常遺扶南王純金五十人食器，形如圓盤，又如瓦塸，[8]名爲多羅，受五升，又如椀者受一升。王亦能作天竺書，[9]書可三千言，説其宿命所由，與佛經相似，並論善事。

[1]毗騫國：古國名。南朝梁時始聞其名，具體方位不詳，有在馬來西亞、印度尼西亞蘇門答臘、英屬印度洋領地查戈斯群島、毛里求斯等說法。

[2]頭長三尺：按，《梁書》舊本、《通典》卷一八八《邊防典四》同，中華本據《册府元龜》卷九九七改“頭”作“頸”。《太平御覽》卷七八八引《南史紀》、卷三六九引《扶南傳》皆作“頸”字，又，本傳下文有“南方號曰長頸王”。是知“頭”乃爲“頸”之訛字，當改。

[3]無央限也：按，《梁書》卷五四《海南傳》“無央”作“無所”。《太平御覽》卷七八八引《南史紀》曰：毗騫國“金如此間之石，無央限也。不聽妄取，有偷者，知則殺食之”。

[4]刑人並於王前噉其肉：《册府元龜》卷九五九、《通志》卷一九八同，《梁書·海南傳》“人”上有“罪”字。

[5]估客：販賣貨物的商人。此處指行商。

[6]王常樓居：大德本、汲古閣本、百衲本、中華本及《梁書·海南傳》同，殿本“常”作“當”。

[7]血食：謂吃魚肉之類葷腥食物。

[8]瓦堛（ōu）：陶製小盆。堛，同“甌”。

[9]天竺書：古稱印度文字及其著作。

又傳扶南東界即大漲海，[1]海中有大洲，洲上有諸薄國，[2]國東有馬五洲。[3]復東行漲海千餘里，至自然大洲，[4]其上有樹生火中，洲左近人剥取其皮，紡績作布，以爲手巾，[5]與蕉麻無異，[6]而色微青黑。若小垢洿，則投火中，復更精潔。或作燈炷，[7]用之不知盡。

[1]大漲海：古海名。即漲海。南中國海的古稱。亦泛指今中國南海及東南亞一帶海域。

[2]諸薄國：古國名。在今印度尼西亞蘇門答臘島東南部。一説在今爪哇島。

[3]馬五洲：地名。又作五洲、五馬洲。即今印度尼西亞巴厘島。一説當在今馬魯古群島求之。

[4]自然大洲：地名。即今馬來西亞加里曼丹島。

[5]紡績作布，以爲手巾：按，《梁書》卷五四《海南傳》“以爲”上有“極得數尺”四字。

[6]蕉麻：又稱馬尼拉麻。芭蕉科芭蕉屬多年生草本植物。莖、葉與芭蕉相似，葉柄内有纖維，可供紡織、造紙等用。

[7]燈炷（zhù）：燈心。即油燈盞中用以點火的燈草或紗、棉等撚成的細長物。

扶南國俗本臝，[1]文身被髮，不製衣裳，以女人爲王，號曰柳葉。[2]年少壯健，有似男子。其南有激國，[3]有事鬼神者字混填。[4]夢神賜之弓，乘賈人舶入海。混填晨起即詣廟，於神樹下得弓，便依夢乘舶入海，遂入扶南外邑。[5]柳葉人衆見舶至，欲劫取之。混填即張弓射其舶，穿度一面，矢及侍者。柳葉大懼，舉衆降混填，填乃教柳葉穿布貫頭，[6]形不復露，遂君其國，[7]納柳葉爲妻，生子分王七邑。其後王混盤況以詐力間諸邑，令相疑阻，因舉兵攻并之。[8]乃選子孫中分居諸邑，[9]號曰小王。盤況年九十餘乃死，立中子盤盤，以國事委其大將范蔓。[10]盤盤立三年死，國人共舉蔓爲王。蔓勇健有權略，復以兵威攻伐旁國，咸服屬之，自號扶南大王。乃作大舩窮漲海，[11]開國十餘，[12]闢地五六千里。次當伐金鄰國，[13]蔓遇疾，遣太子金生代行。蔓姊子旃因篡蔓自立，[14]遣人詐金生而殺之。蔓死時有乳下兒名長在人間，[15]至年二十，乃結國中壯士，襲殺旃。旃大將范尋又攻殺長而代立。[16]更繕國内，[17]起觀閣遊戲之，朝旦中晡三四見客。百姓以蕉、蔗、龜、鳥爲禮。

[1]躶：大德本、汲古閣本、殿本、百衲本作“躶”，中華本作“裸”。按，躶，音 lěi 或 guò 或 huà，無袒露、不加遮蓋之義；躶，音 luǒ，古同“裸”。“躶”當依下文“國人猶裸”改作“裸”。又，《梁書》卷五四《海南傳》“躶”下有“體”字。依文義，此“體”字似不必删。

[2]以女人爲王，號曰柳葉：《梁書·海南傳》同，《南齊書》卷五八《東南夷傳》作“其先有女人爲王，名柳葉”，《晋書》卷九七《四夷傳》、《册府元龜》卷九五六作“其王本是女子，字葉柳”，《通典》卷一八八《邊防典四》作“其先有女爲王，號曰柳葉”，《通志》卷一九八作“其先世以女子爲王，有女王字柳葉”。

[3]激國：《南齊書·東南夷傳》同，《通典·邊防典四》、《通志》卷一九八亦作“激國”，《梁書·海南傳》作“徼國”，《晋書·邊防典四》作“外國”。按，“激”“徼”形近，未審孰是。

[4]混填：人名。《南齊書·東南夷傳》《梁書·海南傳》同，《晋書·四夷傳》、《通典·邊防典四》、《通志》卷一九八作“混潰”。

[5]遂入扶南外邑：《梁書·海南傳》、《通志》卷一九八同，大德本、汲古閣本、殿本、百衲本、中華本作“至”。

[6]貫頭：古代某些民族服飾。即在布匹中央挖一圓洞套入頭頸作爲衣服。

[7]遂君其國：按，《南齊書·東南夷傳》《梁書·海南傳》“君”作“治”，此避唐高宗李治諱改。《晋書·四夷傳》作“而據其國”。

［8］因舉兵攻并之：《梁書·海南傳》同，大德本、汲古閣本、殿本、百衲本、中華本“并”作“併”。

［9］居：《梁書·海南傳》作“治”，此避唐高宗李治諱改。

［10］范蔓：扶南國王。公元3世紀中在位。《梁書·海南傳》同，《南齊書·東南夷傳》作“范師蔓”。

［11］作：《梁書·海南傳》作“治作”，此避唐高宗李治諱改。

［12］開國十餘：《梁書·海南傳》作“攻屈都昆、九稚、典孫等十餘國”。

［13］金鄰國：古國名。在今泰國曼谷灣西北岸的叻丕。隋唐時，金鄰大灣（今暹羅灣）即因此國而得名。

［14］蔓姊子旃因篡蔓自立：按，《梁書·海南傳》“旃”下有“時爲二千人將”六字。

［15］在人間：《梁書·海南傳》“人”作“民”，此避唐太宗李世民諱改。

［16］范尋又攻殺長而代立：《梁書·海南傳》“代立”作“自立”。按，《南齊書·東南夷傳》作“國人立以爲王”，且其下有“是吴、晋時也”五字。

［17］更繕國内：《梁書·海南傳》“繕”作“繕治”，此避唐高宗李治諱改。

國法，無牢獄，有訟者，先齋三日，［1］乃燒斧極赤，［2］令訟者捧行七步。又以金鐶、雞卵投沸湯中，［3］令探取之，若無實者手即爛，有理者則不。［4］又於城溝中養鰐魚，門外圈猛獸，有罪者輒以餧猛獸及鰐魚，魚獸不食爲無罪，三日乃放之。鰐大者長三丈餘，［5］狀如鼉，［6］有四足，喙長六七尺，兩邊有齒利如刀劍，常食魚，遇得麞鹿及人亦噉之，蒼梧以南及外國皆有之。［7］

［1］有訟者，先齋三日：《梁書》卷五四《海南傳》作“有罪者，先齋戒三日”。按，《南齊書》卷五八《東南夷傳》無“先齋（戒）三日”語。

［2］乃燒斧極赤：《梁書·海南傳》同，《南齊書·東南夷傳》作“又燒鎖令赤”。

［3］金鐶、雞卵：《梁書·海南傳》同，《南齊書·東南夷傳》作“金指鐶若雞子”。

［4］若無實者手即爛，有理者則不：“無實者”“有理者”，《梁書·海南傳》同，《南齊書·東南夷傳》作“有罪者”“無罪者”。

［5］鰐大者長三丈餘：《梁書·海南傳》“三”作“二”。

［6］如：大德本、汲古閣本、殿本、百衲本作“似”。

［7］蒼梧：郡名。治廣信縣，在今廣西梧州市。

吴時，遣中郎康泰、宣化從事朱應使於尋國，[1]國人猶裸，唯婦人著貫頭。泰、應謂曰：“國中實佳，但人褻露可怪耳。”尋始令國内男子着横幅。横幅，今千漫也。[2]大家乃截錦爲之，貧者乃用布。

［1］尋國：即扶南國。時范尋爲扶南國王，故名。

［2］千漫：按，大德本、殿本、百衲本、中華本及《梁書》卷五四《海南傳》作“干漫”，汲古閣本作“汗漫”。當作“干漫”。

晋武帝太康中，尋始遣使貢獻。[1]穆帝升平元年，[2]天竺旃檀奉表獻馴象，[3]詔以勞費停之。[4]其後王憍陳如本天竺婆羅門也，有神語曰“應王扶南”。憍陳如心悦，南至盤盤。[5]扶南人聞之，舉國欣戴，迎而立焉。復改制度，用天竺法。憍陳如死，後王持梨陁跋摩，[6]宋文帝元嘉十一年、十二年、十五年，[7]奉表獻方物。齊永明中，[8]王憍陳如闍邪跋摩遣使貢獻。[9]梁天監二年，跋摩復遣使送珊瑚佛像，并獻方物，詔授安南將軍、扶南王。

［1］晋武帝太康中，尋始遣使貢獻：《梁書》卷五四《海南傳》同。據《南齊書》卷五八《東南夷傳》，范尋立爲扶南王“是吴、晋時”。另據《晋書》卷九七《四夷傳》，范尋於“武帝泰始初，遣使貢獻，太康中又頻來”。泰始，西晋武帝司馬炎年號（265—274）。是知林邑王范尋始遣使貢獻於晋當在太康之前。晋武帝，西晋開國皇帝司馬炎。在位二十六年（265—290），謚號武帝。《晋書》卷三有紀。太康，西晋武帝司馬炎年號（280—289）。

［2］升平：東晋穆帝司馬聃年號（357—361）。

［3］天竺旃檀奉表獻馴象：大德本、汲古閣本、百衲本同，殿本、中華本及《梁書·海南傳》“天”作“王”。按，殿本《南史考證》曰：“‘王’各本訛‘天’，今從《梁書》。”

［4］詔以勞費停之：按，《梁書·海南傳》作“詔曰：此物勞費不少，駐令勿送”。《晋書·四夷傳》作“帝以殊方異獸，恐爲人患，詔還之”。

［5］盤盤：古國名。亦作槃槃。在今泰國南部萬倫灣沿岸一帶。

［6］持梨陁跋摩：扶南王名。《梁書·海南傳》同，《宋書》卷九七《夷蠻傳》作“持黎跋摩”。

［7］宋文帝元嘉十一年、十二年、十五年：《宋書·夷蠻傳》同，《梁書·海南傳》作“宋文帝世”。

［8］齊永明中：《梁書·海南傳》同，《南齊書·東南夷傳》作“永明二年”。

［9］王憍陳如闍邪跋摩：按，《梁書·海南傳》“王”下無“憍陳如”三字。《南齊書·東南夷傳》作“僑陳如闍耶跋摩”，蓋同一

人名轉譯異同。其云，“宋末，扶南王姓僑陳如，名闍耶跋摩”，又云，齊“永明二年，闍耶跋摩遣天竺道人釋那伽仙上表”等，所叙頗詳。

其國人皆醜黑拳髮，[1]所居不穿井，數十家共一池引汲之。俗事天神，天神以銅爲像，二面者四手，四面者八手，手各有所持。或小兒，或鳥獸，或日月。其王出入乘象，嬪侍亦然。王坐則偏踞翹膝，垂左膝至地，以白疊敷前，[2]設金盆香爐於其上。國俗，居喪則剃除鬚髮。死者有四葬：水葬則投之江流，火葬則焚爲灰燼，土葬則瘞埋之，鳥葬則棄之中野。人性貪吝無禮義，男女恣其奔隨。

[1]其國人皆醜黑拳髮：按，《梁書》卷五四《海南傳》“其”上有一“今”字。拳髮，謂頭髮捲曲。

[2]白疊：木棉布。

十年、十三年，跋摩累遣使貢獻，其年死。庶子留陁跋摩殺其嫡弟自立。十六年，遣使竺當抱老奉表貢獻。十八年，復遣使送天竺旃檀瑞像、婆羅樹葉；[1]并獻火齊珠，[2]鬱金、蘇合等香。[3]普通元年、中大通二年、大同九年，[4]累遣使獻方物。五年，復遣使獻生犀。又言其國有佛髮，長一丈二尺。詔遣沙門釋雲寶隨使往迎之。[5]

[1]旃檀瑞像：又稱旃檀佛像。用檀香木刻製而成的釋迦牟尼

佛像。按，佛教稱始祖釋迦牟尼像爲瑞像。　婆羅樹葉：即菩提樹葉。相傳佛祖釋迦牟尼在菩提樹下修成正果。

［2］火齊珠：寶珠的一種。一説石之似珠者。

［3］鬱金：香料名。即薑科薑黄屬多年生草本植物鬱金的肉質塊根，黄色有香氣，可入藥，亦泡製鬱鬯，或浸水作染料。　蘇合：香料名。又稱蘇合香、蘇合油。即金縷梅科楓香屬落葉喬木蘇合香樹的樹脂，爲黄色粘稠膏狀體，以濃而無渣滓者爲上品，可入藥。一説"合會諸香，煎其汁以爲蘇合"（《後漢書》卷八八《西域傳》）。

［4］大同：南朝梁武帝蕭衍年號（535—546）。　九年：大德本、汲古閣本、百衲本同，殿本作"元年"。按，《梁書》卷五四《海南傳》亦作"元年"。下文云五年，此作"元年"是。

［5］沙門：佛教用語。亦作桑門。在印度泛指出家修苦行、禁欲，或因宗教緣故而過乞食生活的人。在中國則專指信佛的出家人。

先是，三年八月，武帝改造阿育王寺塔，[1]出舊塔下舍利及佛爪髮。[2]髮青紺色，衆僧以手伸之，隨手長短，放之則旋屈爲蠡形。[3]案《僧伽經》云：[4]"佛髮青而細，猶如藕莖絲。"《佛三昧經》云：[5]"我昔在宫沐頭，以尺量髮，長一丈二尺。放已右旋，還成蠡文。"則與帝所得同也。阿育王即鐵輪王，[6]王閻浮提一天下。[7]佛滅度後，[8]一日一夜，役鬼神造八萬四千塔，此即其一。吴時有尼居其地爲小精舍，[9]孫綝尋毁除之，[10]塔亦同滅。[11]吴平後，諸道人復於舊處建立焉。[12]晋元帝初度，[13]更脩飾之。至簡文咸安中，[14]使沙門安法程造小塔，[15]未及成而亡。弟子僧顯繼而脩立，至孝武太元九年，[16]上金相輪及承露。[17]

[1]阿育王寺塔：佛塔名。在今江蘇南京市中華門外長干橋東南。按，寺塔，《梁書》卷五四《海南傳》作“寺塔”，大德本、汲古閣本、殿本、百衲本、中華本作“佛塔”。按，阿育王寺，初名長干寺，及梁武帝改造阿育王塔，舊塔下出佛舍利、髮爪，遂更名阿育王寺。參《高僧傳》卷一三《釋慧達傳》、《建康實録》卷一七“立長干寺”注。

[2]舍利：又名舍利子。梵語音譯，意爲“身骨”。指釋迦牟尼佛遺體火化後結成的堅硬珠狀物。

[3]蠡（luó）形：螺旋形。謂像螺殼紋理的曲綫形。蠡，通“蠃”。即螺。

[4]《僧伽經》：即佛教經典《僧伽吒經》。僧伽吒，又作僧伽多，梵文音譯，意譯爲大集會正法。

[5]《佛三昧經》：佛經名。即《佛説般舟三昧經》。又稱《般舟三昧經》《佛立三昧》等。三昧，佛教用語。指禪定境界，即止息雜念，使心神平静，專注於一處。

[6]阿育王：古印度孔雀王朝第三任君主。在位期間（前273—前232），幾乎統一全印度，後皈依佛教並大力推行佛教，又稱“無憂王”。　鐵輪王：古印度神話中的四大聖王之一。因手持鐵輪寶而得名，領有南贍部洲。

[7]閻浮提：梵文音譯。又作贍部提。爲古印度神話中的須彌山四大洲之南洲，故又稱南閻浮提或南贍部提。按，“提”即梵文“提鞞波”之略，意譯爲“洲”。

[8]滅度：佛教用語。梵文“涅槃”的意譯。指滅煩惱、度苦海。亦指僧人圓寂。

[9]精舍：道士或僧尼修煉居住之所。

[10]孫綝：字子通，吴郡富春（今浙江杭州市富陽區）人。

三國吴宗室。《三國志》卷六四有傳。

[11]塔亦同滅:《梁書·海南傳》"滅"作"泯"。

[12]道人:對男性出家佛教徒的稱謂。清王士禛《香祖筆記》卷一〇:"晋、宋間,佛教初行,未有僧稱,通曰道人。"

[13]晋元帝:司馬睿。在位七年(317—323),謚號元帝。《晋書》卷六有紀。 度:大德本、百衲本同,汲古閣本、殿本作"度江"。《梁書·海南傳》作"渡江"。

[14]簡文:東晋簡文帝司馬昱。在位二年(371—372),謚號簡文帝。《晋書》卷九有紀。 咸安:東晋簡文帝司馬昱年號(371—372)。

[15]安法程:《梁書·海南傳》、《册府元龜》卷一九四作"安法師程"。

[16]孝武:東晋孝武帝司馬曜。在位二十五年(372—396),謚號孝武帝。《晋書》卷九有紀。 太元:東晋孝武帝司馬曜年號(376—396)。

[17]相輪:貫串在塔刹杆上的圓環。多與塔的層數相應,爲塔之表相,故稱。 承露:即承露盤。

其後,有西河離石縣胡人劉薩何遇疾暴亡,[1]而心猶暖,其家未敢便殯,經七日更蘇。説云:"有兩吏見録,向西北行,不測遠近。至十八地獄,隨報重輕,受諸楚毒。觀世音語云:[2]'汝緣未盡,[3]若得活,可作沙門。洛下、齊城、丹楊、會稽並有阿育王塔,[4]可往禮拜。若壽終則不墮地獄。'語竟,如墜高巖,忽然醒寤。"因此出家名慧達。遊行禮塔,次至丹楊,未知塔處,及登越城四望,[5]見長干里有異氣,[6]因就禮拜,果是先阿育王塔所,[7]屢放光明,由是定知必有舍利。乃集衆就掘入一丈，得三石碑，並長六尺。中一碑有鐵函，函中有銀函，函中又有金函，盛三舍利及髮爪各一枚，髮長數尺。即遷舍利近北對簡文所造塔西造一層塔。十六年，又使沙門僧尚加爲三層。[8]即是武帝所開者也。初穿土四尺，得龍窟及昔人所捨金銀環釧釵鑷等諸雜寶物。可深九尺許至石磉，[9]磉下有石函。函内有鐵壺以盛銀坩，[10]坩内有金鏤罌盛三舍利如粟粒大，[11]圓正光絜。函内有瑠璃椀，[12]椀内得四舍利及髮、爪。爪有四枚，並爲沈香色。至其月二十七日，[13]帝又到寺禮拜，設無㝵大會，[14]大赦。[15]是日以金鉢盛水泛舍利，其最小者隱不出，帝禮數十拜，舍利乃於鉢内放光，旋回久之，乃當中而止。帝問大僧正慧念曰：[16]“見不可思議事不？”[17]慧念答曰：“法身常住，[18]湛然不動。”帝曰：“弟子欲請一舍利還臺供養。”至九月五日，又於寺設無㝵大會，遣皇太子、王侯、朝貴等奉迎。是日，風景明净，傾都觀屬。[19]所設金銀供具等物，並留寺供養，并施錢一千萬爲寺基業。至四年九月十五日，帝又至寺設無㝵大會，竪二刹，[20]各以金罌，次玉罌，重盛舍利及爪、髮内七寶塔内。[21]又以石函盛寶塔，分入兩刹刹下，及王侯、妃主、百姓、富室所捨金銀鐶釧等珍寶充積。十一年十一月二日，寺僧又請帝於寺發《般若經》題。[22]爾夕，二塔俱放光明，敕鎮東邵陵王綸製寺《大功德碑》文。[23]先是，二年改造會稽鄮縣塔，[24]開舊塔中出舍利，遣光宅寺釋敬脱等四僧及舍人孫照暫迎還臺。[25]帝禮拜竟，即送還縣，入新塔下。此縣塔亦是劉薩何所得也。

[1]西河：郡名。治離石縣，在今山西吕梁市離石區。　離石：縣名。治所在今山西吕梁市離石區。

[2]觀世音：佛教菩薩名。爲慈悲的化身，救苦救難之神。自南北朝起，塑畫多作婦人相。至唐代避太宗李世民諱，省稱觀音。

[3]汝緣未盡：大德本、殿本、百衲本、中華本及《梁書》卷五四《海南傳》同，汲古閣本作“緣未盡”。

[4]洛下：城名。指洛陽城。即今河南洛陽市東北漢魏故城。　齊城：城名。即今山東淄博市東北臨淄故城。　丹楊：城名。指丹陽郡治建康，在今江蘇南京市。按，大德本、百衲本同，汲古閣本、殿本、中華本及《梁書·海南傳》作“丹陽”。　會稽：城名。指會稽郡治山陰，在今浙江紹興市。

[5]越城：城名。又稱越臺、范蠡城。在今江蘇南京市南部中華門外長干橋附近。

[6]長千里：大德本、汲古閣本同，殿本、百衲本及《梁書·海南傳》作“長干里”。底本訛誤，當作“長干里”。按，長干里，建康里巷名，亦作長干巷，在今江蘇南京市長干橋附近秦淮河南岸。參《文選》左思《吴都賦》“長干延屬”劉淵林注。

[7]果是先阿育王塔所：按，《梁書·海南傳》無“先”字。

[8]僧尚加：《建康實録》卷一七同，《梁書·海南傳》、《册府元龜》卷一九四作“僧尚伽”。

[9]石磉（sǎng）：柱下的石礅。

[10]坩：即坩鍋。用來熔化金屬或其他物質的器皿，一般以黏土、石墨等耐火材料製成。

[11]甖（yīng）：小口大腹的容器。多爲陶製，亦有木製者。按，《梁書·海南傳》作“罌”（yīng）。下同。

[12]瑠：同“琉”。大德本、汲古閣本、百衲本、中華本同，

殿本及《梁書·海南傳》作“琉”。

[13]其月二十七日：《梁書·海南傳》同，本書卷七《梁武帝紀下》、《梁書》卷三《武帝紀下》皆作“八月辛卯”。按，檢陳垣《二十史朔閏表》，梁武帝大同三年（537）八月甲子朔，“二十七日”爲庚寅，“辛卯”爲二十八日。則此二日期必有一誤。

[14]無旱（ài）大會：佛教用語。又稱無遮大會。即以布施爲内容而舉行的法會，人人皆可參預，平等行財、法二施。按，本書《梁武帝紀下》作“無旱法喜食”。旱，《梁書·海南傳》同，大德本、汲古閣本、殿本、百衲本、中華本作“碍”。“旱”同“碍”。

[15]大赦：《梁書·海南傳》作“大赦天下”。按，梁武帝《出古育王塔下佛舍利詔》曰：“今真形舍利，復見於世，逢希有之事，起難遭之想。今出阿育王寺，設無礙會，耆年童齒，莫不欣悦……凡天下罪，無輕重，皆赦除之。”（《廣弘明集》卷一五）

[16]大僧正：僧官名。十六國後秦置僧正，統管秦地僧尼，秩同侍中。南朝歷代亦置。梁稱大僧正，品秩不詳，以僧人爲之，專門管理衆僧及佛教事務。另有都邑僧正，地位稍低，職掌略同。

[17]見不可思議事不：按，《梁書·海南傳》“見”上有“今日”二字。

[18]法身：佛教用語。指證得清净自性，成就一切功德之身。亦稱佛的真身。《大般泥洹經·如來性品》：“知如來法身，長存不變易。”　常住：佛教用語。長存。《大唐西域記》卷六：“勿謂如來畢竟寂滅，法身常住，離諸變易。”

[19]是日，風景明净，傾都觀屬：按，《梁書·海南傳》作“是日，風景明和，京師傾屬，觀者百數十萬人”。

[20]刹（chà）：梵文“刹多羅”的簡稱。意爲“塔”。

[21]七寶塔：亦省稱寶塔。佛教徒建造的用以供奉或珍藏佛舍利的塔。因裝飾有佛經所指黄金、白銀、瑪瑙、水晶、琥珀等七寶，故名。本爲美稱，後泛指塔。

[22]發《般若經》題：闡發《般若經》的題意。《般若經》，

泛指闡明般若思想的佛教經典，包括《大般若經》《放光般若經》《道行般若經》《大明度經》《金剛般若波羅蜜經》等。

[23]鎮東：官名。即鎮東將軍。魏晉南北朝皆置。南朝宋沿晉制，與鎮西、鎮南、鎮北將軍合稱四鎮將軍。三品。如持節都督則進爲二品。梁、陳與鎮西、鎮南、鎮北、鎮前、鎮後、鎮左、鎮右將軍合稱八鎮將軍。梁二十二班。陳擬二品，比秩中二千石。　邵陵王綸：蕭綸。字世調，梁武帝第六子，封邵陵王。本書卷五三、《梁書》卷二九有傳。邵陵，郡名。治邵陵縣，在今湖南邵陽市。

[24]鄮縣：縣名。治所在今浙江寧波市鄞州區東。

[25]光宅寺：佛寺名。梁武帝以秣陵縣同夏里三橋舊宅建。在今江蘇南京市東南。

晉咸和中，[1]丹楊尹高悝行至張侯橋，[2]見浦中五色光長數尺，不知何怪，乃令人於光處得金像，無有光趺。[3]悝乃下車，載像還，至長干巷首，[4]牛不肯進。悝乃令馭人任牛所之，牛徑牽至寺，悝因留像付寺僧。每至夜中，常放光明，又聞空中有金石之響。[5]經一歲，臨海漁人張係世於海口忽見有銅花趺浮出，[6]取送縣，縣人以送臺，乃施像足，宛然合。會簡文咸安元年，[7]交州合浦人董宗之採珠没水底，得佛光艷，[8]交州送臺，以施於像，又合焉。自咸和中得像，至咸安初，歷三十餘年，光趺始具。

[1]咸和：東晉成帝司馬衍年號（326—334）。

[2]丹楊尹：官名。亦作丹陽尹。東晉初改丹陽太守置。爲京城所在郡府長官，掌京城行政諸務及詔獄，得參預朝政，位次九卿。南朝沿置。　高悝：廣陵（今江蘇揚州市）人。少孤，寓居江

州。晋元帝引爲參軍，遂歷顯位，官至丹陽尹、光禄大夫，封建昌伯。後以納妾致訟被黜。卒於家。事見《晋書》卷七一《高崧傳》。　張侯橋：橋名。在今江蘇南京市西南秦淮河上。以橋近三國吴時張昭舊宅而得名。

[3]乃令人於光處得金像，無有光趺（fū）：按，《梁書》卷五四《海南傳》"處"下有"掊視之"三字，"無"作"未"。光趺，光燄和趺座。即佛像的襯障和底座。

[4]長干巷：大德本、汲古閣本、百衲本、中華本及《梁書·海南傳》同，殿本"干"作"十"。

[5]金石之響：指用編鐘、玉磬等演奏的樂曲。

[6]臨海漁人張係世於海口忽見有銅花趺浮出：按，《梁書·海南傳》"臨海漁人"作"捕魚人"，"浮出"下有"水上"二字。臨海，郡名。治臨海縣，在今浙江臨海市。花趺，蓮花趺座的省稱。

[7]間文：大德本、汲古閣本、殿本、百衲本作"簡文"。按，底本誤，應據諸本改。

[8]交州合浦人董宗之採珠没水底，得佛光艷：《梁書·海南傳》"水"下有"於"字。佛光艷，佛像後面飾有光彩艷麗圖案的襯障。《梁書·海南傳》同，大德本、汲古閣本、殿本、百衲本、中華本"艷"作"燄"。

初，高悝得像，後有西域胡僧五人來詣悝曰：[1]"昔於天竺得阿育王造像，來至鄴下，[2]逢胡亂，埋於河邊。今尋覓失所。"五人嘗一夜俱夢見像曰："已出江東，[3]爲高悝所得。"悝乃送此五僧至寺，見像噓欷涕泣，[4]像便放光，照燭殿宇。又瓦官寺慧邃欲模寫像形，[5]寺主僧尚慮損金色，謂邃曰："若能令像放光，回身西向，乃可相許。"慧邃便懇拜請。[6]其夜像即轉坐放光，回身西向。明旦便許摸之。像趺先有外國書，莫有識者，後有三藏那跋摩識之，[7]云是阿育王爲第四女所造也。

[1]胡僧：泛指西域、北地或外來的僧人。

[2]鄴下：地名。即鄴城。在今河北臨漳縣西南鄴鎮。

[3]江東：地域名。一名江左。因長江在今安徽蕪湖市、江蘇南京市間大致作南北流向，故習稱自此而下的長江南岸地區爲江東或江左。

[4]噓欷：大德本、汲古閣本、百衲本、中華本及《梁書》卷五四《海南傳》作"嘘"，殿本作"歔欷"。

[5]瓦官寺：佛寺名。東晋哀帝興寧二年（364）建，在今江蘇南京市西南秦淮河畔。其地本爲官營陶器作坊，稱爲瓦官，故名。　模寫：大德本及《梁書·海南傳》同，大德本、汲古閣本、殿本、百衲本、中華本"模"作"摸"。

[6]慧邃便懇拜請：按，《梁書·海南傳》"懇"下有"到"字。懇到，誠懇周到。"到"字似不必删。

[7]三藏：佛教語。經藏、律藏、論藏三部分佛教經典的總稱。藏，謂盛放東西的篋筐，義近"全書"。亦稱通曉三藏的僧人爲三藏法師，省稱三藏。　那跋摩：胡僧名。《梁書·海南傳》作"郍求跋摩"。郍，音 nà，"那"的異體字。一説"那"之訛字。

及大同中，出舊塔舍利，敕市寺側數百家宅地，以廣寺域，造諸堂殿并瑞像周回閣等，窮於輪奐焉。其圖諸經變，[1]並吴人張繇運手。[2]繇丹青之工，一時冠絶。

[1]經變：指敷演佛經内容的繪畫、雕刻或説唱文學等通俗藝

術作品，用以宣揚傳播教義。

[2]張繇：即張僧繇。南朝梁吴郡（今江蘇蘇州市）人，一説吴興（今浙江湖州市）人。與東晋顧愷之、南朝宋陸探微並列六朝三大家。見《建康實録》卷一七、《册府元龜》卷一九四、唐張彦遠《歷代名畫記》卷七。

西南夷訶羅陁國，[1]宋元嘉七年，遣使奉表曰：[2]“伏承聖主信重三寶，[3]興立塔寺，周滿世界。[4]今故遣使一人，[5]表此微心。”

[1]西南夷：按，此下諸國傳皆節采《宋書》卷九七《夷蠻傳》。　訶羅陁國：古國名。或以爲在今馬來半島西岸。按，訶羅陁，本書卷二《宋文帝紀》作“呵羅他”。

[2]遣使奉表曰：按，表文詳見《宋書·夷蠻傳》。

[3]三寶：佛教以佛陀爲佛寶，佛之教法爲法寶，出家團體爲僧寶，故稱三寶。參宋道誠《釋氏要覽》卷中《三寶》。後亦指佛教。

[4]世界：按，《宋書·夷蠻傳》作“國界”。李延壽撰《南史》例避“世”字，此疑爲校者妄改。《太平御覽》卷七八七引《南史》即作“國界”。

[5]今故遣使一人：大德本、殿本同，汲古閣本、百衲本、中華本及《宋書》“一”作“二”。按，《宋書·夷蠻傳》所載表文明言：“所遣二人，一名毗紉，一名婆田。”是知“一”當改“二”。

呵羅單國都闍婆洲，[1]元嘉七年，遣使獻金剛指環、赤鸚鵡鳥、天竺國白疊、古貝、葉波國古貝等物。[2]十年，呵羅單國王毗沙跋摩奉表曰：[3]“常勝天子陛下，諸佛世尊，[4]常樂安隱，三達六通，[5]爲世間導，[6]是名如來，[7]是故至誠五體敬禮。"[8]其後爲子所篡奪。[9]十三年，又上表。[10]二十六年，文帝詔曰："呵羅單、婆皇、婆達三國，[11]頻越遐海，款化納貢，遠誠宜甄，可並加除授。"乃遣使策命之。[12]二十九年，又遣長史婆和沙彌獻方物。

[1]呵羅單國：古國名。亦作阿羅單、訶羅單、訶羅旦。故地在今印度尼西亞爪哇島或蘇門答臘島。一説其地兼此二島。　都：《宋書》卷九七《夷蠻傳》作"治"，此避唐高宗李治諱改。　闍婆洲：地名。指今印度尼西亞爪哇島或蘇門答臘島。

[2]葉波國：古國名。亦譯耶婆提。在今印度尼西亞爪哇島或蘇門答臘島。東晉末，法顯自師子國（今斯里蘭卡）東歸，途中"乃到一國，名耶婆提"，並"停此國五月日"。見法顯《佛國記》。

[3]呵羅單國王毗沙跋摩奉表曰：按，表文詳見《宋書·夷蠻傳》。

[4]世尊：佛陀的尊稱。隋慧遠《無量壽經義疏》卷上："佛備衆德，爲世欽仰，故號世尊。"

[5]三達六通：佛教用語。三達謂能徹底通達宿命、天眼、漏盡三明者，用以指佛。六通謂神足、天眼、天耳、他心、宿命、漏盡六種神通力。前五通，凡夫亦能得之，第六通，斷盡一切煩惱得自在無礙的漏盡通，唯聖者始得。

[6]爲世間導：《宋書·夷蠻傳》"導"作"道"。

[7]如來：釋迦牟尼佛的十大名號之一。《金剛經·威儀寂静分》："如來者，無所從來，亦無所去，故名如來。"

[8]五體敬禮：即雙肘、雙膝及頭一起著地。本古印度的虔敬行禮方式，亦爲佛教所沿用。

[9]其後爲子所篡奪：按，《太平御覽》卷七八七引《宋元嘉

起居注》曰："十一年，呵羅單國王尸梨毗遮耶獻銀滲柈等。"此事本書、《宋書》均未記載，可稍補正史闕失。其中提到的"尸梨毗遮耶"，當即毗沙跋摩之子，呵羅單王位的篡奪者。

［10］十三年，又上表：按，表文詳見《宋書·夷蠻傳》。上表者"呵羅單跋摩"乃毗沙跋摩本人，而非"惡子"尸梨毗遮耶。表下傳文有"此後又遣使"五字。

［11］呵羅單、婆皇、婆達三國：按，《宋書·夷蠻傳》"婆皇""婆達"分別作"媻皇""媻達"。媻，音 pó，同"婆"。本卷下同，不再出注。

［12］乃遣使策命之：按，策命文見《宋書·夷蠻傳》。

婆皇國，[1]元嘉二十六年，國王舍利婆羅跋摩遣使獻方物四十一種，文帝策命之爲婆皇國王。二十八年，復遣使貢獻。孝武孝建三年，又遣長史竺那婆智奉表獻方物，以那婆智爲振威將軍。大明三年，獻赤白鸚鵡。大明八年、明帝泰始二年，[2]又遣使貢獻。明帝以其長史竺須羅遠、前長史振威將軍竺那婆智並爲龍驤將軍。[3]

［1］婆皇國：古國名。亦作媻皇國。故地在今馬來西亞的彭亨州一帶。

［2］泰始：南朝宋明帝劉彧年號（465—471）。

［3］竺須羅遠：中華本據《宋書》卷九七《夷蠻傳》改"遠"作"達"。

婆達國，[1]元嘉二十六年，國王舍利不陵伽跋摩遣使獻方物，文帝策命之爲婆達國王。二十六年、二十八年，復遣使獻方物。[2]

[1]婆達國：古國名。亦作婆達國。故地在今印度尼西亞蘇門答臘島的北部。另説在今越南中圻，或在今馬來半島。

[2]二十六年、二十八年，復遣使獻方物：按，各本及《宋書》卷九七《夷蠻傳》並同。中華本校勘記以爲，其“上已出‘二十六年’，則此‘二十六年’非衍文即有訛誤”。

闍婆達國，[1]元嘉十二年，國王師黎婆達呵陁羅跋摩遣使奉表曰：[2]“宋國大主大吉天子足下，教化一切種智安隱，[3]天人師降伏四魔，[4]成等正覺，[5]轉尊法輪，[6]度脱衆生。[7]我雖在遠，亦霑靈潤。”

[1]闍婆達國：古國名。約在今印度尼西亞爪哇島或蘇門答臘島。另有在中南半島、馬來半島等説。按，《宋書》卷九七《夷蠻傳》作“闍婆婆達國”。又，本書卷二《宋本紀中》、《宋書》卷五《文帝紀》及《册府元龜》卷九六八、《通志》卷一一均作“闍婆娑達”。

[2]師黎婆達呵陁羅跋摩：人名。《宋書·夷蠻傳》“呵陁”作“陁阿”，《册府元龜》卷九六八作“訶陀”。　遣使奉表曰：按，表文詳見《宋書·夷蠻傳》。

[3]教化一切種智安隱：《宋書·夷蠻傳》“教化”作“敬禮”。一切種智，佛教用語。又作一切相智。指無所不知的佛智。《大智度論》卷二七：“所謂禪定、智慧等諸法，佛盡知諸法總相、别相，故名爲一切種智。”

[4]天人師：佛教用語。釋迦牟尼佛的别號。以其爲天與人之師，故名。　四魔：佛教用語。指惱害衆生而奪其身命或慧命的四種魔類，即藴魔、煩惱魔、死魔、天子魔。

［5］等正覺：佛教用語。又作等覺、正覺。意爲真正覺悟。

［6］法輪：佛教用語。謂佛説法，圓通無礙，運轉不息，能摧破衆生的煩惱。輪，印度古代一種輪狀的武器。

［7］度脱衆生：佛教用語。泛指超度解脱一切有情識作用的生物，即六道輪回的各種生命體和動物。

槃槃國，[1]元嘉、孝建、大明中，並遣使貢獻。梁中大通元年、四年，[2]其王使使奉表，[3]累送佛牙及畫塔，[4]并獻沈檀等香數十種。[5]六年八月，[6]復遣使送菩提國舍利及畫塔圖，[7]并菩提樹葉、詹糖等香。[8]

［1］槃槃國：古國名。亦作盤盤國。在今泰國南部萬倫灣沿岸，當克拉地峽之要衝。另説在今泰國華欣至佛丕一帶，或在今馬來西亞加里曼丹島北部。按，槃槃國及以下諸國傳皆節采《梁書》卷五四《海南傳》。

［2］梁中大通元年、四年：按，《梁書·海南傳》作“大通元年”。檢本書卷七《梁武帝紀下》、《梁書》卷三《武帝紀下》，大通年間並無槃槃國來使，中大通年間有三次來使，依次爲元年（十二月）、四年（四月）、五年（九月）。

［3］其王使使奉表：表文詳見《梁書·海南傳》。

［4］累送佛牙及畫塔：按，《梁書·海南傳》“累”上有“中大通元年五月”、下有“遣使”，合九字，“送佛牙及畫塔”作“貢牙像及塔”。

［5］沈檀：即沉香木和檀木，皆爲香木。

［6］六年八月：按，“六年”上似脱“大同”二字。見本書、《梁書·武帝紀下》大同六年（540）敘事。

［7］復遣使送菩提國舍利及畫塔圖：按，《梁書·海南傳》“舍利”上有“真”字，“畫塔”下無“圖”字。菩提國，即五天竺之

一的南天竺，指今印度南部及斯里蘭卡等地古代佛教國家。

[8]菩提樹葉：香名。即婆羅樹葉。其葉革質，含揮發性油，香味清遠宜人，可防蟲蛀。　詹糖：香名。亦作詹唐。宋唐慎微《證類本草》卷一二《詹糖香》條唐本注云："詹糖樹似橘，煎枝爲香，似沙糖而黑。出交廣以南。云詹糖香治惡瘡，去惡氣。生晉安。"

丹丹國，[1]中大通二年，[2]其王遣使奉表送牙像及畫塔二軀，[3]并獻火齊珠、吉貝、雜香藥。大同元年，復遣使獻金銀、瑠璃、雜寶、香藥等物。

[1]丹丹國：古國名。亦譯作呾呾、單單。故地當在今馬來半島，有東北岸的哥打巴魯附近、西岸的天定、南端及新加坡一帶諸説。

[2]中大通二年：大德本、汲古閣本、殿本、百衲本及《梁書》卷五四《海南傳》同，中華本作"中大通三年"。按，據本書卷七《梁武帝紀下》、《梁書》卷三《武帝紀下》，丹丹國來使事在中大通三年（531）六月。中華本雖改作"三年"，但未出校勘記交代緣由。

[3]其王遣使奉表：按，表文詳見《梁書·海南傳》。　牙像及畫塔二軀：《梁書·海南傳》作"牙像及塔各二軀"，與本書稍異。

干陁利國，[1]在南海洲上，[2]其俗與林邑、扶南略同，出班布、吉貝、檳榔。[3]檳榔特精好，爲諸國之極，宋孝武世，[4]主釋婆羅那鄰陁遣長史竺留陁獻金銀寶器。[5]梁天監元年，其瞿曇脩跋陁羅以四月八日夢一僧謂曰：[6]“中國今有聖主，十年之後，佛法大興。汝若遣使貢奉禮敬，則土地豐樂，商旅百倍；若不信我，則境土不得自安。”初未之信，既而又夢此僧曰：“汝若不信我，當與汝往觀。”乃於夢中至中國，拜覲天子。既覺，心異之。陁羅本工畫，乃寫夢中所見武帝容質，[7]飾以丹青，[8]仍遣使并畫工奉表獻玉盤等物。使人既至，摸寫帝形以還其國，[9]比本畫則符同焉。因盛以寶函，日加禮敬。[10]後跋陁死，子毗針邪跋摩立，[11]十七年，遣長史毗員跋摩奉表獻金芙蓉、雜香藥等。[12]普通元年，復遣使獻方物。

[1]干陁利國：古國名。亦作斤陁利，或訛作于陁利。故地在今印度尼西亞蘇門答臘島的巨港一帶。另説當在今馬來半島的東北岸、西岸或南端。

[2]南海：按，中華本及《梁書》卷五四《海南傳》同，大德本、汲古閣本、殿本、百衲本作“海南”。《册府元龜》卷九五七、《太平御覽》七八七引《南史》皆作“南海”。

[3]班布：按，大德本、汲古閣本、百衲本及《梁書·海南傳》同，殿本、中華本作“斑布”。張元濟《南史校勘記》：“殿誤，見《梁書·干陁利國傳》。”

[4]宋孝武世：《梁書·海南傳》同，《宋書》卷九七《夷蠻傳》作“世祖孝建二年”。

[5]主：按，大德本、汲古閣本、殿本、百衲本及《梁書·海南傳》作“王”。作“王”是，應據諸本改。　釋婆羅那鄰陁：人名。《梁書·海南傳》“鄰”作“憐”。

[6]其瞿曇脩跋陁羅：按，大德本、汲古閣本、百衲本同，殿本、中華本及《梁書·海南傳》“其”下有“王”字。應據補。

四月八日：中國佛教以農曆四月初八爲釋迦牟尼誕生日，稱佛誕節或佛誕日。爲紀念此事，佛寺於是日舉行浴佛儀式，故又稱浴佛節。

[7]容質：容貌姿質。

[8]丹青：紅色和青色。泛指色彩。

[9]摸：大德本、汲古閣本、殿本、百衲本、中華本同，《梁書·海南傳》作“模”。

[10]禮敬：大德本及《梁書·海南傳》同，汲古閣本、殿本、百衲本、中華本作“敬禮”。

[11]毗針邪跋摩：《梁書·海南傳》“毗”下無“針”字。

[12]十七年，遣長史毗員跋摩奉表獻金芙蓉、雜香藥等：按，表文詳見《梁書·海南傳》。

狼牙脩國，[1]在南海中。其界東西三十日行，南北二十日行，北去廣州二萬四千里。土氣、物産與扶南略同，偏多棧、沉、婆律香等。[2]其俗，男女皆袒而被髮，以吉貝爲干漫，其王及貴臣乃加雲霞布覆胛，以金繩爲絡帶，金環貫耳。女子則布，[3]以瓔珞繞身。其國累塼爲城，重門樓閣。王出乘象，有幡旄旗鼓，[4]罩白蓋，兵衛甚嚴。[5]國人説，立國以來四百餘年，後嗣衰弱，王族有賢者，國人歸向之。王聞乃加囚執，其鎖無故自斷。王以爲神，因不敢害，乃逐出境，遂奔天竺。天竺妻以長女。俄而狼牙王死，大臣迎還爲王。二十餘年死，子婆伽達多立。天監十四年，遣使阿撤多奉表。[6]

[1]狼牙脩國：古國名。亦譯作狼牙須、郎迦戍、淩牙斯等。其地在今泰國南部馬來半島西岸北大年及附近一帶。

[2]婆律香：香名。即龍腦香。又作羯婆律香、羯布羅香。俗稱冰片。以龍腦香的樹膠製成。入藥，可内服，亦可外用。《大唐西域記》卷一〇《秣羅矩吒國》："羯布羅香樹，松身異葉，花果斯别。初採既溼，尚未有香。木乾之後，循理而析，其中有香，狀若雲母，色如冰雪，此所謂龍腦香也。"

[3]女子則布：按，大德本、汲古閣本、殿本、百衲本同，中華本據《梁書》卷五四《海南傳》於"布"上補一"被"字。《太平御覽》卷七八七引《南史》無"被"字。

[4]幡毦（ěr）：旌旗的羽毛飾。也指飾有羽毛的旗幡。毦，《梁書·海南傳》同，大德本、汲古閣本、殿本、百衲本、中華本作"旄"。"毦"指用鳥羽獸毛製作的裝飾品，"旄"指用犛牛尾裝飾的旗幟。

[5]兵衛甚嚴：《梁書·海南傳》作"兵衛甚設"。

[6]遣使阿撤多奉表：按，表文詳見《梁書·海南傳》。

婆利國，[1]在廣州東南海中洲上，去廣州二月日行。國界東西五十日行，南北二十日行。有一百三十六聚。土氣暑熱，如中國之盛夏。穀一歲再熟，草木常榮。海出文螺、紫貝。有石名坩貝羅，[2]初采之柔軟，及刻削爲物暴乾之，遂大硬。[3]其國人披吉貝如帊，[4]及爲都縵。[5]乃用班絲者，[6]以瓔珞繞身，頭著金冠高尺餘，形如弁，綴以七寶之飾。帶金裝劍，偏坐金高坐，以銀蹬支足。侍女皆爲金花雜寶之飾，[7]或持白毦拂及孔雀扇。王出以象駕輿，輿以雜香爲之，上施羽蓋、珠簾。其導從吹螺擊鼓。王姓憍陳如，自古未通中國，問其先及年數不能記。自言白净王夫人即其國女。[8]天監十六年，遣使奉表獻金席等。[9]普通三年，其王頻伽復遣使珠智獻白鸚鵡、青蟲、兜鍪、瑠璃器、吉貝、螺杯、雜香藥等數十種。[10]

[1]婆利國：古國名。又作婆黎國。故地在婆羅洲，即今印度尼西亞的加里曼丹島。另有即今印度尼西亞的巴厘島或在今文萊國一帶諸説。

[2]坩貝羅：《梁書》卷五四《海南傳》"坩"作"蚶"。

[3]遂大硬：《梁書·海南傳》"硬"作"堅强"。

[4]吉貝如帊：木棉布質地、形類僧人袈裟的一種服飾。

[5]都縵：即干縵。以横幅布繞腰的一種服飾。

[6]乃用班絲者：大德本、汲古閣本、百衲本同，殿本、中華本"乃"上有"王"字，"班"作"斑"。《梁書·海南傳》"者"作"布"。

[7]帶金裝劍，偏坐金高坐，以銀蹬支足。侍女皆爲金花雜寶之飾：按，大德本、殿本、百衲本、中華本及《梁書·海南傳》並同，汲古閣本脱此諸語。

[8]白净王：又作净飯王。姓喬達摩，名首圖馱那。相傳爲古印度迦毗羅衛國國王，佛祖釋迦牟尼之父。

[9]天監十六年，遣使奉表獻金席等：按，表文詳見《梁書·海南傳》。

[10]其王頻伽復遣使珠智獻白鸚鵡：按，《梁書·海南傳》"珠智"作"珠貝智"。　青蟲：雕成蟲形的青色佩玉。　螺杯：用螺殼雕成的杯子。後亦爲酒杯的美稱。

中天竺國，[1]在大月支東南數千里，[2]地方三萬里，一名身毒。[3]漢世張騫使大夏，[4]見邛竹杖、蜀布，[5]國人云市之身毒，即天竺也。從月支、高附西，[6]南至西海，[7]東至盤越，[8]列國數十，每國置王，[9]其名雖異，皆身毒也。漢時羈屬月支。其俗土著與月支同，而卑濕暑熱，人畏戰，弱於月支。國臨大江，名新陶，[10]源出崑崙。分爲五江，總名恒水。[11]其水甘美，下有真鹽，色正白如水精。土出犀、象、貂鼠、瑇瑁、火齊、金銀銅鐵、金縷織成金罽、細靡白疊、好裘、毾㲪。[12]火齊狀如雲母，色如紫金，有光耀，[13]别之則蟬翼，[14]積之則如紗縠之重沓也。[15]西與大秦、安息交市海中。[16]多大秦珎物，珊瑚、武魄、金碧、珠璣、琅玕、鬱金、蘇合。[17]蘇合是諸香汁煎之，[18]非自然一物也。又云大秦人采蘇合，先笮其汁以爲香膏，乃賣其滓與諸國賈人，是以展轉來達中國不大香也。鬱金獨出罽賓國，[19]華色正黄而細，與芙蓉華裹被蓮者相似。[20]國人先取以上佛寺，積日槁乃糞去之，[21]賈人以轉賣與他國也。[22]

[1]中天竺國：地域名。指古印度五天竺之一的中央部分諸國。唐玄奘《大唐西域記》卷四以下列舉有三十餘國。其範圍包括西起今印度拉賈斯坦邦東部、東至西孟加拉邦大部地區。

[2]大月支：古國名。亦作大月氏。西漢前期由西遷的月氏人在嬀水（今阿姆河）北建立。東漢初建貴霜王國。盛時疆域領有今阿富汗全境、巴基斯坦北部及克什米爾地區。西晋以後逐漸衰弱，至南北朝後期爲嚈噠所滅。

[3]身毒：天竺的異譯。

[4]張騫：漢中成固（今陝西城固縣）人。漢武帝時兩次出使西域，封博望侯。《漢書》卷六一有傳。　大夏：古國名。音譯巴克特里亞，亦作吐火羅。在今阿富汗及阿姆河上游一帶。張騫首次出使西域時該國已爲大月氏所征服。

[5]卭竹杖、蜀布：卭竹製成的手杖和蜀地出産的布。卭，地

名。指今四川西昌市一帶。蜀，地名。指今四川成都市一帶。

[6]高附：城名。罽浮謁國都城，即今阿富汗首都喀布爾。參《北史》卷九七《罽浮謁國》。

[7]西海：當指今阿拉伯海或印度洋。

[8]盤越：古國名。又稱盤起、漢越。其地在今印度東北與緬甸、中國交界的那加山脉至布拉馬普特拉河一帶。參《三國志》卷三〇《魏書》裴松之注引《魏略西戎傳》。

[9]每國置王：大德本、殿本、百衲本、中華本及《梁書》卷五四《海南傳》同，汲古閣本"王"作"玉"。

[10]新陶：水名。亦譯新頭、辛頭。即今巴基斯坦境内的印度河。

[11]恒水：水名。即今印度境内的恒河。按，近代學者指出"總名恒水"，"實爲誤會，恒河與印度斯河不相通也"（張星烺《中西交通史料彙編》第六册第二章第五節注，中華書局 1977 年版，第 34 頁）。

[12]土出犀、象、貂鼠：按，《梁書·海南傳》"土"下有"俗"字，"鼠"作"鼲"（hún）。貂鼠，即貂，古以貂爲鼠類，故稱。　金銀銅鐵：大德本、殿本、百衲本、中華本同，汲古閣本"鐵"作"錢"。　金縷織成金罽（jì）、細靡白疊：按，《梁書·海南傳》"金罽""細靡"分别作"金皮罽""細摩"。罽，毛氈。　毾（tā）㲪（dēng）：織有花紋的細毛毯。

[13]耀：《梁書·海南傳》同，大德本、汲古閣本、殿本、百衲本、中華本作"曜"。

[14]别之則蟬翼：按，中華本據《梁書·海南傳》於"蟬翼"上補"薄如"二字。《太平御覽》卷八〇二引《南史》作"列之則蟬翼"，亦無"薄如"二字。

[15]紗縠：精細輕薄絲織品的通稱。

[16]大秦：古國名。即東羅馬帝國。　安息：古國名。即波斯薩珊王朝。

[17]武魄：大德本、汲古閣本、殿本、百衲本、中華本及《梁書·海南傳》作“琥珀”。武，虎的避諱字。本書例避唐高祖李淵祖父李虎諱，“琥”中含虎亦當避之。疑諸本作“琥”者，乃校者逕改。

[18]蘇合是諸香汁煎之：按，大德本、汲古閣本、殿本、百衲本同，中華本及《梁書·海南傳》“是”後有“合”字。《太平御覽》卷九八二引《梁書》云：“中天竺國出蘇合，是諸香汁煎之，非自然一物也。”亦無“合”字。

[19]鬱金猶出罽賓國：大德本、汲古閣本、百衲本同，殿本、中華本及《梁書·海南傳》“猶”作“獨”。罽賓國，古國名。其地在今克什米爾至喀布爾河下游一帶。

[20]與芙蓉華裏被蓮者相似：大德本、汲古閣本、殿本、百衲本、中華本及《梁書·海南傳》“裏”作“裹”。

[21]積日槁乃糞去之：按，《梁書·海南傳》“積日”下有一“香”字，似不必删。

[22]賈人以轉賣與他國也：按，《梁書·海南傳》“賈人”下有“從寺中徵雇”五字，不當删省。

漢桓帝延熹九年，[1]大秦王安敦遣使自日南徼外來獻，[2]漢世唯一通焉。其國人行賈往往至扶南、日南、交阯。[3]其南徼諸國人少有到大秦者。孫權黄武五年，[4]有大秦賈人字秦論來到交阯，[5]太守吴邈遣送詣權。權問論方土風俗，論具以事對。時諸葛恪討丹楊，[6]獲黝、歙短人。[7]論見之曰：“大秦希見此人。”權以男女各十人，差吏會稽劉咸送論，咸於道物故，乃徑還本國也。[8]

[1]延熹：東漢桓帝劉志年號（158—167）。

[2]大秦王安敦：通常以爲當指羅馬皇帝安東尼·庇烏斯或繼任馬克·奧勒留，但祗是推測，未必可信。

[3]交阯：郡名。亦作交趾。治龍編縣，在今越南北寧省仙游縣東。

[4]黄武：三國吴大帝孫權年號（222—229）。

[5]有大秦賈人字秦論來到交阯：殿本、中華本及《梁書》卷五四《海南傳》同，大德本、汲古閣本、百衲本“交”作“高”。

[6]諸葛恪：字元遜，琅邪陽都（今山東沂南縣）人。三國吴大帝嘉禾三年（234），以撫越將軍、丹陽太守，謀劃圍攻丹陽山越，迫使十萬山越人相攜出山，收其丁壯四萬編入軍隊。《三國志》卷六四有傳。　丹楊：郡名。亦作丹陽。西漢武帝時置，治宛陵縣，在今安徽宣城市。東漢末孫權移治建業，在今江蘇南京市。轄境相當今安徽長江以南、江蘇大茅山和浙江天目山以西、江西婺源縣等地區。其後轄境漸小。

[7]黝：縣名。同“黟”。治所在今安徽黟縣東。　歙：縣名。治所在今安徽歙縣。

[8]咸於道物故，乃徑還本國也：按，《梁書·海南傳》“乃”上有一“論”字。此“論”，即大秦人秦論，與上句首“咸”均屬人名，不當删省。

漢和帝時，[1]天竺數遣使貢獻，後西域反叛遂絶。至桓帝延熹三年、四年，[2]從日南徼外來獻。[3]魏、晋世，絶不復通。唯吴時扶南王范旃遣親人蘇勿使其國，[4]從扶南發投拘利口，[5]循海大灣中正西北入，[6]歷灣邊數國，可一年餘到天竺江口，[7]逆水行七千里乃至焉。天竺王驚曰："海濱極遠，猶有此人乎！"即令觀視國内，仍差陳、宋等二人以月支馬四疋報旃，[8]勿積四年方至。[9]其時吴遣中郎康泰使扶南，及見陳、宋等，具問天竺土俗，云："佛道所興國也。[10]人敦厖，[11]土饒沃，其王號茂論。所都城郭，水泉分流，繞于渠壍，下注大江。其宫殿皆雕文鏤刻。[12]街曲市里，屋舍樓觀，鐘鼓音樂，服飾香華，水陸通流，百賈交會，器玩珍瑋，恣心所欲。左右嘉維、舍衛、葉波等十六大國。[13]去天竺或二三千里，共尊奉之，以爲在天地之中。"

[1]漢和帝：劉肇。東漢皇帝。在位十八年（88—105），謚號和帝。《後漢書》卷四有紀。

[2]三年：按，《梁書》卷五四《海南傳》作"二年"。

[3]從日南徼外來獻：大德本、汲古閣本、殿本、百衲本、中華本及《梁書·海南傳》"從"作"頻從"。

[4]蘇勿：人名。按，《梁書·海南傳》作"蘇物"。下同。

[5]投拘利：地名。亦作拘利、句稚、九離。在今泰國南部馬來半島西岸董里。爲古代東西方海上交通的重要轉運港。

[6]大灣：海灣名。即今孟加拉灣。

[7]天竺江口：地名。即恒河與布拉馬普特拉河的入海口，在今孟加拉國境内。《水經注·河水》引康泰《扶南傳》曰："發拘利口，入大灣中，正西北入，可一年餘，得天竺江口，名恒水。"

[8]仍差陳、宋等二人：按，《梁書·海南傳》同。《通志》卷一九六"差"作"遣"，其下有"其臣"二字。

[9]勿積四年方至：按，《梁書·海南傳》作"遣物等還，積四年方至"，語義較明，故"遣"與"等還"三字不當删。

[10]佛道：謂佛法之道。《後漢書》卷八八《西域傳》論："至於佛道神化，興自身毒，而二漢方志莫有稱焉。"

[11]人敦厖（páng）：按，《梁書·海南傳》"人"下有"民"字，此避唐太宗李世民諱省。厖，大德本、殿本、百衲本及《梁

書·海南傳》同，汲古閣本、中華本作“龐”。按，厖，古同“龐”。敦厖，豐厚，富足。

［12］鏤刻：大德本、殿本及《梁書·海南傳》同，汲古閣本、百衲本、中華本作“鐫刻”。

［13］嘉維：古國名。即迦毗羅衛國的省稱。　舍衛：古國名。即憍薩羅。本憍薩羅國都城名，爲有别於南憍薩羅國，故以都城之名代稱國名。其疆域包括今印度北方邦及尼泊爾部分地區。　葉波：古國名。今地不詳。《金液神丹經》卷下云：“葉波國，去天竺三千里，人民、土地、有無與天竺同。”或以爲在今巴基斯坦白沙瓦附近。

天監初，其王屈多遣長史竺羅達奉表，［1］獻瑠璃唾壺、雜香、吉貝等物。

［1］其王屈多遣長史竺羅達奉表：按，表文詳見《梁書》卷五四《海南傳》。

天竺迦毗黎國，［1］元嘉五年，國王月愛遣使奉表，［2］獻金剛指環、摩勒金環諸寶物，［3］赤白鸚鵡各一頭。明帝泰始二年，又遣貢獻，［4］以其使主竺扶大、竺阿珍並爲建威將軍。［5］

［1］迦毗黎國：古國名。即迦毗羅衛國。亦作迦毗羅。釋迦牟尼的故鄉，其地在今尼泊爾西南境、加德滿都以西。按，此傳采自《宋書》卷九七《夷蠻傳》。

［2］國王月愛遣使奉表：按，表文詳見《宋書·夷蠻傳》。

［3］摩勒：即紫磨金。郝懿行《宋瑣語·言詮》：“摩勒，金之

至美者也，即紫磨金。林邑謂之楊邁金，其貴無匹，故云寶物。”

[4]又遣貢獻：大德本、汲古閣本、殿本、百衲本同，中華本據《宋書·夷蠻傳》於“遣”下補“使”字。

[5]竺阿珍：人名。《宋書·夷蠻傳》作“竺阿彌”。

元嘉十八年，蘇摩黎國王那羅跋摩遣使獻方物。[1]孝武孝建二年，斤陁利國王釋婆羅那鄰陁遣長史竺留陁及多獻金銀寶器。[2]後廢帝元徽元年，[3]婆黎國遣使貢獻。[4]凡此諸國皆事佛道。

[1]蘇摩黎：古國名。亦作蘇靡黎。或以爲在今印度尼西亞蘇門答臘島北岸的三馬朗加。　那羅跋摩：人名。按，“那羅”上《宋書》卷九七《夷蠻傳》有“那鄰”二字，作“那鄰那羅跋摩”。

[2]斤陁利：古國名。按，即上文干陁利。　竺留陁及多：人名。即上文竺留陁。

[3]後廢帝：南朝宋後廢帝劉昱。在位六年（472—477），爲蕭道成所謀殺，以皇太后令追貶蒼梧郡王，史稱宋後廢帝。本書卷三、《宋書》卷九有紀。　元徽：南朝宋後廢帝劉昱年號（473—477）。

[4]婆黎：古國名。按，即上文婆利。中華本校勘記云：“上婆利國據《梁書》爲傳，此又據《宋書》爲説，重出。”

佛道自後漢明帝法始東流，[1]自此以來，其教稍廣，别爲一家之學。[2]元嘉十二年，丹楊尹蕭摹之奏曰：[3]“佛化被于中國，已歷四代，[4]而自頃以來，更以奢競爲重。請自今以後有欲鑄銅像者，悉詣臺自聞；興造塔寺精舍，皆先列言，須許報然後就功。”詔可。又沙汰沙門，罷道者數百人。[5]孝武大明二年，有曇摽道人與羌人高闍謀反，[6]上因是下詔，[7]所在精加沙汰，後有違犯，嚴其誅坐。於是設諸條禁，自非戒行精苦，並使還俗。而諸寺尼出入宮掖，交關后妃，[8]此制竟不能行。先是，晉世庾冰始創議欲使沙門敬王者，[9]後桓玄復述其義，[10]並不果行。大明六年，孝武使有司奏沙門接見皆盡敬，[11]詔可。前廢帝初復舊。[12]

[1]後漢明帝：劉莊。在位十九年（57—75），謚號孝明帝。《後漢書》卷二有紀。

[2]一家之學：自成體系、見解獨到的學説。

[3]蕭摹之：人名。南蘭陵（今江蘇常州市武進區）人。歷南蠻校尉、湘州刺史等，卒官丹陽尹，追贈征虜將軍。事見《宋書》卷五《文帝紀》、卷七八《蕭思話傳》。按，其奏文見《宋書》卷九七《夷蠻傳》。

[4]四代：謂漢、魏、晉、宋。

[5]罷道：謂中止修行。

[6]有曇摽道人與羌人高闍謀反：按，事見本書卷二一及《宋書》卷七五《王僧達傳》。“曇標道人”“羌人高闍”，二書《僧達傳》並作“沙門釋曇標”“南彭城蕃縣人高闍”。

[7]上因是下詔：按，詔文詳見《宋書·夷蠻傳》。

[8]后妃：大德本、汲古閣本、殿本、百衲本、中華本及《宋書·夷蠻傳》並作“妃后”。

[9]庾冰：字季堅，潁川鄢陵（今河南鄢陵縣）人。王導死，入朝輔政，累遷車騎將軍。《晉書》卷七三有附傳。

[10]桓玄：字敬道，一名靈寶，譙國龍亢（今安徽懷遠縣）人。晉安帝元興中，起兵攻入建康，殺司馬元顯等，總攬内外大權，旋廢晉安帝，自稱楚帝，不久兵敗被殺。《晉書》卷九九有傳。

［11］孝武使有司奏沙門接見皆盡敬：按，有司奏文詳見《宋書·夷蠻傳》。

［12］前廢帝：南朝宋前廢帝劉子業。在位二年（464—465），昏虐凶悖，爲湘東王劉彧弑殺。史稱宋前廢帝。本書卷二、《宋書》卷七有紀。

孝武寵姬殷貴妃薨，[1]爲之立寺，貴妃子子鸞封新安王，[2]故以新安爲寺號。前廢帝殺子鸞，乃毁廢新安寺，[3]驅斥僧徒，尋又毁中興、大寶諸寺。[4]明帝定亂，下令脩復。

［1］殷貴妃：即殷淑儀，追贈貴妃，謚宣。本書卷一一有傳。

［2］子鸞：劉子鸞。字孝羽，宋孝武帝第八子。本書卷一四、《宋書》卷八〇有傳。　新安：郡名。治始新縣，在今浙江淳安縣西北。

［3］新安寺：佛寺名。在今江蘇南京市解放門附近。

［4］中興：佛寺名。南朝宋孝武帝建於新亭，大明四年（460）改名天安寺。在今江蘇南京市西南。　大寶：按，大德本、汲古閣本、殿本、百衲本皆作“天寶”，應據諸本改。天寶，佛寺名。在今江蘇南京市東北部。

宋世名僧有道生道人，彭城人。[1]父爲廣戚令。[2]道生爲沙門法大弟子，幼而聰悟。年十五便能講經，及長有異解，立頓悟義，[3]時人推服。元嘉十一年，卒於廬山，[4]沙門慧琳爲之誄。[5]

［1］宋世名僧有道生道人，彭城人：《宋書》卷九七《夷蠻傳》

作“宋世名僧有道生。道生，彭城人”。按，“僧”即“道人”，本書語義重複，疑以《宋書》爲是。彭城，郡名。治彭城縣，在今江蘇徐州市。

[2]廣戚：縣名。治所在今江蘇沛縣東。

[3]頓悟：佛教用語。即頓然領悟。與“漸悟”相對，謂不假時間與階次，直接悟入真理。後禪宗南宗法門更主其説。

[4]廬山：山名。别稱匡廬、匡山等。即今江西九江市南廬山。

[5]慧琳：或名惠琳。南朝宋僧侣。建康彭城寺僧釋道淵弟子，性頗傲誕，後以自毀佛法被斥逐交州。釋慧皎《高僧傳》卷七《釋道淵傳》有附傳。

慧琳者，秦郡秦縣人，[1]姓劉氏。少出家，住冶城寺。[2]有才章，兼内外之學，[3]爲廬陵王義真所知。[4]嘗著《均善論》，[5]頗貶裁佛法，云：“有白學先生以爲中國聖人經綸百世，[6]其德弘矣，智周萬變，天人之理盡矣。道無隱旨，教罔遺筌，[7]聰叡迪哲，何負於殊論哉。有黑學道士陋之，[8]謂不照幽冥之塗，[9]弗及來生之化，[10]雖尚虚心，未能虚事，不逮西域之深也。”爲客主訓答，其歸以爲“六教與五教並行，[11]信順與慈悲齊立”。[12]論行於世。舊僧謂其敗黜釋氏，[13]欲加擯斥。文帝見論賞之，元嘉中，遂參權要，朝廷大事皆與議焉。賓客輻凑，門車常有數十兩。四方贈賂相係，勢傾一時。方筵七八，坐上恒滿。[14]琳著高屐，披貂裘，置通呈書佐，權侔宰輔。會稽孔顗嘗詣之，[15]遇賓客填咽，暄涼而已。顗慨然曰：“遂有黑衣宰相，可謂冠屨失所矣。”[16]注《孝經》及《莊子·逍遥篇》，[17]文論傳於世。[18]

[1]秦郡：郡名。東晋末改堂邑郡僑置。治尉氏縣，在今江蘇南京市六合區。　秦縣：縣名。東晋僑置。治所在今江蘇南京市六合區。

[2]冶城寺：佛寺名。在今江蘇南京市朝天宫一帶。

[3]内外之學：各種學説的總稱。按，佛教以佛學爲内學，謂佛學之外的其他學説爲外學。

[4]廬陵王義真：劉義真。宋武帝次子。本書卷一三、《宋書》卷六一有傳。

[5]《均善論》：篇名。即《白黑論》。亦名《均聖論》。其文具載《宋書》卷九七《夷蠻傳》。

[6]白學先生：指儒學之士。按，佛教稱世俗爲"白"，故因稱儒學爲"白學"。

[7]遺筌：語本《莊子·外物》："筌者所以在魚，得魚而忘筌。"後因以"遺筌"表示丢失根本。筌，捕魚器具。

[8]黑學道士：即僧侣。按，僧侣服緇，故習稱佛學爲"黑學"。

[9]幽冥：即地府，陰間。指人死之後。

[10]來生：來世，下輩子。

[11]六教：按，大德本、汲古閣本、殿本、百衲本、中華本皆作"六度"，底本誤，應據諸本改。六度，佛教用語。梵文意譯，亦譯作"六到彼岸"。指使人由生死之此岸渡到涅槃之彼岸的六種法門，即布施、持戒、忍辱、精進、静慮（禪定）、智慧（般若）。　五教：五常之教。指父義、母慈、兄友、弟恭、子孝五種倫理道德的教育。

[12]信順：語出《易·繫辭上》："天之所助者，順也；人之所助者，信也。"謂誠信不欺，順應物理。　慈悲：佛教用語。謂給

人快樂，將人從苦難中拔救出來。

[13]舊僧謂其敗黜釋氏：按，《宋書·夷蠻傳》“敗”作“貶”，疑“貶”字是。釋氏，佛姓釋迦氏的省稱，後亦指佛教。

[14]方筵七八，坐上恒滿：按，大德本、汲古閣本、殿本、百衲本、中華本“坐”作“座”。“方筵七八，坐上恒滿”以下至“可謂冠屨失所矣”，今本《宋書·夷蠻傳》並無此段記述，而《太平御覽》卷六五五引《宋書》則有“權侔宰相。會稽孔顗常詣之，慨然歎曰：遂有黑衣宰相，可謂冠履失所矣”諸語。

[15]孔顗：大德本、汲古閣本、殿本、百衲本同，中華本據《宋書》改作“孔覬”，應據改。孔覬，字思遠，會稽山陰（今浙江紹興市）人。本書卷二七有附傳，《宋書》卷八四有傳。

[16]冠屨：即帽鞋。因以喻上下、尊卑自有定分。

[17]注《孝經》：按，《隋書·經籍志一》著録“《孝經》一卷，釋慧琳注”。

[18]文論傳於世：《隋書·經籍志四》著録“宋沙門《釋惠琳集》五卷”。

又有慧嚴、慧議道人，[1]並住東安寺。[2]學行精整，爲道俗所推。時鬬場寺多禪僧，[3]都下爲之語曰：“鬬場禪師窟，[4]東安談義林。”[5]

[1]慧嚴：南朝宋僧侣。俗姓范，豫州（今河南汝南縣）人。一説陳留（今河南開封市）人。釋慧皎《高僧傳》卷七有傳。慧議：南朝宋僧侣。建康（今江蘇南京市）人。

[2]東安寺：佛寺名。在建康臺城東面北頭建陽門外，約今江蘇南京市玄武湖南九華山一帶。

[3]鬬場寺：佛寺名。當在今江蘇南京市秦淮河南。

[4]禪師：指專事修禪的出家人。

[5]談義：即談論佛法，闡明經疏之義理。

孝武大明四年，於中興寺設齋，有一異僧，衆莫之識，問名，答言名明慧，從天安寺來。忽然不見。天下無此寺名，乃改中興曰天安寺。大明中，外國沙門摩訶衍苦節有精理，於都下出新經《勝鬘經》，[1]尤見重内學。[2]

[1]《勝鬘經》：佛經名。全稱《勝鬘獅子吼一乘大方便方廣經》，又稱《獅子吼經》，爲大乘如來藏系經典代表作之一。有南朝宋時天竺僧求那跋陁羅譯本，一卷，十五章。按，勝鬘，傳爲舍衛國波斯匿王之女，阿逾闍國王妃。

[2]尤見重内學：《宋書》卷九七《夷蠻傳》同，大德本、汲古閣本、殿本、百衲本、中華本“内學”作“釋學”。

師子國，[1]天竺旁國也。其地和適，無冬夏之異。五穀隨人種，不須時節。其國舊無人，[2]正有鬼神及龍居之。[3]諸國商估來共市易，鬼神不見其形，但出珍寶，顯其所堪價。商人依價取之。諸國人聞其土樂，因此競至，或有住者，[4]遂成大國。

[1]師子國：古國名。亦名執師子國。音譯爲僧迦羅。即今斯里蘭卡。按，此傳節采自《梁書》卷五四《海南傳》。

[2]其國舊無人：按，《梁書·海南傳》“人”作“人民”，此避唐太宗李世民諱省。

[3]正有鬼神及龍居之：按，大德本、汲古閣本、殿本、百衲本、中華本及《梁書·海南傳》“正”作“止”。似當據諸本改。

［4］或有住者：按，《梁書·海南傳》“住”作“停住”。

晋義熙初，[1]始遣使獻玉像，經十載乃至。像高四尺二寸，玉色絜潤，形制殊特，殆非人工。此像歷晋、宋在瓦官寺。先有徵士戴安道手製佛像五軀，[2]及顧長康《維摩畫圖》，[3]世人號之三絶。至齊東昏，[4]遂毁玉像，前截臂，次取身，爲嬖妾潘貴妃作釵釧。[5]

［1］義熙：東晋安帝司馬德宗年號（405—418）。

［2］先有徵士戴安道手製佛像五軀：按，《梁書》卷五四《海南傳》“先”上有“寺”字，似不當删。徵士，指不接受朝廷徵聘的隱士。戴安道，戴逵。字安道，譙國（今安徽亳州市）人。《晋書》卷九四有傳。戴，汲古閣本、殿本、中華本及《梁書·海南傳》同，大德本、百衲本作“載”。

［3］顧長康：顧愷之。字長康，東晋晋陵無錫（今江蘇無錫市）人。《晋書》卷九二有傳。　維摩：即佛教菩薩維摩羅詰的省稱。《維摩詰經》中説他和釋迦牟尼同時，是毘耶離城中的一位大乘居士。

［4］齊東昏：南朝齊皇帝蕭寶卷。在位三年（499—501）。後蕭衍起兵圍建康，城破被殺，追封東昏侯。本書卷五、《南齊書》卷七有紀。

［5］潘貴妃：南朝齊東昏侯貴妃。本姓俞名尼子，改姓潘名玉兒。後蕭衍率兵入建康，縊殺之。

宋元嘉五年，[1]其王刹利摩訶遣使奉表貢獻。[2]十二年，又遣使奉獻。梁大通元年，後王迦葉伽羅訶黎邪使使奉表貢獻。[3]

[1]元嘉五年：按，《宋書》卷九七《夷蠻傳》同，《梁書》卷五四《海南傳》作“元嘉六年”。檢本書卷二《宋文帝紀》、《宋書》卷五《文帝紀》，元嘉七年（430）有師子國“遣使朝貢”或“獻方物”之記載，五年、六年則無。

[2]刹利摩訶：按，《梁書·海南傳》同，《宋書·夷蠻傳》作“刹利摩訶南”。　遣使奉表貢獻：按，表文詳見《宋書·夷蠻傳》。

[3]後王迦葉伽羅訶黎邪使使奉表貢獻：按，表文詳見《梁書·海南傳》。

南史　卷七九

列傳第六十九

夷貊下

東夷　西戎　蠻　西域諸國　蠕蠕[1]

[1]蠕蠕：大德本、汲古閣本、百衲本、中華本同，殿本作“北狄”。

東夷之國，[1]朝鮮爲大，[2]得箕子之化，[3]其器物猶有禮樂云。魏時，[4]朝鮮以東馬韓、辰韓之屬，[5]世通中國。自晋過江，泛海來使，[6]有高句麗、百濟，[7]而宋、齊間常通職貢，梁興又有加焉。扶桑國，[8]在昔未聞也。梁普通中，[9]有道人稱自彼而至，[10]其言元本尤悉，故并録焉。

[1]東夷之國：按，以下至“故并録焉”，此叙全采《梁書》卷五四《東夷傳》傳首之文。

［2］朝鮮：古國名。此指西漢武帝元封三年（前108）置樂浪、玄菟、真番、臨屯四郡前的箕子朝鮮和衛氏朝鮮，其地約當今朝鮮半島北部及遼寧東部、吉林東南部分地區。

［3］箕子：商紂之諸父，一説紂之庶兄。封子爵，國於箕。商亡，率其族人出走朝鮮，在今大同江流域建立方國，周武王遂封箕子於朝鮮。一説箕子率族人遷居朝鮮的時間是商末，而非武王滅商之後。事見《尚書大傳》、《史記》卷三八《宋微子世家》、《漢書·地理志》等。

［4］魏：朝代名。即三國魏。建都許昌，後遷洛陽，歷時四十六年（220—265）。

［5］馬韓、辰韓：並古國名。朝鮮"前三國時代"與弁韓合稱三韓。均在今朝鮮半島南部，馬韓在西，辰韓在東，弁韓在馬韓、辰韓之間。

［6］泛海來使：《梁書·東夷傳》"來使"作"東使"。

［7］高句麗、百濟：並古國名。朝鮮"三國時代"與新羅在朝鮮半島形成鼎立局面。高句麗在今中國遼河流域以東和朝鮮半島北部，百濟在今朝鮮半島西南部原馬韓地區，新羅在今朝鮮半島東南部原辰韓地區。按，高句麗，《梁書·東夷傳》及《宋書》卷九七《夷蠻傳》作"高句驪"。

［8］扶桑國：傳説中東方大海中的古國。正史始見《南齊書》卷五八《東南夷傳》："東夷海外，碣石、扶桑。"確址無考。舊時多用以借指日本。亦有在今中美洲的墨西哥、東北亞的薩哈林（庫葉島）等説法。

［9］普通：南朝梁武帝蕭衍年號（520—527）。

［10］道人：佛教徒，和尚。

高句麗國，[1]在遼東之東千里。[2]其先所出，事詳《北史》。[3]地方可二千里，中有遼山，[4]遼水所出。[5]

漢、魏世，南與朝鮮、獩貊，[6]東與沃沮、北與夫餘接。[7]其王都於九都山下。[8]地多大山深谷，無原澤，百姓依之以居，食澗水。雖土著，無良田，故其俗節食，好脩宫室。[9]於所居之左大立屋，[10]祭鬼神，又祠靈星、社稷。[11]人性凶急，喜寇鈔。其官有相加、對盧、沛者、古鄒加、主簿、優台、使者、帛衣先人，[12]尊卑各有等級。言語諸事，多與夫餘同，其性氣衣服有異。本有五族，有消奴部、絶奴部、慎奴部、灌奴部、桂婁部。[13]本消奴部爲王，微弱，桂婁部代之。其置官，有對盧則不置沛者，有沛者則不置對盧。俗喜歌儛，國中邑落，男女每夜群聚歌戲。[14]其人潔净自喜，[15]善藏釀，跪拜申一脚，[16]行皆走。[17]以十月祭天大會。[18]其公會衣服皆錦繡金銀以自飾，大加、主簿頭所著似幘而無後，其小加著折風，形如弁。其國無牢獄，有罪者則會諸加評議，重者便殺之，没入其妻子。其俗好淫，男女多相奔誘。已嫁娶便稍作送終之衣。其死，有椁無棺。[19]好葬，[20]金銀財幣盡於送死。積石爲封，列植松柏。兄死妻嫂。其馬皆小，便登山。國人尚氣力，便弓矢刀矛，有鎧甲，習戰鬭，沃沮、東獩皆屬焉。[21]

[1]高句麗：古族名和古國名。又作高句驪，或省稱高麗、句驪。中國東北古族夫餘的一支。一説源出獩貊。戰國時屬燕。漢武帝元封三年（前 108）置玄菟郡，以其地爲高句驪縣，屬玄菟郡。西漢末朱蒙始建政權，受漢册封爲高句麗王。後歷魏晋南北朝，至唐高宗時滅亡。　國：大德本、汲古閣本、殿本、百衲本、中華本皆無。又，本書高句麗國、百濟國二傳俱兼采《宋書》卷九七

《夷蠻傳》、《梁書》卷五四《東夷傳》。

[2]遼東：郡名。戰國燕置。治襄平縣，在今遼寧遼陽市。

[3]其先所出，事詳《北史》：按，事在《北史》卷九四《高麗傳》。

[4]遼山：山名。一名龍崗山。即今遼寧清原縣東北三通背嶺。

[5]遼水：水名。一名小遼水，即今遼寧境内渾河。

[6]獩貊：古族名和地名。也作穢貊。本指西周至戰國時自中國東北遷往朝鮮半島中東部的貉人或貊人。漢魏時亦泛指三韓（即朝鮮半島南部）地區。

[7]沃沮：古國名。一作夭租。兩漢魏晋時，以今長白山爲限，居於山南者稱東沃沮（亦名南沃沮），居於山北者稱北沃沮。東沃沮在今朝鮮咸鏡南、北道一帶；北沃沮在今吉林琿春市至俄羅斯符拉迪沃斯托克（海参崴）一帶。参《逸周書·王會解》孔晁注及朱右曾校釋。　夫餘：古國名。亦作扶餘，一作鳧叟。在今張廣才嶺以西及呼嫩平原南緣。約秦漢之際建國，至北魏孝文帝時，爲勿吉所逐，其王舉國降高句麗。

[8]九都山：汲古閣本、殿本、百衲本同，大德本作“丸都山”。中華本據《梁書·東夷傳》改作“丸都山”。按，“九”“丸”形近，傳寫致訛，當從改。丸都山，山名。在今吉林集安市西北山城子。

[9]好脩宫室：《梁書·東夷傳》“脩”作“治”，此避唐高宗李治諱改。

[10]大立屋：各本並同，中華本據《三國志》卷三〇《魏書·東夷傳》、《梁書·東夷傳》改作“立大屋”。

[11]靈星：大德本、汲古閣本、殿本、百衲本、中華本及《梁書·東夷傳》作“零星”。按，靈星，即零星，又稱天田星、龍星，古代謂其主農事，祀以取祈年報功之義。

[12]帛衣：高句麗官名。中華本據《三國志·魏書·東夷傳》《梁書·東夷傳》改作“皁衣”。

［13］慎奴部：各本及《梁書》舊本同，《三國志·魏書·東夷傳》、《後漢書》卷八五《東夷傳》作“順奴部”。按，“慎”本字“順”，此乃姚思廉爲避梁武帝父蕭順之諱而改，李延壽撰《南史》循之未改。參本書及《梁書》之中華本校勘記。　灌奴部：《三國志·魏書·東夷傳》《後漢書·東夷傳》同，《梁書·東夷傳》作“雚奴部”。

［14］歌戲：《三國志·魏書·東夷傳》《梁書·東夷傳》同，《後漢書·東夷傳》作“倡樂”。

［15］潔净：《後漢書·東夷傳》同，《三國志·魏書·東夷傳》《梁書·東夷傳》作“潔清”。

［16］申：《三國志·魏書·東夷傳》《梁書·東夷傳》同，《後漢書·東夷傳》作“曳”。

［17］行皆走：按，中華本據《三國志·魏書·東夷傳》《梁書·東夷傳》於“行”下補“步”字。《後漢書·東夷傳》亦有“步”字，似不必删。又，古字義“行”即行走；“走”指跑步、奔跑；“步”，行走時一舉足稱跬（半步），兩足各跨一次謂之步。

［18］以十月祭天大會：按，“會”下《後漢書·東夷傳》《三國志·魏書·東夷傳》《梁書·東夷傳》皆有“名曰東明”四字，似不當删。東明，一作朱蒙，傳説中高句驪族始祖。參見《三國史記·高句驪本紀》。

［19］其死，有椁無棺：大德本、汲古閣本、殿本、百衲本同，中華本據《梁書·東夷傳》於“死”下補“葬”字。

［20］好葬：按，大德本、汲古閣本、百衲本同，殿本、中華本及《梁書·東夷傳》作“好厚葬”。

［21］東獩：古國名。其地在今朝鮮咸興南道至韓國江原道一帶。按，《梁書·東夷傳》作“東穢”，《三國志·魏書·東夷傳》《後漢書·東夷傳》作“東濊”。

晋安帝義熙九年，[1]高麗王高璉遣長史高翼奉表，[2]獻赭白馬。晋以璉爲使持節、都督營州諸軍事、征東將軍、高麗王、樂浪公。[3]宋武帝踐祚，[4]加璉鎮東大將軍，[5]餘官並如故。三年，[6]加璉散騎常侍，增督平州諸軍事。[7]少帝景平二年，[8]璉遣長史馬婁等來獻方物，遣謁者朱邵伯、王邵子等慰勞之。

[1]晋安帝：司馬德宗。在位二十三年（396—418），謚號安皇帝。《晋書》卷一〇有紀。　義熙：東晋安帝司馬德宗年號（405—418）。

[2]高璉：東晋末，立爲高麗王，遣使奉表貢獻，接受晋之册封。始治漢之遼東郡（今遼寧遼陽市），後還治平壤城（今朝鮮平壤市）。歷宋、齊之世，每歲遣使通問獻方物。約齊武帝時卒，年百餘歲。

[3]營州：州名。古九州或十二州之一。相當今河北、遼寧及朝鮮等地。一説在今山東半島。參《尚書·堯典》孔傳、《爾雅·釋地》。　高麗王：《宋書》卷九七《夷蠻傳》作“高句驪王”。樂浪：郡名。西漢置，治朝鮮縣，在今朝鮮平壤市大同江南岸。西晋末地入高句麗。

[4]宋武帝：劉裕。南朝宋開國皇帝。在位三年（420—422），謚號武皇帝。本書卷一、《宋書》卷一至卷三有紀。

[5]鎮東大將軍：中華本據《宋書》改“鎮東”作“征東”，其校勘記以爲，“‘鎮東大將軍’時以之封百濟王，見《百濟傳》”，説是。據本書卷一《宋武帝紀》，永初元年（420）七月，“征東將軍高句麗王高璉進號征東大將軍”。《宋書》卷三《武帝紀下》與之同。故“鎮東”當改“征東”。

[6]三年：即宋武帝永初三年。

[7]平州：州名。三國魏分幽州東部置，治襄平縣，在今遼寧

遼陽市。西晉末移治昌黎縣，在今遼寧義縣。北魏改爲營州。

[8]少帝：南朝宋少帝劉義符。在位三年（422—424），廢爲營陽王，尋被殺。史稱宋少帝。本書卷一、《宋書》卷四有紀。景平：南朝宋少帝劉義符年號（423—424）。

元嘉十五年，[1]馮弘爲魏所攻，[2]敗奔高麗北豐城，[3]表求迎接。文帝遣使王白駒、趙次興迎之，[4]并令高麗資遣。璉不欲弘南，乃遣將孫漱、高仇等襲殺之。白駒等率所領七千餘人生禽漱，[5]殺仇等二人。璉以白駒等專殺，遣使執送之。上以遠國不欲違其意，白駒等下獄見原。璉每歲遣使。十六年，文帝欲侵魏，詔璉送馬，獻八百疋。

[1]元嘉：南朝宋文帝劉義隆年號（424—453）。

[2]馮弘：字文通，長樂信都（今河北衡水市冀州區）人。十六國時北燕國君，在位六年（431—436）。《北史》卷九三有附傳。魏：朝代名。即北魏。初都平城，後遷洛陽，歷時一百四十九年（386—534）。

[3]北豐城：城名。故遼東郡北豐縣治，在今遼寧瓦房店市。

[4]文帝：南朝宋文帝劉義隆。在位三十年（424—453），謚號文皇帝。本書卷二、《宋書》卷五有紀。

[5]禽：通“擒”。大德本、汲古閣本、百衲本、中華本同，殿本作“擒”。

孝武孝建二年，[1]璉遣長史董騰奉表，慰國哀再周，[2]并獻方物。大明二年，[3]又獻肅慎氏楛矢、石砮。[4]七年，詔進璉爲車騎大將軍、開府儀同三司，餘官並如故。明帝泰始、後廢帝元徽中，[5]貢獻不絕，歷齊並授爵位，百餘歲死。[6]子雲立，[7]齊隆昌中，[8]以爲使持節、散騎常侍、都督營平二州、征東大將軍、樂浪公。[9]

[1]孝武：南朝宋孝武帝劉駿。在位十二年（453—464），謚號孝武皇帝。本書卷二、《宋書》卷六有紀。　孝建：南朝宋孝武帝劉駿年號（454—456）。

[2]國哀：國喪。此處指宋文帝被太子劉劭所殺之事。

[3]大明：南朝宋孝武帝劉駿年號（457—464）。按，《宋書》卷九七《夷蠻傳》"大明二年"作"大明三年"。據《宋書》卷六《孝武帝紀》，大明三年十一月，"高麗國遣使獻方物，肅慎國重譯獻楛矢、石砮"，似當以"三年"爲是。

[4]肅慎：古族名。亦作息慎、稷慎。先秦至秦漢時期，其居地鄰近不咸山（今長白山），大體分布在今東至日本海，南達牡丹江上游，西近嫩江，北至黑龍江中下游流域的廣大地區。一般認爲，漢以後居於上述地區的挹婁、勿吉、靺鞨、女真等族皆與之有淵源關係。　楛（hù）矢、石砮：以楛木爲杆的箭和石製的箭頭。

[5]明帝：南朝宋明帝劉彧。在位八年（465—472），謚號明皇帝。本書卷三、《宋書》卷八有紀。　泰始：南朝宋明帝劉彧年號（465—471）。　後廢帝：南朝宋後廢帝劉昱。在位六年（472—477），爲蕭道成所謀殺，以太后令追貶蒼梧郡王，史稱宋後廢帝。本書卷三、《宋書》卷九有紀。　元徽：南朝宋後廢帝劉昱年號（473—477）。

[6]百餘歲死：按，據《魏書》卷一〇〇《高句麗傳》、《北史》卷九四《高麗傳》，高璉死於北魏孝文帝太和十五年，時值南朝齊武帝永明九年，即公元491年。

[7]子雲：《梁書》卷五四《東夷傳》亦作"子雲"，《魏書·

高句麗傳》《北史·高麗傳》皆云“孫雲”，未審孰是。

[8]隆昌：南朝齊鬱林王蕭昭業年號（494）。

[9]都督營平二州：《梁書·東夷傳》同，《南齊書·東南夷傳》“州”下有“諸軍事”三字。　征東大將軍、樂浪公：《梁書·東南夷傳》同，中華本據《南齊書·東南夷傳》於“軍”下補“高麗王”三字。詳見中華本校勘記。

梁武帝即位，[1]進雲車騎大將軍。天監七年，[2]詔爲撫東大將軍、開府儀同三司，持節、常侍、都督、王並如故。十一年、十五年，累遣使貢獻。十七年，雲死，子安立。普通元年，詔安纂襲封爵，持節、督營平二州諸軍事、寧東將軍。七年，安卒，子延立，遣使貢獻。詔以延襲爵。中大通四年、六年，[3]大同元年、七年，[4]累奉表獻方物。太清二年，[5]延卒，詔以其子成襲延爵位。[6]

[1]梁武帝：蕭衍。南朝梁開國皇帝。在位四十八年（502—549），謚號武皇帝。本書卷六、卷七，《梁書》卷一至卷三有紀。

[2]天監：南朝梁武帝蕭衍年號（502—519）。

[3]中大通：南朝梁武帝蕭衍年號（529—534）。

[4]大同：南朝梁武帝蕭衍年號（535—546）。

[5]太清：南朝梁武帝蕭衍年號（547—549）。

[6]詔以其子成襲延爵位：按，大德本、汲古閣本、殿本、百衲本、中華本無“以”字。　《梁書》卷五四《東夷傳》無“成”字。

百濟者，[1]其先東夷，有三韓國：一曰馬韓，二曰辰韓，三曰弁韓。[2]弁韓、辰韓各十二國，馬韓有五十四國。大國萬餘家，小國數千家，[3]總十餘萬户，百濟即其一也。後漸强大，兼諸小國。其國本與句麗俱在遼東之東千餘里，[4]晋世句麗既略有遼東，百濟亦據有遼西、晋平二郡地矣，[5]自置百濟郡。

[1]百濟：古族名和古國名。中國東北夫餘族的一支在朝鮮半島西南部建立的國家。傳爲西漢末由朱蒙子温祚所創。南北朝時與高麗、新羅鼎足争雄。至唐前期爲唐軍所滅，其地則併於新羅、靺鞨。

[2]弁韓：古國名。亦稱弁辰、卞韓。在今朝鮮半島南端，東北與辰韓、西北與馬韓相接。

[3]小國數千家：大德本、殿本、百衲本、中華本同，汲古閣本“千”訛“于”。

[4]千餘里：《宋書》卷九七《夷蠻傳》同，《梁書》卷五四《東夷傳》無此三字。

[5]遼西：郡名。治陽樂縣，在今河北盧龍縣東南。　晋平：郡名。治晋平縣，今地未詳。或謂在今遼寧朝陽市與河北盧龍縣間，或疑在今遼寧沿海。

晋義熙十二年，[1]以百濟王餘映爲使持節、都督百濟諸軍事、鎮東將軍、百濟王。[2]宋武帝踐祚，進號鎮東大將軍。少帝景平二年，映遣長史張威詣闕貢獻。元嘉二年，文帝詔兼謁者閭丘恩子、兼副謁者丁敬子等往宣旨慰勞。[3]其後每歲遣使奉表，獻方物。[4]七年，百濟王餘毗復脩貢職，以映爵號授之。二十七年，毗上書獻方物，私假臺使馮野夫西河太守，[5]表求《易林》、《式占》、腰弩，[6]文帝並與之。毗死，子慶代立。孝武大明元年，遣使求除授，詔許之。二年，慶遣上表，言行冠軍將軍、右賢王餘紀十一人忠勤，並求顯進。於是詔並加優進。明帝泰始七年，又遣使貢獻。慶死，立子牟都。都死，立子牟太。[7]齊永明中，[8]除大都督百濟諸軍事、鎮東大將軍、百濟王。[9]梁天監元年，進大號征東將軍。尋爲高句麗所破，衰弱累年，遷居南韓地。普通二年，王餘隆始復遣使奉表，稱"累破高麗，[10]今始與通好"。百濟更爲强國。其年，梁武帝詔隆爲使持節、都督百濟諸軍事、寧東大將軍、百濟王。五年，隆死，詔復以其子明爲持節、督百濟諸軍事、綏東將軍、百濟王。號所都城曰固麻，[11]謂邑曰檐魯，如中國之言郡縣也。

[1]十二年：大德本、汲古閣本、百衲本、中華本同，殿本作"十三年"。

[2]餘映：按，《宋書》卷九七《夷蠻傳》、《梁書》卷五四《東夷傳》同，本書卷一《宋武帝紀》、《宋書》卷三《武帝紀下》作"扶餘映"。《通典》卷一八五《邊防典一》作"夫餘腆"，《通志》卷一九四作"餘腆"。

[3]文帝詔兼謁者閭丘恩子、兼副謁者丁敬子等往宣旨慰勞：按，宋文帝詔文見《宋書·夷蠻傳》。

[4]其後每歲遣使奉表，獻方物：《宋書·夷蠻傳》同，大德本、汲古閣本、殿本、百衲本、中華本無"表"字。

[5]臺使：朝廷使臣。兩晋、南朝稱宫廷禁省爲"臺"，故名。

[6]《易林》：書名。舊題西漢焦延壽撰，實新莽時崔篆所作。全書十六卷，四千零九十六卦，各繫以繇詞，著吉凶占驗之事，似

後世神廟籤詩。《隋書·經籍志三》有著録。　《式占》：書名。作者、卷數和内容並無考。據《隋書·經籍志三》載“梁有《雜式占》五卷”推斷，此書當與《易林》同屬五行類著述。　腰弩：兵器名。又稱腰開弩、腰張弩。即以坐姿同時利用臂、足、腰等全身力量纔能拉動弓弦上機扣的弩。

[7]立子牟太：子，《梁書·東夷傳》、《通志》卷一九四同，《南齊書》卷五八《東南夷傳》、《册府元龜》卷九六三以牟太爲都孫。太，《梁書·東夷傳》、《通志》卷一九四同，大德本、汲古閣本、殿本、百衲本、中華本及《南齊書》作“大”。

[8]永明：南朝齊武帝蕭賾年號（483—493）。

[9]除大都督百濟諸軍事、鎮東大將軍、百濟王：按，據《册府元龜》卷九六三，齊武帝永明八年正月，牟太遣使上表，武帝遂遣謁者僕射孫副策命牟太襲爵爲王。

[10]高麗：按，《梁書·東夷傳》作“句驪”。

[11]號所都城曰固麻：《梁書·東夷傳》“都”作“治”，此避唐高宗李治諱改。

其國之有二十二檐魯，[1]皆以子弟宗族分據之。其人形長，衣服絜净。[2]其國近倭，[3]頗有文身者。言語服章略與高麗同，呼帽曰冠，襦曰複衫，袴曰褌。其言參諸夏，[4]亦秦韓之遺俗云。[5]

[1]其國之有二十二檐魯：大德本、殿本同，汲古閣本、百衲本、中華本“之”作“土”。按，《梁書》卷五四《東夷傳》“國”下無“之”或“土”字，《太平御覽》卷七八一引《南史》亦無此“之”或“土”字，故有學者疑“之”或“土”字皆誤衍。

[2]絜净：按，《梁書·東夷傳》作“净潔”。

[3]倭：古國名。兩漢及魏晋南北朝時對日本列島諸國的總稱。

《漢書・地理志下》:“樂浪海中有倭人，分爲百餘國。”顔師古注引《魏略》:“倭在帶方東南大海中，依山島爲國。”

［4］諸夏：本指周代分封的中原各諸侯國。亦泛指中原或華夏。

［5］秦韓：古族名。亦作辰韓。《梁書・東夷傳》:“辰韓亦曰秦韓，相去萬里。傳言秦世亡人避役來適馬韓，馬韓亦割其東界居之。以秦人，故名之曰秦韓。”

中太通六年、大同七年，[1]累遣使獻方物；并請《涅槃》等經義、《毛詩》博士并工匠、畫師等，並給之。[2]大清三年，[3]遣使貢獻。及至，見城闕荒毀，並號慟涕泣。侯景怒，[4]囚執之，[5]景平乃得還國。

［1］中太通：大德本、汲古閣本同，殿本、百衲本、中華本作“中大通”。按，梁武帝年號有“中大通”無“中太通”，“太”當改作“大”。

［2］并請《涅槃》等經義、《毛詩》博士并工匠、畫師等，並給之：請，殿本、中華本及《梁書》卷五四《東夷傳》同，大德本、汲古閣本、百衲本作“取”。並給之，各本同，《梁書・東夷傳》作“敕並給之”。《涅槃》，佛經名。即《涅槃經》。涅槃爲梵文音譯，亦作泥洹，意譯爲滅、滅度、寂滅，是佛教修行者的終極理想。《涅槃經》有大乘、小乘之分。大乘以闡明教義爲主，《大藏經》中收録有十六種，著名的有十六國北凉曇無讖譯北本四十卷、南朝宋慧觀等據舊譯本改編南本三十六卷。小乘記載佛入滅的歷史，現存有三種，即西晋白法祖譯本二卷、東晋法顯譯本三卷、闕名譯本三卷。《毛詩》，即今本《詩經》，爲西漢毛亨所傳。

［3］大清三年：大德本、汲古閣本、殿本、百衲本、中華本作“太”。按，梁武帝年號有“太清”無“大清”，“大”當改作“太”。

[4]侯景：字萬景。初爲東魏將。後降梁，尋發動叛亂。本書卷八〇、《梁書》卷五六有傳。

[5]囚執之：大德本、殿本、百衲本、中華本同，汲古閣本"囚"作"田"。

新羅，[1]其先事詳《北史》，[2]在百濟東南五十餘里。[3]其地東濱大海，南北與句麗、百濟接。魏時曰新盧；宋時曰新羅，或曰斯羅。其國小，不能自通使聘。梁普通二年，王姓募名泰，始使使隨百濟奉獻方物。[4]

[1]新羅：古國名。本辰韓十二國中之斯盧國，其地在今朝鮮半島東南部。公元4世紀中葉，國勢漸强，與高句麗、百濟鼎足而立。503年正式定國號爲"新羅"。

[2]其先事詳《北史》：按，事在《北史》卷九四《新羅傳》。

[3]五十：大德本、汲古閣本、北監本、殿本同，百衲本、中華本及《梁書》卷五四《東夷傳》作"五千"。

[4]泰：大德本、殿本、百衲本、中華本同，汲古閣本、金陵書局本及《梁書·東夷傳》作"秦"。　使使：按，《梁書·東夷傳》同，大德本、汲古閣本、殿本、百衲本作"使"。《太平御覽》卷七八一引《南史》或作"使"（文淵閣四庫全書本），或作"使使"（四部叢刊本）。

其俗呼城曰健牟羅，其邑在内曰啄評，在外曰邑勒，亦中國之言郡縣也。國有六啄評、五十二邑勒。土地肥美，宜植五穀，多桑麻，作縑布，服牛乘馬，男女有别。其官名有子賁旱支、壹旱支、齊旱支、謁旱支、壹吉支、奇貝旱支。[1]其冠曰遺子禮，襦曰尉解，袴曰柯半，靴曰洗。其拜及行與高麗相類。無文字，刻木爲信。語言待百濟而後通焉。

[1]壹旱支：《梁書·東夷傳》無此官名。　壹吉支：《梁書·東夷傳》作“壹告支”。

倭國，[1]其先所出及所在，事詳《北史》。[2]其官有伊支馬，次曰彌馬獲支，次曰奴往鞮。[3]人種禾、稻、紵、麻，[4]蠶桑、織績，[5]有薑、桂、橘、椒、蘇。出黑雉、真珠、青玉。有獸如牛，名山鼠。又有大蛇吞此獸。蛇皮堅不可斫，其上有孔，乍開乍閉，時或有光，射中之蛇則死矣。[6]物産略與儋耳、朱崖同。[7]地氣温暖，風俗不淫。男女皆露髩。[8]富貴者以錦綉雜采爲帽，似中國胡公頭。[9]食飲用籩豆。[10]其死，有棺無槨，封土作冢。人性皆嗜酒。俗不知正歲，[11]多壽考，[12]或至八九十，[13]或至百歲。其俗女多男少，貴者至四五妻，賤者猶至兩三妻。婦人不婬妬，無盗竊，少諍訟。若犯法，輕者没其妻子，重則滅其宗族。

[1]倭國：按，此傳兼采《宋書》卷九七《夷蠻傳》、《梁書》卷五四《東夷傳》。

[2]其先所出及所在，事詳《北史》：按，事在《北史》卷九四《倭國傳》。

[3]其官有伊支馬，次曰彌馬獲支，次曰奴往鞮：按，《梁書》“其”上有“至邪馬臺國，即倭王所居”十字，似不當盡删。據《三國志》卷三〇《魏書·東夷傳》叙邪馬壹國官制，在“伊支

馬”之下、“彌馬獲支”之上還有“彌馬升”，“奴往鞮”作“奴佳鞮”。

[4]人種禾、稻、紵、麻：《梁書·東夷傳》“人”作“民”，此避唐太宗李世民諱改。

[5]織績：《梁書·東夷傳》同；《三國志·魏書·東夷傳》作“緝績”，其下還有“出細紵、縑緜”五字。

[6]射中之蛇則死矣：按，大德本、汲古閣本、殿本、百衲本、中華本“之”作“而”。射中之，《梁書·東夷傳》作“射之中”。

[7]儋耳：郡名。西漢武帝元封元年（前110）置，治儋耳縣，在今海南儋州市西北。昭帝始元五年（前82）廢入朱崖郡。　朱崖：郡名。即珠崖郡。亦作朱厓、珠厓。西漢武帝元鼎六年（前111）置，治瞫都縣，在今海南海口市瓊山區東南。元帝初元三年（前46）廢。《漢書》卷六《武帝紀》顏師古注引應劭曰：“二郡（即珠厓、儋耳）在大海中崖岸之邊，出真珠，故曰珠厓。”

[8]男女皆露髻（jiè）：《梁書·東夷傳》作“男女皆露紒”，《三國志·魏書·東夷傳》作“男子皆露紒”。按，髻，與“紒”（jì）通。束髮爲髻。

[9]胡公頭：省稱胡頭。一種帽子。一說即魌頭，爲打鬼驅疫時扮神者所戴的面具。參梁宗懔《荆楚歲時記》、《周禮·夏官·方相氏》“掌蒙熊皮”鄭玄注。

[10]籩豆：食器與禮器名。竹製的爲籩，盛放果品；木製的爲豆，盛放肉脯。

[11]正歲：指夏曆或農曆正月。

[12]壽考：長壽，年長。按，考，大德本、殿本、百衲本、中華本同，汲古閣本作“者”。

[13]或至八九十：《梁書·東夷傳》“或”作“多”。

晉安帝時，有倭王讚，[1]遣使朝貢。及宋武帝永初二年，[2]詔曰："倭讚遠誠宜甄，可賜除授。"文帝元嘉二年，讚又遣司馬曹達奉表獻方物。讚死，弟珍立，[3]遣使貢獻，自稱使持節、都督倭百濟新羅任那秦韓慕韓六國諸軍事、安東大將軍、倭國王，[4]表求除正。詔除安東將軍、倭國王。珍又求除正倭洧等十三人平西、征虜、冠軍、輔國將軍等號，[5]詔並聽之。二十年，倭國王濟遣使奉獻，[6]復以爲安東將軍、倭國王。二十八年，加使持節、都督倭新羅任那加羅秦韓慕韓六國諸軍事，[7]安東將軍如故；并除所上二十三人職。[8]濟死，世子興遣使貢獻。孝武大明六年，詔授興安東將軍、倭國王。興死，弟武立，自稱使持節、都督倭百濟新羅任那加羅秦韓慕韓七國諸軍事、安東大將軍、倭國王。順帝昇明二年，[9]遣使上表，[10]言："自昔祖禰，[11]躬擐甲胄，跋涉山川，不遑寧處。東征毛人五十五國，[12]西服衆夷六十六國，陵平海北九十五國。[13]王道融泰，廓土遐畿，累葉朝宗，不愆于歲。道經百濟，[14]裝飾船舫，[15]而句麗無道，圖欲見吞。臣亡考濟方欲大舉，奄喪父兄，使垂成之功，不獲一簣。今欲練兵申父兄之志，[16]竊自假開府儀同三司，其餘咸各假授，以勸忠節。"詔除武使持節、都督倭新羅任那加羅秦韓慕韓六國諸軍事、安東大將軍、倭王。[17]齊建元中，[18]除武持節、都督倭新羅任那加羅秦韓慕韓六國諸軍事、鎮東大將軍。梁武帝即位，進武號征東大將軍。

[1]讚：《宋書》卷九七《夷蠻傳》同，《梁書》卷五四《東夷傳》作"贊"。

［2］永初：南朝宋武帝劉裕年號（420—422）。

［3］珍：《宋書·夷蠻傳》同，《梁書·東夷傳》作"彌"。

［4］任那：古國名。朝鮮半島南部城邦聯盟總稱。在今韓國全羅南道至慶尚南道一帶，介於百濟、新羅之間，後爲新羅所滅。慕韓：古國名。即馬韓。

［5］倭洧：《宋書·夷蠻傳》作"倭隋"。

［6］倭國王濟：倭王珍子。珍死，繼立爲王。見《梁書·東夷傳》。

［7］加羅：古國名。亦作伽羅。任那城邦諸國之一，在今韓國慶尚南道南部，後爲新羅所滅。唐張楚金《翰苑·蕃夷部·新羅》："地總任那。"雍公叡注："今訊，新羅耆老云：'加羅、任那昔爲新羅所滅，其故今並在國南七八百里。'此新羅有辰韓、弁辰二十四國及任那、加羅、慕韓之地也。"

［8］并除所上二十三人職：《宋書·夷蠻傳》"職"作"軍郡"。

［9］順帝：南朝宋順帝劉準。在位三年（477—479），禪位於齊，降爲汝陰王，宋亡。旋被殺。謚號順帝。本書卷三、《宋書》卷一〇有紀。　昇明：南朝宋順帝劉準年號（477—479）。

［10］遣使上表：按，《宋書·夷蠻傳》所載表文較本書爲詳。

［11］祖禰：先祖和先父。亦泛指祖先。

［12］毛人：古國名。在今俄羅斯薩哈林島（即庫葉島）。參清曹廷杰《東北邊防輯要》卷上《庫葉島沿革形勝考》。

［13］陵平海北九十五國：《宋書·夷蠻傳》"陵"作"渡"。

［14］道經百濟：按，大德本、汲古閣本、殿本、百衲本、中華本"經"作"逕"。《宋書·夷蠻傳》舊本作"遥"，中華本據《南史》《通典》改作"逕"。

［15］裝飾船舫：《宋書·夷蠻傳》"飾"作"治"，此避唐高宗李治諱改。

［16］今欲練兵：《宋書·夷蠻傳》作"至今欲練甲治兵"，此避唐高宗李治諱删省。

[17]任那加羅秦韓：大德本、汲古閣本、殿本、百衲本作“任那秦韓”，中華本據《南齊書》卷五八《東南夷傳》補“加羅”作“任那加羅秦韓”。　安東大將軍、倭王：按，“安東大將軍、倭王”及以下“齊建元中，除武持節、都督倭新羅任那加羅秦韓慕韓六國諸軍事”，計三十三字，大德本、殿本、百衲本、中華本皆有，汲古閣本無。

[18]齊建元中：《梁書·東夷傳》同，《南齊書·東南夷傳》作“建元元年”。建元，南朝齊高帝蕭道成年號（479—482）。

其南有侏儒國，[1]人長四尺。[2]又南有黑齒國、裸國，[3]去倭四千餘里，船行可一年至。[4]又西南萬里有海人，身黑眼白，裸而醜，其肉美，行者或射而食之。

[1]侏儒國：古國名。亦作朱儒國。據《後漢書》卷八五《東夷傳》云“自女王國南四千餘里至朱儒國”推斷，其地當在今琉球群島或今菲律賓一帶。

[2]四尺：《梁書》卷五四《東夷傳》、《後漢書·東夷傳》、《三國志》卷三〇《魏書·東夷傳》並作“三四尺”。

[3]黑齒國、裸國：並古國名。確址未詳。《後漢書·東夷傳》云：“自朱儒東南行船一年，至裸國、黑齒國，使驛所傳，極於此矣。”或以爲此二國當在太平洋中部的密克羅尼西亞群島及波利尼西亞群島一帶。

[4]去倭四千餘里，船行可一年至：按，據《後漢書·東夷傳》《三國志·魏書·東夷傳》，所謂“去倭四千餘里”是倭之女王國與侏儒國間的距離，而“船行可一年至”是海船從侏儒國出發至黑齒國、裸國的航行所需時間，二者各有所指。本書、《梁書》將此混爲一談，誤之甚矣。又，行可，大德本、殿本、百衲本、中華本及《梁書·東夷傳》同，汲古閣本作“可行”。

文身國在倭東北七千餘里,[1]人體有文如獸，其額上有三文，文直者貴，文小者賤。[2]土俗歡樂，物豐而賤，行客不齎糧。有屋宇，無城郭。國王所居，飾以金銀珍麗，繞屋爲壍，廣一丈，實以水銀，雨則流于水銀之上。市用珍寶。犯輕罪者則鞭杖，犯死罪則置猛獸食之，有枉則獸避而不食，經宿則赦之。

[1]文身國：古國名。其地在今日本九州群島東北。俗皆文身，故名。按，此傳及其下《大漢國傳》《扶桑國傳》全采《梁書》卷五四《東夷傳》。

[2]文直者貴，文小者賤：按，《太平御覽》卷七八四引《南史》作“文直者貴，文小曲者賤”（文淵閣四庫全書本）或“大直貴，文小曲者賤”（四部叢刊本)，《通典》卷一八六《邊防典二》、《册府元龜》卷九五九、《通志》卷一九四並作“文大直者貴，文小曲者賤”。又，文小，大德本、殿本、百衲本、中華本及《梁書·東夷傳》同，汲古閣本作“小文”。

大漢國在文身國東五千餘里，無兵士,[1]不攻戰，風俗並與文身國同而言語異。

[1]無兵士：大德本、汲古閣本、百衲本同，殿本、中華本及《梁書》卷五四《東夷傳》“士”作“戈”。

扶桑國者,[1]齊永元元年,[2]其國有沙門慧深來至荆州,[3]説云:“扶桑在大漢國東二萬餘里，地在中國之東。其土多扶桑木,[4]故以爲名。扶桑葉似桐，初生如笋，國人食之。實如梨而赤，績其皮爲布，以爲衣，亦以爲錦。[5]作板屋，無城郭。有文字，以扶桑皮爲紙。無兵甲，不攻戰。其國法有南北獄，若有犯，輕罪者入南獄，重罪者入北獄。有赦則放南獄，[6]不赦北獄。在北獄者男女相配，生男八歲爲奴，生女九歲爲婢。犯罪之身，至死不出。貴人有罪，國人大會，[7]坐罪人於坑，對之宴飲，分訣若死别焉。以灰繞之，其一重則一身屏退，二重則及子孫，三重者則及七世。名國王爲乙祁；貴人第一者爲對盧，[8]第二者爲小對盧，第三者爲納咄沙。國王行有鼓角導從。其衣色隨年改易，甲乙年青，景丁年赤，[9]戊己年黄，庚辛年白，壬癸年黑。有牛角甚長，以角載物，至勝二十斛。有馬車、牛車、鹿車。國人養鹿如中國畜牛，以乳爲酪。有赤梨，[10]經年不壞。多蒲桃。其地無鐵有銅，不貴金銀。市無租估。[11]其昏娶法，[12]則壻往女家門外作屋，晨夕灑掃，經年而女不悦即驅之，相悦乃成昏。昏禮大抵與中國同。親喪，七日不食；祖父母喪，五日不食；兄弟、伯叔、姑姊妹，三日不食。設坐爲神像，[13]朝夕拜奠，不制衰絰。[14]嗣王立，三年不親國事。[15]其俗舊無佛法。宋大明二年，罽賓國嘗有比丘五人游行其國，[16]流通佛法、經像，教令出家，風俗遂改。”

[1]扶桑國：傳説中的海外古國名。舊時多以指代日本。近代學者以爲即今北美洲的墨西哥。參朱謙之《扶桑國考證》（山西人民出版社 2014 年版）。

[2]永元：南朝齊東昏侯蕭寶卷年號（499—501）。

[3]荆州：州名。治江陵縣，在今湖北荆州市荆州區。

[4]其土多扶桑木：大德本、汲古閣本、百衲本、中華本及《梁書》卷四五《東夷傳》同，殿本“土”作“上”。扶桑木，古代神話中的東海外神樹，傳説日出於其下，拂其樹梢而升。或以爲即原産於中美洲及墨西哥等地的龍舌蘭。

[5]亦以爲錦：《梁書·東夷傳》“錦”作“綿”。

[6]有赦則放南獄：《梁書·東夷傳》“放”亦作“赦”。

[7]國人大會：《梁書·東夷傳》“人”作“乃”。

[8]對盧：《梁書·東夷傳》作“大對盧”。

[9]景丁：大德本、百衲本同，汲古閣本、殿本、中華本及《梁書·東夷傳》作“丙丁”。此避唐高祖李淵父李昞諱改。

[10]赤梨：《梁書·東夷傳》作“桑梨”。

[11]租估：租謂租賃、賃借；估同賈，特指設店鋪售貨的坐商。

[12]其昏娶法：汲古閣本、殿本、百衲本、中華本及《梁書·東夷傳》“娶”作“姻”，大德本作“如”。按，《梁書·東夷傳》“姻”下無“法”字。

[13]設坐爲神像：《梁書·東夷傳》“坐”作“靈”。

[14]衰絰：喪服。用長六寸、廣四寸的麻布披在胸前稱“衰”，圍在頭上和纏在腰間的散麻繩稱“絰”。

[15]三年不親國事：《梁書·東夷傳》“親”作“視”。

[16]罽賓國：古國名。在今克什米爾及喀布爾河下游一帶。比丘：梵文音譯。亦作比邱。爲佛教出家“五衆”之一，俗稱和尚。

慧深又云：“扶桑東千餘里有女國，[1]容貌端正，色甚絜白，身體有毛，髮長委地。王二三月競入水則任娠，[2]六七月産子。女人胷前無乳，項後生毛，[3]根白，毛中有汁以乳子。百日能行，三四年則成人矣。見人驚避，偏畏丈夫。食鹹草如禽獸。[4]鹹草葉似邪蒿，[5]而氣香味鹹。梁天監六年，有晋安人度海，[6]爲風所飄至一島，登岸。有人居止，則如中國，[7]而言語不可曉。男則人身狗頭，[8]其聲如吠。其食有小豆，其衣如布。築土爲牆，其形圓，其户如竇云。"[9]

[1]女國：傳説東方大海中的古國名。未詳所在。按，《後漢書》卷八五《東夷傳》、《三國志》卷三〇《魏書·東夷傳》皆言女國"在沃沮東大海中"，近人或以爲其地當在今俄羅斯薩哈林島（即庫葉島）。參清曹廷杰《東北邊防輯要》卷上《庫葉島沿革形勝考》。

[2]王二三月競入水則任娠：大德本、汲古閣本、殿本、百衲本"王"作"至"。按，《後漢書·東夷傳》云："人或傳其國有神井，闚之輒生子云。"

[3]頂後生毛：按，大德本、汲古閣本、殿本、百衲本同，中華本據《梁書》卷五四《東夷傳》改"頂"作"項"。《通志》卷一九四作"頂"，《通典》卷一八六《邊防典二》作"項"，《太平御覽》卷七八四引《南史》亦作"項"。或疑"項"字是。

[4]鹹草：多年生草本植物名。喜海濱濕地環境，莖高四五尺，夏秋開小白花，嫩莖葉可供食用。

[5]邪蒿：多年生草本植物名。莖高二三尺，夏開小白花，根葉可食。

[6]晋安：郡名。治候官縣，在今福建福州市。

[7]則如中國：大德本、汲古閣本、百衲本同，殿本、中華本及《梁書·東夷傳》"則"前有"女"字。按，若依下文"男則"云云，此處似當有"女"字。

[8]人身狗頭：大德本、汲古閣本、百衲本作"人身有狗頭"，殿本、中華本及《梁書·東夷傳》作"人身而狗頭"。

[9]竇：橢圓形地窖。《禮記·月令》："穿竇窖，脩囷倉。"鄭玄注："入地，隋曰竇，方曰窖。"

河南、宕昌、鄧至、武興，[1]其本並爲氐、羌之地。[2]自晋南遷，九州分裂，此等諸國，地分西垂，提挈于魏，[3]時通江左。[4]今採其舊土，編于《西戎》云。

[1]河南：古國名。即吐谷渾。南朝因其地在今青海黄河以南一帶，故以爲號。　宕昌：古國名。在今甘肅宕昌縣及白龍江中上游地區。　鄧至：古國名。在今甘肅文縣至四川九寨溝縣一帶。　武興：古國名。在今陝西略陽縣一帶。

[2]其本並爲氐、羌之地：大德本、殿本、百衲本、中華本同，汲古閣本"氐"作"氏"。氐、羌，古族名。氐族和羌族的並稱，自古分布於今西北各省區。虞夏時即與中原有往來，商周名見史册。及至隋唐，兩族多漸融入漢族。

[3]魏：朝代名。包括北魏（386—534）、東魏（534—550）和西魏（535—556）。

[4]江左：一名江東。本指長江下游南岸今安徽蕪湖市、江蘇南京市以東地區。此處代指東晋、南朝。

河南王者，[1]其先出自鮮卑慕容氏。[2]初，慕容弈洛干有二子，[3]庶長曰吐谷渾，[4]嫡曰廆洛干。[5]平，廆嗣位，[6]吐谷渾避之，西徙上隴，[7]度枹罕，[8]出凉州西南，[9]至赤水而居之。[10]地在河南，[11]故以爲號。事詳《北史》。[12]其界東至疊川，[13]西鄰于闐，[14]北接高昌，[15]東北通秦嶺，[16]方千餘里，蓋古之流沙地焉。[17]乏草木，少水潦，四時恒有冰雪，唯六七月雨雹甚盛。

若晴則風飄沙礫，常蔽光景。其地有麥無穀。有青海方數百里，[18]放牝馬其側，輒生駒，土人謂之龍種，[19]故其國多善馬。有屋宇，雜以百子帳，[20]即穹廬也。著小袖袍，小口袴，大頭長裙帽。[21]女子被髮爲辮。

[1]河南王：南朝宋、齊、梁授予吐谷渾國王的封號。

[2]鮮卑慕容氏：鮮卑族一支。本部落名。東漢桓帝時，屬檀石鮮卑聯盟中部，散布於右北平（今河北唐山市豐潤區）至上谷（今河北懷來縣）間。鮮卑聯盟瓦解後，自成一部。三國魏初，其首領莫護跋率部遷居遼西，從伐公孫氏有功，拜率義王，於昌黎棘城（今遼寧義縣西北）北始建政權，遂以慕容爲姓氏。事見《三國志》卷三〇《魏書·鮮卑傳》注引《魏書》、《晋書》卷一〇八《慕容廆載記》。

[3]慕容弈洛干：即慕容涉歸。又作弈洛韓。西晋時遼東鮮卑慕容部首領，莫護跋孫。附晋，以數從征討功，拜鮮卑單于，自棘城遷邑於遼東（今遼寧遼陽市）之北，其勢漸盛。按，弈洛干，大德本、百衲本、中華本同，汲古閣本作“奕落千”，殿本作“奕洛干”。本卷下同，不再出注。

[4]吐谷渾：西晋末至東晋時鮮卑慕容氏部落首領。年七十二卒。及吐谷渾國建立，被奉爲始祖。

[5]廆洛干：即慕容廆。字弈洛瓌。十六國時期遼東地方政權首領。西晋末，自稱鮮卑大單于。東晋初，奉晋名號，受封車騎將軍、平州牧、遼東郡公。前燕建立後，追謚武宣皇帝。《晋書》卷一〇八有載記。按，《宋書》卷九六《鮮卑吐谷渾傳》、《北史》卷九六《吐谷渾傳》、《通典》卷一九〇《邊防典六》“嫡曰廆洛干”作“少曰若洛廆”。又，干，大德本、殿本、百衲本、中華本同，汲古閣本作“千”。

[6]平：大德本、汲古閣本、殿本、百衲本、中華本作“卒”。

按，“平”“卒”形近，容易致訛。又，“平，廆嗣位”，《梁書》卷五四《西北諸戎傳》作“洛干卒，廆嗣位”。故此“平”字顯然訛誤，當從諸本及《梁書》改爲“卒”字。

［7］隴：山名。即隴山，又稱隴坻、隴首、隴阪。在今陝西寶雞市與甘肅天水市之間，爲六盤山脉的南延部分。

［8］枹（fú）罕：縣名。治所在今甘肅臨夏市西南。按，大德本、殿本、百衲本、中華本同，汲古閣本“枹”作“抱”。

［9］凉州：州名。治姑臧縣，在今甘肅武威市。

［10］赤水：水名。即今青海共和縣境内黄河支流恰卜恰河。

［11］河：水名。特指黄河。

［12］事詳《北史》：按，事在《北史·吐谷渾傳》。

［13］疊川：地名。在今甘肅迭部縣東南白龍江北岸。

［14］于闐：古國名。其地在今新疆和田市一帶。

［15］高昌：古國名。其地在今新疆吐魯番市一帶。

［16］秦嶺：山名。即秦嶺山脉。狹義僅指在今陝西中部的主體部分。廣義則指西起今甘肅、青海邊界，經陝西中部，東到河南中部的東西向山脉。

［17］流沙：地名。指今新疆羅布泊以東至甘肅敦煌之間的庫姆塔格沙漠，古稱白龍堆。《新唐書》卷二二一《西域傳上》謂吐谷渾“西北有流沙數百里”，即此。

［18］青海：湖泊名。即今青海東北部的青海湖。古稱西海、仙海，又名卑禾羌海、屈海。東晋、南北朝時始稱青海。

［19］龍種：謂駿馬、良馬。

［20］百子帳：北方及西北少數民族居住的一種大型篷帳。《南齊書》卷五七《魏虜傳》：“以繩相交絡，紐木枝棖，覆以青繒，形制平圓，下容百人坐，謂之爲‘繖’，一云‘百子帳’也。”

［21］大頭長裙帽：服飾名。帽身方中帶圓，兩側及後背都有垂裙至肩以遮蔽風沙。

其後吐谷渾孫葉延，[1]頗識書記，自謂曾祖奕洛干始封昌黎公，吾蓋公孫之子也，[2]禮以王父字爲氏，[3]因姓吐谷渾，亦爲國號。至其末孫阿豺，[4]始通江左，受官爵。[5]弟子慕延，[6]宋元嘉末，又自號河南王。[7]慕延死，從弟拾寅立，[8]乃用書契，起城池，築宮殿。[9]其小王並立宅國中。有佛法。拾寅死，子度易侯立。[10]易侯死，子休留代立。[11]齊永明中，以代爲使持節、都督西秦河沙三州、鎮西將軍、護羌校尉、西秦河二州刺史。

[1]葉延：十六國東晋時鮮卑吐谷渾族首領。年十歲，其父吐延爲羌酋所殺，遂繼嗣。在位二十三年卒，年三十二。按，中華本及《宋書》卷九六《鮮卑吐谷渾傳》、《梁書》卷九七《西戎傳》、《晋書》卷五四《西北諸戎傳》、《北史》卷九六《吐谷渾傳》同，大德本、汲古閣本、殿本、百衲本作“葉廷”。

[2]公孫：諸侯之孫。《儀禮・喪服》：“諸侯之子稱公子，公子之子稱公孫。”

[3]王父：祖父。《尚書・牧誓》：“昏棄厥遺王父母弟不迪。”孔穎達疏：“《釋親》云‘父之考爲王父’，則王父是祖也。”

[4]阿豺：一作阿柴。南北朝時吐谷渾國主。宋文帝元嘉三年（426）卒。臨終，以折箭爲例，遺教諸子勠力保固社稷。

[5]始通江左，受官爵：按，《梁書・西北諸戎傳》作“始受中國官爵”。

[6]慕延：又作慕利延、没利延。南北朝時吐谷渾國主。宋文帝元嘉中，遣使稱藩，受封隴西王、河南王。後爲北魏太武帝拓跋燾所敗，率部落西奔白蘭，至于闐國。

[7]宋元嘉末，又自號河南王：按，此乃本書因襲《梁書》誤説。據本書卷二《宋文帝紀》及《宋書》相關紀、傳，慕延於宋

文帝元嘉十五年封爲隴西王，次年改封河南王。是知慕延的河南王並非“自號”，時間也不在“元嘉末”。另據《北史·吐谷渾傳》，北魏太武帝太延二年（436），封慕利延爲西平王，“時慕利延又通宋，宋封爲河南王”。《魏書》卷一〇一《吐谷渾傳》與之略同。

[8]拾寅：南北朝時吐谷渾國主。一作拾夤。慕延卒後，繼立爲王。由宋及齊，通使往來，受封爵官號。齊高帝建元三年（481）卒。居伏羅川，始有城池及宫殿、宅邸。

[9]起城池，築宫殿：按，《北史·吐谷渾傳》及《魏書·吐谷渾傳》並言，拾寅繼立後，“始邑於伏羅川（在今青海貴德縣），其居止出入，竊擬王者”。

[10]度易侯：南北朝時吐谷渾國主。一作易度侯。南朝齊高帝建元三年，父卒，嗣立。與南齊、北魏皆通好。卒於齊武帝永明八年（490）。

[11]休留代：南北朝時吐谷渾國主。齊武帝永明八年，父度易侯卒，繼立爲王。先後接受齊、梁所授官號。曾逼齊使先拜己，被拒，遂殺齊使。按，《梁書·西北諸戎傳》同，《南齊書》卷五九《河南傳》作“休留茂”、卷三《武帝紀》作“休留成”，《北史·吐谷渾傳》《魏書·吐谷渾傳》作“伏連籌”。又，通檢《北史》《魏書》，二書皆稱伏連籌爲度易侯子，故而所叙並無休留代其人其事。

梁興，進代爲征西將軍。代死，子休運籌襲爵位。[1]天監十三年，遣使獻金裝馬腦鍾二口，又表於益州立九層佛寺，[2]詔許焉。十五年，又遣使獻赤舞龍駒及方物。其使或歲再三至，或再歲一至。其地與益州鄰，常通商賈。普通元年，又奏表獻方物。籌死，子呵羅真立。[3]大通三年，[4]詔以爲寧西將軍、護羌校尉、西秦河二州刺史。[5]真死，子佛輔襲爵位，[6]其世子又遣使獻白龍駒於皇太子。

[1]休運籌：南北朝時吐谷渾國主。梁武帝天監三年（504），以河南王世子襲封河南王爵。按，休運，舊本《梁書》卷五四《西北諸戎傳》同，中華本據《册府元龜》卷九六七改作“伏連”。《梁書》中華本據《魏書》卷一〇一《吐谷渾傳》、《北史》卷九六《吐谷渾傳》改“伏連”。詳見二書中華本校勘記。

[2]益州：州名。治成都縣，在今四川成都市。

[3]籌死，子呵羅真立：《梁書·西北諸戎傳》同，《北史·吐谷渾傳》《魏書·吐谷渾傳》及《周書·吐谷渾傳》皆作“伏連籌死，子夸吕立”。或以爲“夸吕當是稱號，其名是呵羅真”。詳見《周書》中華本校勘記。呵羅真，南北朝時吐谷渾國主。又作阿羅真、可沓振。休運籌子，父卒嗣立，襲爵河南王。

[4]大通：南朝梁武帝蕭衍年號（527—529）。

[5]西秦河二州刺史：《梁書·西北諸戎傳》同，同書卷三《武帝紀下》作“西秦河沙三州刺史”。

[6]佛輔：南北朝時吐谷渾國主。父呵羅真卒，襲爵河南王。梁武帝中大通二年（530），以爲寧西將軍、西秦河二州刺史。按，《梁書·武帝紀下》、《册府元龜》卷九六三作“河南王佛輔”，《資治通鑑》卷一五四《梁紀十》作“吐谷渾王佛輔”。但北朝四史與《隋書》皆未敘及佛輔其人其事，而《北史·吐谷渾傳》又明言“夸吕在位百年”，卒於隋文帝開皇十一年（591）。故有學者以爲佛輔不過是率衆附梁的“别部”首領，並非吐谷渾國主。詳見《讀史方輿紀要》卷六五《諸夷附考》。

宕昌國，在河南國之東、益州之西北隴西之地，西羌種也。[1]宋孝武世，其王梁瑾忽始獻方物。[2]梁天監四年，王梁彌博來獻甘草、當歸。[3]詔以爲使持節、都督河涼二州諸軍事、安西將軍、東羌校尉、河涼二州刺史、隴西公、宕昌王。[4]佩以金章。彌博死，子彌泰立。[5]大同七年，復策授以父爵位。[6]其衣服風俗與河南略同。

［1］在河南國之東：按,《梁書》卷五四《西北諸戎傳》“東”下有“南”字。據《南齊書》卷五九《宕昌傳》，宕昌“酋豪，領部衆汧、隴閒”。汧（qiān），指汧水，即流經今甘肅東部、陝西西部的渭河支流千河；隴，指隴山，地處渭水之北、汧水西南。故“南”字非衍即訛，當删。　益州之西北隴西之地，西羌種也：按,《梁書·西北諸戎傳》因“隴西之”下無“地”字，故文意與本書微異。隴西，郡名。治襄武縣，在今甘肅隴西縣東南。

［2］梁瑾忽：南北朝時宕昌國主。羌族。宕昌開國主梁懃孫。在位期間與北魏和宋皆有往來。宋授以輔國將軍、河州刺史，封宕昌王。按,《梁書·西北諸戎傳》作“梁瓘忽”,《宋書》卷六《武帝紀》作“梁瑾葱”，《魏書》卷四下《世祖紀》作“梁瑾慈”，同書卷一〇一《宕昌傳》及《周書》卷四九《宕昌傳》、《北史》卷九六《宕昌傳》作“彌忽”。

［3］梁彌博：南北朝後期宕昌國主。在位時與北魏和梁皆有往來。

［4］都督河涼二州諸軍事：大德本、汲古閣本、百衲本、中華本同，殿本“涼”作“梁”。下同。按，河、涼二州實則一地。河州，十六國前涼置，治枹罕縣，在今甘肅臨夏市西南。北魏初改置枹罕鎮，移治今甘肅臨夏市。孝武帝時復爲河州。涼州，十六國前秦置，治枹罕縣，在今甘肅臨夏市。尋移治金城縣、姑臧縣。後廢。

［5］彌泰：梁彌泰。南北朝後期宕昌國主，受梁封爲隴西公、宕昌王。按，彌泰之名，不見北朝諸史。據《周書·宕昌傳》，西

魏文帝大統“七年，㑶定又舉兵入寇”，“爲其下所殺”，朝廷“乃更以其弟彌定爲宕昌王”。或以爲，西魏文帝大統七年即梁大同七年（541），則此㑶（xiān）定即彌博，彌定即彌泰。《資治通鑑》卷一五八《梁紀十四》亦云，梁武帝大同七年正月，“宕昌王梁㑶定爲其下所殺，弟彌定立”。《考異》曰：“《梁帝紀》作‘彌泰’。今從《典略》。”參《周書》中華本校勘記。

[6]復策授以父爵位：按，據本書卷七《梁武帝紀》及《梁書》卷三《武帝紀中》，梁授彌泰“平西將軍”，與彌博官號“安西將軍”有所不同。

鄧至國，[1]居西凉州界，[2]羌别種也。[3]世號持節、平北將軍、西凉州刺史。宋文帝時，王象屈耽遣使獻馬。[4]梁天監元年，詔以鄧至王象舒彭爲督西凉州諸軍事，[5]進號安北將軍。[6]五年，舒彭遣使獻黄耆四百斤，[7]馬四疋。其俗呼帽曰突何。其衣服與宕昌同。

[1]鄧至國：古國名。南北朝時羌族的一部在今甘肅河西走廊一帶所建政權。一説自鄧至起，世爲部落豪首，因以爲名號。

[2]西凉州：地區名。後世對漢代凉州的别稱，因地處關中以西，故名。

[3]羌别種：按，鄧至羌因居於白水又稱白水羌。

[4]象屈耽：南北朝前期鄧至國主。在位時與宋及北魏皆有往來。

[5]象舒彭：南北朝中後期鄧至國主。在位時與齊、梁及北魏皆有往來。按，《梁書》卷五四《西北諸戎傳》、《北史》卷九六《鄧至傳》同，《南齊書》卷五九《宕昌傳》作“像舒彭”。

[6]安北將軍：《梁書·西北諸戎傳》同，本書卷六《梁武帝紀上》、《梁書》卷二《武帝紀中》作“安西將軍”。

[7]黄耆：大德本、殿本、百衲本、中華本及《梁書·西北諸戎傳》同，汲古閣本“耆”作“蓍”。

武興國，[1]本仇池。[2]楊難當自立爲秦王，[3]宋文帝遣裴方明討之，[4]難當奔魏。其兄子文德又聚衆葭蘆，[5]宋因授以爵位。[6]魏又攻之，文德奔漢中。[7]從弟僧嗣又自立，[8]復戍葭蘆，卒。文德弟文度立，[9]以弟文洪爲白水太守，[10]屯武興。[11]宋世以爲武都王。[12]武興之國自於此矣。難當族弟廣香又攻殺文度，[13]自立爲陰平王、葭蘆鎮主。[14]死，子炅立。[15]炅死，子崇祖立。[16]崇祖死，子孟孫立。[17]齊永明中，[18]魏南梁州刺史仇池公楊靈珍據泥切山歸齊，[19]齊武帝以靈珍爲北梁州刺史、仇池公。[20]文洪死，以族人集始爲北秦州刺史、武都王。[21]梁天監初，以集始爲持節、都督秦雍二州諸軍事、輔國將軍、平羌校尉、北秦州刺史、武都王。[22]靈珍爲冠軍將軍。孟孫爲假節、督沙州諸軍事、平羌校尉、沙州刺史、陰平王。集始死，子紹先襲爵位。[23]二年，以靈珍爲持節、督隴右諸軍事、左將軍、北梁州刺史、仇池王。[24]十年，孟孫死，詔贈安沙將軍、北雍州刺史，子定襲封爵。[25]紹先死，子智慧立。[26]大同元年，剋復漢中，智慧遣使上表，求率四千户歸梁，詔許焉，即以爲東益州。[27]其國東連秦嶺，西接宕昌。其大姓有苻氏、姜氏、梁氏。[28]言語與中國同。著烏皁突騎帽，長身小袖袍，小口袴，皮鞾。地植九穀。婚姻備六禮。知書疏。種桑、麻。出紬、絹、布、漆、蠟、椒等，[29]山出銅、鐵。

[1]武興國：古國名。南北朝時略陽清水氐楊氏所建政權。因所據武興戍，自號武興國。

[2]仇池：古國名。兩晋至南北朝時期略陽清水氐人楊氏所建諸政權的合稱。以最初保據仇池山而得名。自西晋惠帝元康六年（296）楊茂搜率部衆保據仇池稱王，幾經興亡，延續至北周静帝大象二年（580）。一説西魏廢帝二年（553）滅亡。史家通常以其興亡和政治中心的遷移，分爲前仇池國、後仇池國、武都國、武興國和陰平國。仇池山，又名百頃山、瞿堆，在今甘肅西和縣西南。一説在今甘肅成縣西北。

[3]楊難當：略陽清水（今甘肅清水縣）氐人。南北朝前期後仇池國主。前仇池國開國主楊茂搜五世孫。在位時宋、北魏皆通使往來，受宋封武都王、魏封南秦王。後自稱大秦王。宋文帝元嘉十八年（441），傾力南下謀據宋之蜀地。次年，兵敗，逃入北魏。

[4]裴方明：河東（今山西夏縣）人。時爲龍驤將軍，及平楊難當，以貪占仇池金銀寶貨，下獄死。事見本書卷一七及《宋書》卷四七《劉懷肅傳》。

[5]文德：楊文德。略陽清水（今甘肅清水縣）氐人。南北朝前期武都國第一任國主。宋文帝元嘉二十年，舉兵叛魏附宋。宋孝武帝孝建元年（454），因拒從南郡王劉義宣反，被殺。　葭蘆：城名。亦作茄蘆。在今甘肅隴南市武都區東南白龍江東岸。

[6]宋因授以爵位：按，據本書卷二《宋文帝紀》及《宋書》卷五《文帝紀》，元嘉二十年七月，“以楊文德爲征西將軍、北秦州刺史，封武都王”。史稱此政權爲武都國。

[7]漢中：郡名。治南鄭縣，在今陝西漢中市東。

[8]僧嗣：楊僧嗣。略陽清水（今甘肅清水縣）氐人。南北朝前期武都國第三任國主。武都王楊元和從弟，一説從叔。宋明帝泰始二年（466），楊元和投奔北魏，僧嗣遂自稱武都王，受宋封爲冠軍將軍、武都王。次年，進號征西將軍。

[9]文度：楊文度。略陽清水（今甘肅清水縣）氐人。南北朝

時武都國第四任國主。武都王楊僧嗣卒，自立爲王。宋明帝泰豫元年（472），受封爲武都王。宋順帝昇明元年閏十二月（478 年初），葭蘆城破，被殺。武都國亡。按，《宋書》卷九八《氐胡傳》、《梁書》卷五九《氐傳》、《北史》卷九六《氐傳》並同，《南齊書》卷五九《氐傳》作“文慶”。

［10］文洪：楊文洪。略陽清水（今甘肅清水縣）氐人。南北朝時武興國第一任國主。宋順帝昇明元年閏十二月，楊文度被殺，自立爲武興王，史稱武興國。按，本書舊本及《梁書・西北諸戎傳》並作“文洪”，中華本據《宋書》《南齊書》改作“文弘”。下同。又，中華本校勘記據《通鑑考異》：楊文弘，“《魏書》本紀作‘楊鼉’，《氐傳》作‘鼠’，皆避顯祖諱也”，以爲其名字本作“弘”，作“洪”者非。　白水：郡名。南朝宋置，屬梁州。治白水縣，在今四川青川縣東北。梁改爲平興郡，西魏改爲南白水郡。

［11］武興：城名。三國蜀築。其地即今陝西略陽縣城。後北魏置武興鎮於此。

［12］宋世以爲武都王：按，《宋書》卷一〇《順帝紀》昇明二年六月“丁酉，以輔國將軍楊文弘爲北秦州刺史、武都王”。

［13］廣香：楊廣香。略陽清水（今甘肅清水縣）氐人。南北朝時陰平國第一任國主。仇池國滅亡後奔北魏。宋順帝昇明元年，與魏合兵攻殺武都國主楊文度，自立爲陰平王，受魏封陰平公、葭蘆鎮主（一説陰平太守）。史稱陰平國。楊氏政權遂分爲二。齊高帝建元元年（479）七月，歸齊，受齊官號。三年，病卒。

［14］陰平：郡名。治陰平縣，在今甘肅文縣西白龍江北岸。

［15］炅：楊炅。略陽清水（今甘肅清水縣）氐人。南北朝時陰平國主。齊高帝建元中，爲武都太守。父楊廣香死，繼立爲王。武帝永明元年（483），受齊封爲沙州刺史、陰平王。在位期間，亦遣使朝魏。卒於齊明帝建武二年歲末（496 年初）。

［16］崇祖：楊崇祖。略陽清水（今甘肅清水縣）氐人。南北朝時陰平國主。齊明帝建武三年，受封爲假節督、沙州刺史、陰平

王。卒於梁武帝天監元年（502）前。

[17]孟孫：楊孟孫。略陽清水（今甘肅清水縣）氐人。南北朝時陰平國主。父楊崇祖卒後，自立爲陰平王，與南齊、北魏皆通和好。擁衆數萬，勢頗盛。梁武帝天監元年，受封爲假節督、沙州刺史、陰平王。十年，卒。

[18]齊永明中：按，楊靈珍率衆歸齊事，本書卷五《齊明帝紀》、《南齊書》卷六《明帝紀》及卷五九《氐傳》皆繫於明帝建武四年，故“永明”當改作“建武”。

[19]南梁州：州名。即梁州。北魏孝文帝太和中以仇池鎮改置。治洛谷城，在今甘肅西和縣西南。宣武帝正始初改南秦州。參《魏書·地形志下》及中華本校勘記。按，梁，大德本、殿本、百衲本、中華本及《梁書》卷五四《西北諸戎傳》作“梁”，汲古閣本作“涼”。　楊靈珍：南北朝時仇池氐帥。初仕北魏。齊明帝建武四年（497），率部曲三萬餘人降齊，受齊官號封爵。入梁，封爲仇池王。武帝天監三年，梁叛將夏侯道遷降魏，殺其父子。　泥切山：山名。在今甘肅成縣西北。按，中華本據《梁書·西北諸戎傳》改作“泥功山”，《南齊書·氐傳》作“泥功山”、卷五七《魏虜傳》作“泥公山”。

[20]齊武帝以靈珍爲北梁州刺史、仇池公：按，“齊武帝”當改“齊明帝”，説見上注。北梁州，《梁書·西北諸戎傳》《南齊書·氐傳》同，《南齊書·明帝紀》作“北秦州”。北梁州，即上文所言“魏南梁州”。

[21]文洪死，以族人集始爲北秦州刺史、武都王：大德本、殿本、百衲本、中華本同，汲古閣本“人”作“八”。按，本書此段記述照録《梁書·西北諸戎傳》原文，未加審辨。據《北史·氐傳》，“鼠（即文洪）死，從子後起統位”，“鼠子集始爲白水太守”；“後起死，以集始爲征西將軍、武都王”。集始既爲文洪之子，自不得以“族人”相稱，或以爲“以族人”當改作“族人以”。集始，楊集始。略陽清水（今甘肅清水縣）氐人。南北朝時

武興國第三任國主。齊武帝永明四年，受齊官號封爵。十年，舉兵反，戰敗，投北魏。後或降齊，或投魏。梁武帝天監初，受梁官號封爵。三年，卒。北秦州，州名。即北魏秦州。治上邽縣，在今甘肅天水市。

[22]以集始爲持節、都督秦雍二州諸軍事：按，“持節”上《梁書·西北諸戎傳》有“使”字。魏晋及其後，凡軍事長官出征或出鎮某地，加使持節號得殺二千石以下，加持節號得殺無官位之人。故“使”字有無，事關權位之輕重，似不當删省。

[23]紹先：楊紹先。略陽清水（今甘肅清水縣）氐人。南北朝時武興國主。梁武帝天監二年，父楊集始卒，襲位。亦受魏封。五年，北魏攻克武興，被執送洛陽。武興國一度亡。北魏孝明帝孝昌中，從洛陽逃回武興，復自稱王。梁武帝中大通六年（534），向西魏稱藩，送妻、子爲質。同年八月，梁亦以其爲秦、南秦二州刺史，大同元年（535），進封車騎將軍。復反梁，被梁將擊破，尋卒。

[24]北梁州：州名。南朝梁置。治西城縣，在今陝西安康市西北漢江北岸。後改名南梁州。按，《梁書·西北諸戎傳》同，大德本、汲古閣本、殿本、百衲本、中華本作“北涼州”。

[25]定：楊定。略陽清水（今甘肅清水縣）氐人，楊孟孫子。南北朝時陰平國主。梁武帝天監十年，父卒，襲梁封爵繼立。北魏孝明帝神龜元年（518），又受魏封爲陰平王。

[26]智慧：楊智慧。略陽清水（今甘肅清水縣）氐人，楊紹先子。南北朝時武興國主。梁武帝大同元年，父死，繼立。按，“紹先死，子智慧立”，《周書》卷四九《氐傳》及《北史·氐傳》並作“紹先死，子辟邪立”，未言智慧繼立事。

[27]東益州：州名。梁武帝天監中置。治晋壽縣，在今四川彭州市西北。北周廢。

[28]其大姓有符氏、姜氏、梁氏：《梁書·西北諸戎傳》作“其大姓有苻氏、姜氏”，無“梁氏”。

[29]布：《梁書·西北諸戎傳》作“精布”。

《書》云“蠻夷猾夏”，[1]其作梗也已舊。及于宋之方盛，蓋亦屢興戎役，豈《詩》所謂“蠢爾蠻荆，大邦爲讎”者乎。[2]今亦編録以備諸《蠻》云耳。[3]

[1]蠻夷猾夏：語出《尚書·舜典》。蠻夷，專指南方少數民族，亦泛指四方邊遠地區少數民族。

[2]蠢爾蠻荆，大邦爲讎：語出《詩·小雅·采芑》。蠻荆，荆州之蠻，古代中原對長江流域中部楚國的稱呼，亦指這一地區之人。

[3]今亦編録以備諸《蠻》云耳：大德本、汲古閣本、殿本、百衲本、中華本“耳”作“爾”。按，除了此篇小序，其下《荆雍州蠻傳》《豫州蠻傳》皆採自《宋書》卷九七《夷蠻傳》。

荆、雍州蠻，[1]盤瓠之後也，[2]種落布在諸郡縣。[3]宋時因晋於荆州置南蠻、雍州置寧蠻校尉以領之。[4]孝武初，罷南蠻併大府，[5]而寧蠻如故。蠻之順附者，[6]一户輸穀數斛，其餘無雜調。[7]而宋人賦役嚴苦，貧者不復堪命，多逃亡入蠻。蠻無徭役，强者又不供官税。[8]結黨連郡，[9]動有數百千人。州郡力弱，則起爲盗賊，種類稍多，户口不可知也。所在多深嶮。居武陵者有雄溪、滿溪、辰溪、酉溪、武溪，[10]謂之五溪蠻。而宜都、天門、巴東、建平、江北諸郡蠻，[11]所居皆深山重阻，人迹罕至焉。前世以來，屢爲人患。[12]

[1]荆、雍州蠻：南北朝時荆、雍二州少數民族的總稱。以地名爲族稱。荆州蠻約分布在今渝東、鄂西南、湘西北、黔東北及豫西南地區，大多活動於古荆州境内長江流域。雍州蠻分布在今鄂、豫、陝三省交界的沔水流域中游。

[2]盤瓠：又作“槃瓠”“盤護”。神話傳説中高辛氏的犬名。中國南方一些民族圖騰崇拜的偶像。漢晋以來因稱此類南蠻諸族爲盤瓠蠻。見《後漢書》卷七六《南蠻傳》、《周書》卷四九《蠻傳》。

[3]種落：種族部落。按，《宋書》卷九七《夷蠻傳》“種落”上有“分建”二字。

[4]荆州：州名。治江陵縣，在今湖北荆州市荆州區。　南蠻：官名。即南蠻校尉。西晋武帝時置，治襄陽。東晋改治江陵。南朝沿置。掌管荆州蠻事務。統兵，立府。多由地位較高的將軍及南中郎將兼領，且多兼任荆州刺史或都督周圍數州諸軍事。晋、宋皆四品。齊改稱護南蠻校尉，隸荆州。　雍州：州名。治襄陽縣，在今湖北襄陽市。　寧蠻校尉：官名。東晋安帝時置，南朝沿置。掌管雍州蠻事務。領兵，立府於襄陽。多由刺史或其他將軍兼任，若單作，則減刺史或將軍一階。晋、宋皆四品。

[5]大府：上級官府。此處指荆州刺史府，而南蠻校尉府則稱小府。

[6]順附：順從歸附。

[7]雜調：賦税名。南朝時對常規户調之外加徵的賦税統稱。

[8]官税：指官府所征收的租税。

[9]結黨連郡：《宋書·夷蠻傳》“郡”作“群”。

[10]武陵：郡名。治臨沅縣，在今湖南常德市。　雄溪、滿溪、辰溪、酉溪、武溪：並水名。合稱武陵五溪。雄溪，又名熊溪，即今湖南沅江上游支流渠河。一説爲沅江上游支流巫水。滿溪，又作樠溪，在今湖南永順縣東南，流經沅陵縣界入酉水。辰溪，一名辰水，源出今貴州東北部梵净山，東流至湖南辰溪縣南入沅江。酉溪，一名酉水，源出今湖北宣恩縣東南，西南流至重慶酉

陽縣東，折而東流，至湖南沅陵縣南入沅江。武溪，又名瀘溪，《宋書·夷蠻傳》作“舞谿”，即今湖南沅江上游支流武水。

[11]宜都：郡名。治夷道縣，在今湖北枝江市。　天門：郡名。治澧陽縣，在今湖南石門縣。　巴東：郡名。治魚復縣，在今重慶奉節縣東白帝城。　建平：郡名。治巫縣，在今重慶巫山縣。　江：水名。即長江。按，通常以爲荆州蠻約有兩大支系，即居於江南者多爲盤瓠之後，居於江北者多爲廩君之後。

[12]屢爲人患：《宋書·夷蠻傳》“人”作“民”，此避唐太宗李世民諱改。

少帝景平二年，宜都蠻帥石寧等一百二十三人詣闕上獻。文帝元嘉六年，建平蠻張維之等五十人，[1]七年，宜都蠻田生等一百一十三人，並詣闕獻見。其後，沔中蠻大動，[2]行旅殆盡。[3]天門漊中令宋矯之傜賦過重，[4]蠻不堪命。十八年，蠻田向求等爲寇，破漊中，虜略百姓。[5]荆州刺史衡陽王義季遣行參軍曾孫念討破之，[6]免矯之官。二十年，[7]南郡臨沮、當陽蠻反，[8]縛臨沮令傅僧驥。荆州刺史南譙王義宣遣中兵參軍王諶討破之。[9]

[1]張維之：《宋書》卷九七《夷蠻傳》作“張雍之”。

[2]沔（miǎn）中：地區名。指以今湖北襄陽市爲中心的沔水中游一帶。沔，水名。即長江第一大支流漢江。

[3]行旅殆盡：大德本、汲古閣本、殿本、百衲本、中華本及《宋書·夷蠻傳》“盡”作“絶”。

[4]漊中：縣名。治所在今湖南慈利縣西。　宋矯之：《通典》卷一八七《邊防典三》、《通志》卷一九七同，《宋書·夷蠻傳》作“宗矯之”。

[5]虜略：《宋書·夷蠻傳》同，大德本、汲古閣本、殿本、百衲本、中華本作“虜掠”。

[6]衡陽王義季：劉義季。宋武帝第七子。本書卷一三、《宋書》卷六一有傳。　行參軍：官名。三國至唐俱置。南朝宋沿晋制，諸府得自辟，亦可朝廷除拜，唯品階例低於參軍。無固定職掌，不署曹，員額不定，品秩例低於冠以曹名的行參軍。　曾孫念：《宋書·夷蠻傳》及《資治通鑑》卷一二三《宋紀五》作“曹孫念”。

[7]二十年：《通志》卷一九七與本書同，《宋書·夷蠻傳》作“二十四年”。按，據下文“荆州刺史南譙王義宣遣中兵參軍王堪討破之”，疑當以二十四年爲是，若在二十年，則時任荆州刺史者乃衡陽王劉義季，而非南譙王劉義宣。見本書卷一三及《宋書》卷六八《南郡王義宣傳》。

[8]南郡：郡名。治江陵縣，在今湖北荆州市荆州區。　臨沮：縣名。治所在今湖北當陽市西北。　當陽：縣名。治所在今湖北當陽市。

[9]南譙王義宣：劉義宣。宋武帝第六子。本書卷一三、《宋書》卷六八有傳。　中兵參軍：官名。亦作中兵參軍事。爲府主僚屬之一，掌府中兵曹事務，兼備參謀咨詢。西晋末始置。東晋、南北朝沿置。其品位隨府主地位高低不等。

先是，雍州刺史劉道産善撫諸蠻，[1]前後不附者，皆引出平土，多緣沔爲居。及道産亡，蠻又反叛。至孝武出爲雍州，群蠻斷道。臺遣軍主沈慶之連年討蠻，[2]所向皆平，事在《慶之傳》。

[1]劉道産：彭城吕（今江蘇徐州市銅山區）人。本書卷一七有附傳，《宋書》卷六五有傳。

[2]臺：兩晋、南朝代稱朝廷禁省及中樞機構。　軍主：官名。南北朝置，爲一軍之主將。所統兵力自數百人至萬人以上不等，無定員。南朝無固定品階，多以將軍領之，最高者爲三品將軍。　沈慶之：字弘先，吴興武康（今浙江德清縣）人。本書卷三七、《宋書》卷七七有傳。

二十八年正月，龍山雉水蠻寇鈔涅陽縣，[1]南陽太守朱韶遣軍討之，[2]失利。韶又遣二千人係之，蠻乃散走。是歲，滍水諸蠻因險爲寇，[3]雍州刺史隨王誕遣使説之。[4]又遣軍討沔北諸蠻。襲濁山、如口、蜀松三柴，[5]剋之。又圍斗錢、柏義諸柴。[6]蠻悉力距戰，軍大破之。

[1]龍山雉水蠻：南北朝時龍山雉水一帶少數民族的總稱。分布在今湖北北緣至河南郟縣、襄城縣一帶。按，龍山，山名。在今湖北丹江口市西。雉水，水名。確址未詳，或疑在今河南南召縣境内。　涅陽：縣名。治所在今河南鄧州市東北。

[2]南陽：郡名。治宛縣，在今河南南陽市。　朱韶：《宋書》卷九七《夷蠻傳》作“朱曇韶”。下同，不再另注。

[3]滍水：水名。一名泜水。即今河南魯山縣和葉縣境内的汝水支流沙河。

[4]隨王誕：劉誕。宋文帝第六子。本書卷一四、《宋書》卷七九有傳。

[5]柴：百衲本、中華本及《宋書·夷蠻傳》同，大德本、汲古閣本、殿本作“砦”。下同。

[6]斗錢：《宋書·夷蠻傳》作“升錢”。

孝武大明中，建平蠻向光侯寇暴峽川，[1]巴東太守王濟、荆州刺史朱脩之遣軍討之。[2]光侯走清江，[3]清江去巴東千餘里。時巴東、建平、宜都、天門四郡蠻爲寇，諸郡人户流散，百不存一。明帝、順帝世尤甚，荆州爲之虚弊云。

[1]峽川：地名。當在巴東郡境，今地確址不詳。

[2]朱脩之：字恭祖，義陽平氏（今河南桐柏縣）人。本書卷一六、《宋書》卷七六有傳。

[3]清江：水名。又名夷水、鹽水。在今湖北西南部，爲長江中游南岸支流。

豫州蠻，[1]廩君後也。[2]盤瓠、廩君事，並具前史。西陽有巴水、蕲水、希水、赤亭水、西歸水，[3]謂之五水蠻。所在並深岨，種落熾盛，歷世爲盜賊。北接淮、汝，[4]南極江、漢，[5]地萬數千里。[6]

[1]豫州蠻：又稱西陽蠻。南北朝時豫州及西陽郡一帶少數民族的總稱。分布於今湖北黄岡市境及鄂、豫、皖三省的大别山區。

[2]廩君：亦作廪君。傳説中的古代巴人首領。故巴人又稱爲廩君蠻。秦漢時主要居於巴郡、南郡一帶。之後逐漸東移至江、漢等地。見《後漢書》卷八六《南蠻傳》。按，大德本、殿本、百衲本、中華本同，汲古閣本及《宋書》卷九七《夷蠻傳》“廩”作“廪”。

[3]西陽：郡名。治西陽縣，在今湖北黄岡市東。東晋屬豫州，南朝宋屬郢州。　巴水、蕲水、希水、赤亭水、西歸水：並水名。合稱西陽五水，皆今湖北東部長江北岸支流。巴水，即今巴河。蕲

水，即今蘄河。希水，即今浠水河。赤亭水，即今舉水河。西歸水，即今倒水河。

［4］淮、汝：並水名。即淮河及其北岸支流汝河。

［5］江、漢：並水名。即長江及其北岸支流漢江。

［6］地萬數千里：大德本、汲古閣本、殿本、百衲本、中華本及《宋書·夷蠻傳》"萬"作"方"。按，當以"方"字爲是。

宋元嘉二十八年，西陽蠻殺南川令劉臺。[1]二十九年，新蔡蠻破大雷戍，[2]略公私船入湖。有亡命司馬黑石逃在蠻中，[3]共爲寇。文帝遣太子步兵校尉沈慶之討之。[4]孝武大明四年，又遣慶之討西陽蠻，大剋獲而反。司馬黑石徒黨三人，其一名智，黑石號曰太公，以爲謀主。一人名安陽，號譙王，一人名續之，號梁王。蠻文山羅等討禽續之，[5]爲蠻世財所篡，山羅等相率斬世財父子六人。豫州刺史王玄謨遣殿中將軍郭元封慰勞諸蠻，[6]使縛送亡命。蠻乃執智、安陽二人，[7]送詣玄謨。孝武使於壽陽斬之。[8]

［1］南川：縣名。南朝宋文帝元嘉二十五年（448）在西陽五水地區以豫部蠻民所立十八縣之一，屬西陽郡。治所無考，亦不詳何時罷省。見《宋書·州郡志三》郢州西陽郡蘄水左縣條。

［2］新蔡蠻：南北朝時南新蔡郡少數民族的總稱。按，南新蔡郡，東晉僑置，屬南豫州，治黮布舊城，在今湖北黄梅縣西南。南朝宋改屬江州，齊後廢。　大雷戍：戍名。亦作雷池戍。在今安徽望江縣。當江防要地，爲東晉、南朝軍事重鎮。

［3］亡命：《宋書》卷九七《夷蠻傳》同，同書卷七六《王玄謨傳》作"淮上亡命"。

[4]太子步兵校尉:官名。亦稱東宫步兵校尉。南朝宋置,爲東宫侍衛武官,掌步兵。齊、梁、陳沿置。宋四品。梁七班。陳六品,秩千石。

[5]文山羅:《宋書·夷蠻傳》作"文小羅"。下同。

[6]王玄謨:字彦德,太原祁(今山西祁縣)人。本書卷一六、《宋書》卷七六有傳。　殿中將軍:官名。侍衛武職,不典兵。南朝宋初員二十人,六品。後員額漸多,品秩漸低。

[7]智、安陽二人:《宋書·夷蠻傳》作"智黑石、安陽二人"。按,本書爲是。若依《宋書》,則是三人,非也。

[8]壽陽:縣名。治所在今安徽壽縣。南朝宋時爲豫州及南梁郡治。

明帝初即位,四方反叛,及南賊敗於鵲尾,[1]西陽蠻田益之、田義之、成邪財、田光興等起義,攻郢州,[2]剋之。以益之爲輔國將軍,[3]都統四山軍事。[4]又以蠻户立宋安、光城二郡。[5]以義之爲宋安太守,光興爲光城太守。封益之邊城縣王,[6]成邪財陽城縣王。[7]成邪財死,子婆思襲爵云。

[1]南賊:又稱義嘉賊。指以鄧琬爲首的江州(今湖北黄梅縣西南)叛軍。　鵲尾:地名。在今安徽蕪湖市三山區長江沿岸。

[2]郢州:州名。南朝宋孝武帝分荆、湘、江、豫四州置。治夏口城,後稱郢城,在今湖北武漢市武昌區。

[3]輔國將軍:官名。雜號將軍,掌征伐。宋三品。

[4]都統:官名。始見於前秦。南朝宋時唯出征時設置,作爲加於統率各領兵將軍的軍事統帥的臨時名號。　四山:地區名。當在今河南光山縣境。爲豫州蠻中一支四山蠻的聚居地。參《魏書》卷六一、《北史》卷三七之《田益宗傳》。

[5]宋安:郡名。南朝宋明帝時以宋安縣升置左郡,治宋安縣,在今湖北廣水市東北。後廢。齊復置。　光城:郡名。南朝宋孝武帝時分弋陽郡西南境置光城左郡。治光城縣,在今河南光山縣。後廢。宋明帝復置。

[6]邊城:縣名。南朝宋置。治所在今河南固始縣東南。按,《宋書》卷九七《夷蠻傳》"邊城縣王"下有"食邑四百一十一户"八字。

[7]陽城:縣名。南朝宋置。治所在今湖北麻城市西南。按,《宋書·夷蠻傳》"陽城縣王"下有"食邑三千户"五字。

玉門以西達于西海,[1]考之漢史,通爲西域,[2]高昌迄于波斯,[3]則其所也。自晋、宋以還,雖有時而至,論其風土,甚未能詳。今略備《西域諸國》,編之于次云。

[1]玉門:關隘名。西漢置。在今甘肅敦煌市西北小方盤城。魏晋南北朝時關址東移至今甘肅瓜州縣雙塔鎮一帶。　西海:地名。以在中國西部或以西而得名,但所指水域不一。有指今新疆的羅布泊或博斯騰湖,有指今中亞的咸海或里海,亦有指今波斯灣、阿拉伯海、印度洋西北部、紅海、地中海等。

[2]西域:地區名。廣義的指玉門關、陽關(在今甘肅敦煌市西南)以西地區,包括中亞、西亞、南亞次大陸、歐洲東部以及地中海沿岸在内。狹義的指葱嶺以東,或歷代中原王朝統治與勢力範圍所及地區。

[3]高昌:古國名。在今新疆吐魯番盆地一帶。其國都即今吐魯番市東南高昌故城。兩漢爲車師都尉、戊己校尉、西域長史治所,西晋及十六國前凉、後凉、北凉爲高昌郡治。　波斯:古國名。即今伊朗。亦指公元3世紀前期至6世紀中葉波斯薩珊王朝統治下的所有地區。

高昌國,[1]初闞氏爲主,其後爲河西王沮渠茂虔弟無諱襲破之。[2]其王闞爽奔于蠕蠕。[3]無諱據之稱王,一世而滅於魏。[4]其國人又推麴氏爲王,名嘉,[5]魏授爲車騎將軍、司空公、都督秦州諸軍事、秦州刺史、金城郡公。在位二十四年卒,國謚曰昭武王。[6]子堅,堅嗣位,[7]魏授使持節、驃騎大將軍、散騎常侍、都督瓜州刺史、西平郡公、開府儀同三司、高昌王。[8]

[1]高昌國:按,高昌國及以下諸國傳皆采自《梁書》卷五四《西北諸戎傳》。

[2]河西王:大德本、殿本、百衲本、中華本及《梁書·西北諸戎傳》同,汲古閣本作"西河王"。　沮渠茂虔:又作沮渠牧犍,臨松(今甘肅肅南縣)盧水胡人。沮渠蒙遜第三子。十六國北涼國君。在位七年(433—439),降於北魏。後以結故臣謀反罪,賜死。　無諱:沮渠茂虔弟。十六國北涼國君。北魏太武帝太平真君二年(441),據有敦煌。三年,攻取鄯善、高昌,與南朝宋通好,受宋封涼州刺史、河西王。次年,建元承平,沿用北涼國號。承平二年(444),病卒。

[3]其王闞爽:按,據《周書》卷五〇《高昌傳》,闞氏稱高昌王始於闞爽之後的闞伯周,故"王"字當改作"主"字。又,《宋書》卷九八《胡大且渠蒙遜傳》亦作"高昌城主闞爽"。闞爽,涼州(今甘肅武威市)人。初爲北涼國官吏。北魏太武帝時據高昌,自稱太守。　蠕蠕:古族名和古國名。即柔然。亦譯作芮芮、茹茹。王鳴盛《十七史商榷》卷六四:"蠕蠕即芮芮,其本號自爲柔然,魏人改稱爲蠕蠕,《周》《隋》多作茹茹,《宋》《齊》《梁》則作芮芮,蓋皆取其音近。"

[4]一世而滅於魏:《梁書·西北諸戎傳》作"一世而滅",無其下"於魏"二字。按,《魏書》卷九九《盧水胡沮渠蒙遜傳》及《北史》卷九三《北涼傳》皆云:無諱病死,安周代立。後爲蠕蠕

所并。《周書·高昌傳》亦云："無諱死，茹茹殺其弟安周，以闞伯周爲高昌王。"是知無諱及其弟安周並非亡於北魏，"於魏"二字衍文，當删。

［5］嘉：麴嘉。字靈鳳，金城榆中（今甘肅蘭州市）人。北朝時高昌國王。既立，先後臣屬於柔然、高車。及焉耆爲挹怛所破，嘉乃立其第二子爲焉耆王。由是高昌國始大。事見《隋書》卷八三《高昌傳》。

［6］國謚曰昭武王：按，《梁書·西北諸戎傳》無"國"字。

［7］子堅，堅嗣位：舊本並同，中華本據《梁書·西北諸戎傳》補作"子子堅，子堅嗣位"。按，檢《隋書·高昌傳》、《周書·高昌傳》、《北史》卷九七《高昌傳》，皆稱嘉子名"堅"，而非"子堅"。《梁書》誤，中華本據補不當。

［8］魏授使持節、驃騎大將軍、散騎常侍、都督瓜州刺史、西平郡公、開府儀同三司、高昌王：《梁書·西北諸戎傳》"使持節"上無"魏授"二字，"都督"下有"瓜州諸軍事"五字，"西平郡公"作"河西郡開國公"，"儀同三司"上無"開府"二字，"高昌王"下有"嗣位"二字。

其國蓋車師之故地，[1]南接河南，東近敦煌，[2]西次龜兹，[3]北鄰敕勒。[4]置四十六鎮：[5]交河、田地、高寧、臨川、横截、柳婆、洿林、新興、寧由、始昌、篤進、白刃等鎮。[6]官有四鎮將軍，及置雜號將軍、長史、司馬、門下校郎、中兵校郎、通事舍人、通事令史、諮議、諫議、校尉、主簿。[7]國人言語與華略同。有《五經》、歷代史、諸子集。面貌類高麗，辮髮垂之於背。著長身小袖袍、縵襠袴。女子頭髮，辮而不垂，著錦纈纓絡環釧。昏姻有六禮。[8]其地高燥，築土爲城，架木爲屋，土覆其上。寒暑與益州相似，備植九穀，[9]人多噉麵及牛羊肉。[10]出良馬、蒲桃酒、石鹽。[11]多草木，有草實如繭，繭中絲如細纑，名爲白疊子，[12]國人取織以爲布。布甚軟白，交市用焉。有朝烏者，[13]旦旦集王殿前，爲行列，不畏人，日出然後散去。

[1]車師：古國名。一名姑師。西漢時分爲前後二部。車師前國在今新疆吐魯番盆地一帶，都交河城，在今吐魯番市西北交河故城。至北魏太武帝時地入高昌。車師後國在今新疆吉木薩爾、奇臺二縣境，都務塗谷，在今吉木薩爾縣南。至西晋時已不存在。

[2]東近敦煌：《梁書》卷五四《西北諸戎傳》"近"作"連"。敦煌，郡名。治敦煌縣，在今甘肅敦煌市西。

[3]龜兹：古國名。其地在今新疆阿克蘇地區的庫車市和沙雅縣一帶。

[4]敕勒：古國名。即南北朝時敕勒族所建高車國。其地在今新疆吐魯番市西北至吉爾吉斯斯坦伊塞克湖一帶。

[5]置四十六鎮：按，《北史》卷九七《高昌傳》先云，高昌"國有八城，皆有華人"。之後又云"其國，周時，城有一十六；後至隋時，城有十八"。

[6]交河：鎮名。北魏時高昌國置。在今新疆吐魯番市西北交河故城。亦高昌國交河郡治。　田地：鎮名。北魏時高昌國置。在今新疆鄯善縣西南。　臨川：鎮名。北魏時高昌國置。在今新疆鄯善縣西。　横截：鎮名。北魏時高昌國置。在今新疆鄯善縣西北。　柳婆：鎮名。北魏時高昌國置。確址不詳。或以爲即漢狐胡國之車師柳谷，在今新疆吐魯番市西北。或以爲即漢西域長史駐所柳中，在今新疆鄯善縣西南。　新興：鎮名。北魏時高昌國置。在今新疆鄯善縣西北。　寧由：鎮名。北魏時高昌國置。當在今新疆東北部，確址不詳。按，中華本據《梁書·西北諸戎傳》改作"由

寧”。　始昌：鎮名。北魏時高昌國置。在今新疆托克遜縣東北。　篤進：鎮名。北魏時高昌國置。即今新疆托克遜縣。　白刃：鎮名。即《魏書》卷一〇一《高昌傳》、《北史·高昌傳》之“白棘”。北魏時高昌國置。其地即今新疆鄯善縣。按，大德本、汲古閣本、殿本、百衲本同，《梁書》諸本並作“白刀”，本書、《梁書》中華本俱改作“白力”。詳見二書中華本校勘記。

[7]及置雜號將軍：《梁書·西北諸戎傳》無“置”字。　諮議、諫議、校尉：《梁書·西北諸戎傳》無“諫議”二字。

[8]昏姻有六禮：古代確立婚姻的六種禮儀，即納采、問名、納吉、納徵、請期、親迎。詳見《儀禮·士昏禮》。按，《梁書·西北諸戎傳》無“昏”字。

[9]九穀：穀物的總稱。亦指九種主要農作物，但具體品種說法不一。

[10]麵（miàn）：指用麥的子實磨成的粉，又稱麵粉。《梁書·西北諸戎傳》作“麨”。麨（chǎo），指一種乾糧，即經過火炒製熟的麵粉或米粉。

[11]石鹽：巖鹽。《北史·高昌傳》云：其地“出赤鹽，其味甚美。復有白鹽，其形如玉，高昌人取以爲枕，貢之中國”。

[12]名爲白疊子：《梁書·西北諸戎傳》同，大德本、汲古閣本、殿本、百衲本、中華本“爲”作“曰”。白疊子，草棉的果實。成熟時自然綻裂，脹出絮狀的種毛，稱爲棉花。

[13]朝烏：一種鳥名。

梁大同中，子堅遣使獻鳴鹽枕、蒲桃、良馬、氍毹等物。[1]

[1]子堅：“子”爲衍文，當删。　氍（qú）毹（sōu）：一種織有花紋圖案的毛毯。毹，《梁書》卷五四《西北諸戎傳》作“氈”

(shū)。

滑國者,[1]車師之别種也。[2]漢永建元年,[3]八滑從班勇擊北虜有功,[4]勇上八滑爲後部親漢侯。[5]自魏、晋以來,不通中國。至梁天監十五年,其王猒帶夷栗陁始遣使獻方物。[6]普通元年,遣使獻黄師子、白貂裘、波斯錦等物。[7]七年,又奉表貢獻。

[1]滑國:古國名。即嚈噠。又作挹怛、厭怛、挹闐等。東羅馬史家稱之爲白匈奴。其地在今中亞阿姆河以南。都拔底延城,在今阿富汗北部瓦齊拉巴德。

[2]車師之别種:《梁書》卷五四《西北諸戎傳》同。按,《北史》卷九七《嚈噠傳》云:"嚈噠國,大月氏之種類也,亦曰高車之别種,其原出於塞北。"

[3]永建:東漢順帝劉保年號(126—132)。

[4]八滑:東漢時西域車師國人。　班勇:字宜僚,扶風安陵(今陝西咸陽市東北)人,班超少子。初以軍司馬出敦煌。後任西域長史,率軍士五百屯田柳中,與龜兹等西域各國合兵擊敗匈奴伊蠡王、北匈奴呼衍王,恢復了東漢對西域的統治。《後漢書》卷四七有附傳。　北虜:指北匈奴。

[5]後部:即車師後國。按,滑國爲漢車師後部親漢侯八滑後裔之説,出自南朝梁裴子野。事見本書卷三三、《梁書》卷三〇《裴子野傳》。然實誤,故北朝諸史及《隋書》、兩《唐書》均未采納其説。詳《吕思勉讀史札記·丙帙·滑國考》(上海古籍出版社1982年版,第887—890頁)。

[6]猒(yàn)帶夷栗陁:姓厭帶,名夷栗陁。按,厭帶爲"嚈噠"之異譯。據《通典》卷一九三《邊防典九》引劉璠《梁典》曰:"滑國姓嚈噠,後裔以姓爲國號,轉訛又謂之'挹怛'

焉。”猒，古同“厭”。大德本、汲古閣本、殿本、百衲本、中華本作“厭”。

［7］曰貂裘：大德本、汲古閣本、殿本、百衲本、中華本及《梁書·西北諸戎傳》“曰”作“白”。按，“曰”“白”形近易訛，當依各本及《梁書·西北諸戎傳》改作“白”。

魏之居代都，[1]滑猶爲小國，屬蠕蠕。後稍强大，征其旁國波斯、盤盤、罽賓、焉耆、龜兹、疏勒、姑墨、于闐、句般等國，[2]開地千餘里。土地温暖，多山川，少樹木，[3]有五穀。國人以麵及羊肉爲糧。[4]其獸有師子、兩脚駱馳，[5]野驢有角。人皆善騎射，[6]著小袖長身袍，用金玉爲帶。女人被裘，頭上刻木爲角，長六尺，以金銀飾之。少女子，兄弟共妻。無城郭，氈屋爲居，[7]東向開户。其王坐金牀，隨太歲轉，[8]與妻並坐接客。無文字，以木爲契。與旁國通，則使旁國胡爲胡書，[9]羊皮爲紙。無職官。事天神、火神，每日則出户祀神而後食。其跪一拜而止。葬以木爲椁。父母死，其子截一耳，葬訖即吉。[10]其言語待河南人譯然後通。[11]

［1］代都：地名。指北魏前期都城平城，在今山西大同市東北古城，設代尹以治之。按，北魏道武帝天興元年（398）拓跋珪定國號爲魏之前，本爲代王，故其都城有此稱。按，《梁書》卷五四《西北諸戎傳》作“桑乾”。

［2］盤盤：按，大德本、汲古閣本、殿本、百衲本及《梁書·西北諸戎傳》同。中華本據《通志》卷一九六改作“渴盤陀”，説見中華本校勘記。詳參《吕思勉讀史札記·丙帙·滑國考》。　焉耆：古國名。在今新疆焉耆縣一帶。　疏勒：古國名。在今新疆疏

勒縣及喀什市一帶。　姑墨：古國名。一作姑默。在今新疆阿克蘇市。　句般：古國名。位於葱嶺之北。按，《梁書·西北諸戎傳》作“句盤”。

［3］多山川，少樹木：按，《通志》卷一九六同，《梁書·西北諸戎傳》及《册府元龜》卷九六一作“多山川、樹木”，無“少”字。

［4］麵：《通志》卷一九六同，《梁書·西北諸戎傳》作“麨”。

［5］馳：大德本、殿本、百衲本及《通志》卷一九六作“駞”，汲古閣本、中華本及《梁書·西北諸戎傳》作“駝”。按，駞（tuó），古同“駝”。“馳”字訛，當改“駞”或“駝”。

［6］人皆善騎射：《册府元龜》卷九六一、《通志》卷一九六同，《梁書·西北諸戎傳》則無“騎”字。

［7］氈屋：氈製的帳篷。古代北方游牧民族以爲居室。

［8］太歲：又稱歲陰、太陰。古代天文學中爲方便紀年假設的星名。其運行的方向與歲星（即木星）正相反，十二年運行一周天，每年行經一個星次。

［9］胡書：胡人的文字。

［10］即吉：謂居喪期滿，除去喪服，得以參與吉禮。

［11］河南人：指吐谷渾人。

呵跋檀、周古柯、胡密丹等國，[1]並滑旁小國也。凡滑旁之國，衣服容貌皆與滑同。梁普通元年，[2]使使隨滑使來貢獻方物。

［1］呵跋檀：古國名。其地在今烏兹别克斯坦撒馬爾罕州一帶。一説在今新疆境内。　胡密丹：古國名。又名鉢和。其地在今阿富汗東北瓦罕地區。

［2］梁：大德本、汲古閣本、殿本、百衲本、中華本及《梁

書》卷五四《西北諸戎傳》皆無“梁”字。

白題國，[1]王姓支名史稽毅，其先蓋匈奴之别種胡也。漢灌嬰與匈奴戰，[2]斬白題騎一人是也。[3]在滑國東，去滑六日行，西極波斯。土地出粟、夌、瓜果，[4]食物略與滑同。普通三年，遣使獻方物。

[1]白題國：古國名。其地當在今巴基斯坦控制的克什米爾北部巴爾蒂斯坦地區。參清丁謙《梁書夷貊傳地理考證》。一説當在今烏兹别克斯坦的布哈拉西南。

[2]灌嬰：睢陽（今河南商丘市）人。秦末，從劉邦起於碭，轉戰各地，多有戰功。漢高祖六年（前201），封潁陰侯。吕后卒，與周勃、陳平等誅滅諸吕，迎立文帝，任太尉。後繼周勃爲相。匈奴入北地，奉命率八萬餘騎擊退之。《史記》卷九五、《漢書》卷四一有傳。

[3]斬白題騎一人：按，事見《史記·樊酈滕灌列傳》。白題，裴駰集解引服虔云："胡名也。"

[4]夌（líng）：大德本、汲古閣本、殿本、百衲本、中華本及《梁書》卷五四《西北諸戎傳》作“麥”。“夌”古同“陵”或“淩”，無物産義，當依諸本及《梁書》改作“麥”。

龜兹者，西域之舊國也。自晋度江不通。至梁普通二年，王尼瑞摩珠那勝遣使奉表貢獻。

于闐者，[1]西域之舊國也。[2]梁天監九年，始通江左，遣使獻方物。十三年，又獻波羅婆步障。[3]十八年，又獻瑠璃罌。[4]大同七年，又獻外國刻玉佛。

[1]于闐：古國名。又作于寘。其地在今新疆和田市。

[2]西域之舊國：《梁書》卷五四《西北諸戎傳》“舊國”作“屬”。

[3]障：殿本同，大德本、汲古閣本、百衲本、中華本及《梁書·西北諸戎傳》作“鄣”。

[4]罌：一種大腹小口的酒器。

渴盤陁國，[1]于闐西小國也。西鄰滑國，南接罽賓國，北連沙勒。[2]國都在山谷中，[3]城周回十餘里。國有十二城，風俗與于闐相類。衣吉貝布，[4]著長身小袖袍、小口袴。地宜小麥，資以爲糧。多牛馬駱駞羊等。出好氈。王姓葛沙氏，梁中大同元年，[5]始通江左，遣獻方物。

[1]渴盤陁：古國名。亦作渴槃陁、喝盤陁、揭槃陁等，其地在今新疆塔什庫爾干縣一帶。地處塔里木盆地西緣，爲通往天竺的通道。南北朝時，役屬嚈噠。

[2]沙勒：古國名。即疏勒。

[3]國都：《梁書》卷五四《西北諸戎傳》作“所治”，此避唐高宗李治諱改。

[4]吉貝：大德本、殿本同，汲古閣本、百衲本、中華本作“古貝”。《梁書》各本亦“吉”“古”互見。

[5]梁中大同元年：中華本及《梁書·西北諸戎傳》同，大德本、汲古閣本、殿本、百衲本作“七年”。按，梁武帝中大同二年即（547）改元太清（547—549），“七年”顯誤。

末國，[1]漢世且末國也。[2]勝兵萬餘户。北與丁零、東與白題、西與波斯接。[3]土人翦髮，著氈帽、小袖衣，爲衫則開頸而縫前。多牛羊騾驢。其王安末深盤，梁普通五年，始通江左，遣使來貢獻。

[1]末國：古國名。當即米國之異譯。亦名彌末、彌秣賀。其地在今烏兹别克斯坦撒馬爾罕東南米馬巴扎爾。一説在今撒馬爾罕西南。

[2]漢世且末國也：《梁書》卷五四《西北諸戎傳》同。按，所謂末國乃“漢世且末國”，亦屬南朝宋人裴子野的穿鑿附會之辭。漢之且末國，在今新疆且末縣西南，地處白題國以東，與《傳》云末國“東與白題”相接之方位明顯不合。米國爲昭武九姓之一，其地在葱嶺以西，故得“東與白題”相接。米國先世原居祁連山東北昭武城（在今甘肅臨澤縣），後爲突厥所破，遂西逾葱嶺，遷移至中亞阿姆河和錫爾河流域。其後子孫繁衍，支庶分王，形成昭武九姓政權。梁武帝普通五年（524），末國遣使來貢，當屬米國初立之時。參丁謙《梁書夷貊傳地理考證》。

[3]丁零：古族名。即敕勒。亦作釘靈。北朝、隋唐時又稱高車、鐵勒，游牧於獨洛水（今蒙古國土拉河）至西海（今中亞里海）之間，分屬東、西突厥。

波斯國，[1]其先有波斯匿王者。[2]子孫以王父字爲氏，因爲國號。國有城，周回三十二里。城高四丈，皆有樓觀。城内屋宇數百千間，城外佛寺二三百所。西去城十五里有土山，山非過高，其勢連接甚遠。中有鷲鳥噉羊，土人極以爲患。國中有優鉢曇花，[3]鮮華可愛。出龍駒馬。鹹地生珊瑚樹，[4]長一二尺。亦有武魄、馬腦、真珠、玫瑰等，[5]國内不以爲珍。市買用金銀。昏姻法，下娉財訖，[6]女壻將數十人迎婦。壻著金綿錦袍、師子錦袴，[7]戴天冠。婦亦如之。婦兄弟便來捉手付度，夫婦之禮，於兹永畢。國西及南俱與婆羅門國、北與泛慄國接。[8]梁中大通二年，始通江左，遣使獻佛牙。

[1]波斯國：古國名。即古代中天竺之憍薩羅國。亦作拘薩羅國。其疆域包括今印度北方邦及尼泊爾部分地區。按，清代學者曾指出，此《傳》中所叙波斯國，實指古印度之“拘薩羅”，亦《大唐西域記》中所言“室羅伐悉底”，“萬不能指（中東西亞之）波斯”（丁謙《梁書夷貊傳地理考證》）。

[2]波斯匿王：憍薩羅國國王。相傳與釋迦牟尼同日出生，曾與釋迦辯論而結成好友，爲佛陀時代護持佛教的兩大國王之一。另一爲摩揭陀國的頻婆娑羅王。

[3]優鉢曇花：花名。梵文意譯爲“祥瑞靈異的花”。佛經中多有提及。爲産於印度的一種無花果樹。中國雲南等地亦有生長。其花隱於花托之内，一開即斂，不易看見。佛教以爲此樹開花是佛的瑞應，稱爲祥瑞之花。

[4]鹹地生珊瑚樹：大德本、汲古閣本、殿本、百衲本同，中華本據《梁書》卷五四《西北諸戎傳》改“地”作“池”。

[5]武魄：大德本、百衲本、中華本同，汲古閣本、殿本作“虎魄”，《梁書·西北諸戎傳》作“琥珀”。按，“武”本字“虎”，此避唐高祖李淵祖父李虎諱改。諸本或作“虎”字，當屬校刻者妄加回改。　馬腦：寶石名。即瑪瑙。魏文帝《瑪瑙勒賦》曰：“瑪瑙，玉屬也。出自西域，文理交錯，有似馬腦。故其方人，因以名之。”（載《藝文類聚》卷八四）　玫瑰：大德本、汲古閣本、殿本、百衲本同，《梁書·西北諸戎傳》作“玟珂”。“玟”同“玫”。“珂”同“瑰”。

[6]下娉財訖：《梁書·西北諸戎傳》無“財”字。

[7]金綿錦袍：大德本、汲古閣本、殿本、百衲本、中華本及《梁書·西北諸戎傳》皆作“金線錦袍”。

[8]國西：按，《梁書·西北諸戎傳》“國”下有“東與滑國”四字，但方位明顯不合。中華本據以補之，恐非。　婆羅門國：泛指憍薩羅國以西、以南信奉婆羅門教諸國。　泛慄國：古國名。其地在今尼泊爾南境，位於憍薩羅國都舍衛城以北。

北狄種類寔繁，蠕蠕爲大，[1]蓋匈奴之别種也。[2]魏自南遷，因擅其地故。[3]無城郭，隨水草畜牧，以穹廬居。[4]辮髮，衣錦，小袖袍、小口袴、深雍鞾。[5]其地苦寒，七月流澌亘河。[6]

[1]蠕蠕爲大：大德本、汲古閣本、殿本、百衲本、中華本“大”作“族”。蠕蠕，古族名和古國名。即柔然。亦譯作芮芮、茹茹。源於東胡。公元5世紀初建柔然汗國。盛時疆域東接朝鮮、西至焉耆、北盡沙漠、南臨北魏。至6世紀中葉爲突厥所滅。

[2]蓋匈奴之别種：按，關於柔然人的來源，諸史籍記述歧異。《梁書》卷五四《西北諸戎傳》以爲“匈奴别種”，《南齊書》卷五九《芮芮虜傳》以爲“塞外雜胡”，《魏書》卷一〇三《蠕蠕傳》以爲“東胡之苗裔”，《北史》卷九八《蠕蠕傳》論則以爲“至如蠕蠕者，匈奴之裔，根本莫尋”。

[3]魏自南遷，因擅其地故：按，《梁書·西北諸戎傳》“魏自”作“自元魏”。中華本據《梁書·西北諸戎傳》改“地故”作“故地”。

[4]以穹廬居：按，《梁書·西北諸戎傳》“穹廬”下有“爲”字，似不必删省。

[5]深雍鞾（xuē）：大德本、汲古閣本、殿本、百衲本及《梁書·西北諸戎傳》同，中華本“鞾”作“韡”。按，鞾，革履，同

靴。韡，音 wěi，光明盛大狀。無“履”“靴”之義。

[6]流澌：亦作“流凘”。指江河解凍時隨水流漂動的冰塊。

宋昇明中，[1]遣王洪軌使焉，[2]引之共謀魏。[3]齊建元三年，[4]洪軌始至。是歲通使，求并力攻魏。其相國刑基祇羅回表，言：“京房讖云：[5]‘卯金卒，[6]草肅應王。’歷觀圖緯，代宋者齊。”又獻師子皮袴褶。其國後稍侵弱，永明中，[7]爲丁零所破，更爲小國而移其居。[8]梁天監十四年，遣使獻馬、貂裘。[9]普通元年，又遣使獻方物。是後，數歲一至焉。大同七年，又獻馬一疋，金一斤。

[1]宋昇明中：按,《梁書》卷五四《西北諸戎傳》同,《南齊書》卷五九《芮芮虜傳》作“昇明二年”。

[2]王洪軌：大德本、汲古閣本、殿本、百衲本及《南齊書》(舊本)、《梁書》同，中華本據《資治通鑑》齊高帝建元元年改爲“王洪範”。見本書、《南齊書》之中華本校勘記。王洪範，南朝宋末齊初上谷（今北京市延慶區）人，一説齊郡臨淄（今山東淄博市臨淄區）人。本書卷七〇有傳。

[3]引之：按，《梁書·西北諸戎傳》同，《南齊書·芮芮虜傳》作“剋期”。　謀：《南齊書·芮芮虜傳》《梁書·西北諸戎傳》作“伐”。

[4]齊建元三年：按，《梁書·西北諸戎傳》“三年”作“元年”。檢《南齊書·芮芮虜傳》，王洪軌始至當在齊高帝建元元年(479)，似以《梁書》爲是。傳中還敘及“建元元年八月，芮芮主於發三十萬騎南侵”魏，“上（齊高帝）初踐阼，不遑出師”，“二年、三年，芮芮主頻遣使貢獻”，本書皆並在“三年”，有欠允當。

詳見馬宗霍《南史校證》(湖南教育出版社 2008 年版，第 1225 頁)。

[5]京房：本姓李，字君明，東郡頓丘（今河南清豐縣）人。治《易》，爲今文易學“京氏學”的開創者。《漢書》卷七五有傳。

[6]卯金卒：《南齊書·芮芮虜傳》“卒”作“十六”。

[7]永明中：《梁書·西北諸戎傳》同，《南齊書·芮芮虜傳》“中”作“十年”。

[8]更爲小國而移其居：按，中華本據《梁書·西北諸戎傳》於“移”上補“南”字。“南移”，《南齊書·芮芮虜傳》作“南徙”。

[9]馬：《梁書·西北諸戎傳》作“烏”。

其國能以術祭天而致風雪，前對皎日，後則泥潦横流，故其戰敗莫能追及。或於中夏爲之，[1]則不能雨，[2]問其故，蓋以暵云。[3]

[1]中夏：指中原地區。

[2]則不能雨：《梁書》卷五四《西北諸戎傳》“則”下有“曀”字。曀（yì），謂天色昏暗或陰沉而有風。

[3]暵（nuǎn）：同“暖”。

論曰：自晋氏南度，介居江左，北荒西裔，隔礙莫通。至於南徼東邊，[1]界壤所接，洎宋元嘉撫運，[2]爰命干戈，象浦之捷，[3]威震冥海。[4]於是鞮譯相係，[5]無絶歲時。以洎齊、梁，職貢有序。[6]及侯景之亂，[7]邊鄙日蹙。陳氏基命，[8]衰微已甚，救首救尾，身其幾何。故西賮南琛，[9]無聞竹素，[10]豈所謂有德則來，無道則去者也。[11]

[1]至於南徼東邊：按，各本並同，李清《南北史合注》卷八四“至於”作“通惟”。

[2]撫運：謂順應時運。

[3]象浦之捷：南朝宋文帝元嘉二十二年（445）宋軍大敗林邑國軍之役。象浦，地名。即盧容浦，在今越南承天順化省順化市附近。按，捷，中華本同，大德本、汲古閣本、殿本、百衲本作“絶”。

[4]冥海：神話傳説中的極遠方大海。見《莊子·逍遥遊》及《列子》《十洲記》等。

[5]鞮譯：傳譯、輾轉翻譯。此處引申爲重譯而來的邊遠少數民族或外國使者。

[6]職貢：指藩屬國或外國按時向朝廷貢納。

[7]侯景之亂：又稱太清之難，即南朝梁武帝末東魏降將侯景發動的叛亂。事詳本書卷八〇、《梁書》卷五六之《侯景傳》。

[8]基命：猶始命。謂人主始受天命而登基，亦指新的王朝建立之初。

[9]西賮南琛：西戎的財貨和南蠻的珍寶。此處代指西南諸國對朝廷的貢納。

[10]竹素：猶竹帛。多指史册、典籍。

[11]有德則來，無道則去：語本《孔叢子·對魏王》：“今天下悠悠，士無定處，有德則往，無德則去。”有德，即有道，指政治清明，天下太平。無道，謂國政不修、社會紛亂。

南史　卷八〇

列傳第七十

賊臣

侯景　王偉　熊曇朗　周迪　留異　陳寶應

侯景字萬景，魏之懷朔鎮人也。[1]少而不羈，爲鎮功曹史。[2]魏末北方大亂，乃事邊將爾朱榮，甚見器重。[3]初學兵法於榮部將慕容紹宗，未幾，紹宗每詢問焉。[4]後以軍功爲定州刺史。[5]始魏相高歡微時，與景甚相友好，[6]及歡誅爾朱氏，景以衆降，仍爲歡用。稍至吏部尚書，[7]非其好也。每獨曰："何當離此反故紙邪。"尋封濮陽郡公。[8]

[1]魏之懷朔鎮人：按，《梁書》卷五六《侯景傳》作"朔方人，或云雁門人"，並言"以選爲北鎮戍兵"。懷朔，鎮名。北魏六鎮之一。在今内蒙古固陽縣西南，一説在今固陽縣東北。

[2]鎮功曹史：官名。北魏鎮都大將府或鎮將府所屬功曹之長。職掌吏事或主選舉，並協助參軍事治理府事。地位高於諸曹掾史。

[3]乃事邊將爾朱榮，甚見器重：按，《梁書・侯景傳》作"景始以私衆見榮，榮甚奇景，即委以軍事"。爾朱榮，字天寶，北秀容（今山西朔州市）人，契胡族。《魏書》卷七四、《北史》卷四八有傳。

[4]學兵法於榮部將慕容紹宗，未幾，紹宗每詢問焉：按，此段記述爲《梁書・侯景傳》所無。慕容紹宗，昌黎棘城（今遼寧義縣）人，鮮卑族。前燕王室後裔。《北齊書》卷二〇、《北史》卷五三有傳。按，大德本、汲古閣本、殿本、百衲本作"慕容超宗"，中華本據《通志》卷一四三改作"慕容紹宗"，詳見中華本校勘記。此底本不誤。

[5]後以軍功爲定州刺史：按，《梁書・侯景傳》作"會葛賊南逼，榮自討，命景先驅，至河内擊大破之，生擒葛榮，以功擢爲定州刺史"。定州，州名。北魏置。治盧奴縣，在今河北定州市。

[6]始魏相高歡微時，與景甚相友好：按，此段記述爲《梁書・侯景傳》所無。《北史》卷六《齊高祖神武帝紀》載高歡與"懷朔户曹史孫騰、外兵史侯景亦相友結"。高歡，字賀六渾，渤海蓨（今河北景縣）人，世居懷朔。東魏權相。其子高洋建北齊，追尊神武皇帝，廟號高祖。《北齊書》卷一、卷二，《北史》卷六有紀。

[7]吏部尚書：官名。尚書省吏部曹長官，位居列曹尚書之上。主管官吏銓選考課獎懲，其實權甚或過於尚書僕射。北魏、北齊三品。

[8]尋封濮陽郡公：按，據《梁書・侯景傳》，侯景封濮陽郡公在"歡誅爾朱氏，景以衆降"之前。

歡之敗於沙苑，[1]景謂歡曰："宇文泰恃於戰勝，[2]今必致殆，[3]請以數千勁騎至關中取之。”[4]歡以告其妃婁氏，[5]曰：“彼若得泰，亦將不歸。得泰失景，於事奚益。”[6]歡乃止。後爲河南道大行臺，位司徒。[7]又言於歡曰：[8]“恨不得泰。請兵三萬，横行天下；要須濟江縛取蕭衍老公，[9]以作太平寺主。”[10]歡壯其言，使擁兵十萬，專制河南，仗任若己之半體。

［1］歡之敗於沙苑：以下至“歡乃止”，按，此段記述爲《梁書》卷五六《侯景傳》所無。沙苑，地名。又名沙阜、沙海、沙溪。在今陝西大荔縣東南洛、渭二河之間。

［2］宇文泰：字黑獺，代郡武川（今内蒙古武川縣西）人，鮮卑族。西魏權相。其子宇文覺代西魏建立北周，追尊其爲文皇帝，號太祖。《周書》卷一、卷二，《北史》卷九有紀。

［3］殆：汲古閣本、大德本、殿本作“怠”。“殆”“怠”通。

［4］數千勁騎：按，《北史》卷一四《齊武明皇后婁氏傳》云“請精騎二萬”。

［5］婁氏：高歡妻婁昭君。代郡平城（今山西大同市）人。《北齊書》卷九、《北史》卷一四有傳。

［6］彼若得泰，亦將不歸。得泰失景，於事奚益：按，《北史·齊武明皇后婁氏傳》作“若如其言，豈有還理？得獺失景，亦有何利”。獺，宇文泰字黑獺，故以“獺”稱之。

［7］後爲河南道大行臺，位司徒：《梁書·侯景傳》作“魏以爲司徒、南道行臺”，《梁書》中華本校勘記以爲“此句當有脱誤”。按，據《北史》卷五《東魏孝静帝紀》，天平三年“九月壬寅，以定州刺史侯景兼尚書右僕射、南道行臺，節度諸軍南討”；武定三年“十二月，以司空侯景爲司徒”，四年“六月庚子，以司徒侯景爲河南大行臺”。是知“南道行臺”與“河南道大行臺”並非同一官職，景歷此二官前後至少相距十年；景爲“司徒”在先，

爲“河南道大行臺”在後。又，或疑“河南道”的“道”字乃衍文。河南道，北朝軍事區域名。範圍包括東魏所轄今河南省境黄河以南、洛陽以東地區。大行臺，官署名。南北朝至唐初，爲尚書省設在各主要地區的派出機構，代表朝廷行使尚書省權力，管理轄區内的軍政事務，是地方最高的軍事與行政機構。亦是大行臺長官（大行臺尚書令、尚書僕射）的省稱。按，據《梁書·侯景傳》，景爲大行臺亦在“歡誅爾朱氏，景以衆降”之前。

［8］又言於歡曰：以下至“仗任若己之半體”，按，此段記述爲《梁書·侯景傳》所無。《資治通鑑》卷一五九《梁紀十五》采之,“請兵”作“願得兵”。胡三省注:“史言侯景夙有取江南之志。”

［9］蕭衍：梁武帝。字叔達，小字練兒，南朝梁開國皇帝。本書卷六、卷七，《梁書》卷一至卷三有紀。　老公：對老年人的蔑稱，即今言糟老頭之意。

［10］太平寺主：太平寺寺主的省稱。太平寺，東魏、北齊鄴都佛寺名。在今河北臨漳縣西南鄴鎮。寺主，主持佛寺事務的僧官名。與上坐、都維那合稱寺院三綱，相當於後世的寺院住持。

景右足短,［1］弓馬非其長，所在唯以智謀。時歡部將高昂、彭樂皆雄勇冠時,［2］唯景常輕之，言“似豕突並,［3］勢何所至”。及將鎮河南,［4］請于歡曰:“今握兵在遠，姦人易生詐僞，大王若賜以書，請異於他者。”許之。每見景書，别加微點,［5］雖子弟弗之知。

［1］景右足短：以下至“勢何所至”，按，此段記述爲《梁書》卷五六《侯景傳》所無。《資治通鑑》卷一五九《梁紀十五》采之，“智謀”作“謀算”，“部將”作“諸將”，“高昂”作“高敖曹”。

［2］部將：大德本、汲古閣本、殿本同，百衲本“部”訛作

"曰"。按，張元濟《南史校勘記》:"按'曰'疑'舊'之訛。" 高昂：字敖曹，渤海蓨（今河北景縣）人。《北齊書》卷二一、《北史》卷三一有附傳。　彭樂：字興，安定（今甘肅涇川縣北）人。《北史》卷五三有傳。

[3]似豕突並：大德本、殿本、中華本"並"作"爾"，汲古閣本作"尔"，百衲本作"亦"。《資治通鑑》卷一五九《梁紀十五》武帝中大同元年作"此屬皆如豕突"。

[4]及將鎮河南：以下至"雖子弟弗之知"，按，此段記述爲《梁書·侯景傳》所無。

[5]每見景書，别加微點：大德本、汲古閣本、殿本、中華本"見"作"與"。"與"是，應據諸本改。據《北史》卷六《齊神武帝紀》，"景先與神武約，得書，書背微點，乃來"。

及歡疾篤，其世子澄矯書召之。[1]景知僞，[2]懼禍，因用王偉計，乃以太清元年二月遣其行臺郎中丁和上表求降。[3]帝召群臣議之，尚書僕射謝舉等皆議納景非便，[4]武帝不從。初，帝以是歲正月乙卯於善言殿讀佛經，[5]因謂左右黄慧弼曰："我昨夢天下太平，爾其識之。"及和至，校景實以正月乙卯日定計，帝由是納之。於是封景河南王、大將軍、使持節、督河南北諸軍事、大行臺，[6]承制如鄧禹故事。[7]

[1]世子澄：高澄。字子惠，渤海蓨（今河北景縣）人，高歡長子。高歡死後，他於東魏孝静帝武定五年（547）七月爲大丞相、都督中外諸軍，成爲東魏政權的實際掌控者。武定七年七月，遇刺身亡。高洋即位後，追謚爲文襄皇帝。《北齊書》卷三、《北史》卷六有紀。

［2］景知僞：按，《梁書》卷五六《侯景傳》“僞”作“之”。據《北史》卷六《齊神武帝紀》，高澄爲書召侯景，“書至，無點，景不至”。

［3］太清：南朝梁武帝蕭衍年號（547—549）。　行臺郎中：官名。即大行臺郎中。位次大行臺左、右丞，雖不理曹務，但權力大於冠以具體曹名者。北魏孝文帝時初定五品上，後改六品。北齊六品上。　丁和：侯景部將。隨景降梁、作亂，以爲爪牙。及景自立爲漢帝，歷儀同、郢州刺史。後兵敗被擒殺於江陵。事見《梁書》卷四五《王僧辯傳》、《資治通鑑》卷一六四《梁紀二十》。　上表求降：按，《梁書·侯景傳》“求”作“請”。表文俱載《梁書·侯景傳》。

［4］謝舉：字言揚，陳郡陽夏（今河南太康縣）人。本書卷二〇有附傳，《梁書》卷三七有傳。

［5］初，帝以是歲正月乙卯於善言殿讀佛經：以下至“帝由是納之”，按，《梁書·侯景傳》云：“初，中大同中，高祖嘗夜夢中原牧守皆以地來降，舉朝稱慶，寤甚悦之。旦見中書舍人朱异，説所夢，异曰：‘此豈宇内方一，天道前見其徵乎。’高祖曰：‘吾爲人少夢，昨夜感此，良足慰懷。’及太清二年，景果歸附。”又云：“高祖深納异言，又信前夢，乃定議納景。”此與本書記述相異，有學者以爲“延壽當别有所據”。《資治通鑑》卷一六〇《梁紀十六》叙梁武之夢雖同於《梁書》，而年月日則與本書同（參見馬宗霍《南史校證》，湖南教育出版社2008年版，第1229頁）。

［6］使持節：漢代官吏奉使外出時，或由皇帝授予節杖，以提高其威權。魏晋以後，凡重要軍事長官出征或出鎮，多加使持節號，可誅殺二千石以下官員。　督河南北諸軍事：按，各本及《通志》卷一四三並同，中華本據《梁書·侯景傳》於“督”上補“董”字，“河南”下補“南”字。《資治通鑑·梁紀十六》武帝太清元年作“都督河南北諸軍事”。

［7］承制：秉承皇帝旨意而便宜行事。　鄧禹：字仲華，南陽

新野（今河南新野縣）人。《後漢書》卷一六有傳。

高澄嗣事爲渤海王，[1]遣其將慕容紹宗圍景於長社。[2]景急，乃求割魯陽、長社、東荆、北兗請救于西魏，[3]魏遣五城王元慶等率兵救之，紹宗乃退。景復請兵於司州刺史羊鴉仁，[4]鴉仁遣長史鄧鴻率兵至汝水，[5]元慶軍夜遁，鴉仁乃據懸瓠。[6]

[1]嗣事：繼承官職或權位。　渤海王：殿本同，大德本、汲古閣本“渤”作“勃”。

[2]長社：縣名。治所在今河南長葛市東北。時亦兼潁州治。

[3]魯陽：郡名。治山北縣，在今河南魯山縣。亦兼廣州治。　東荆：州名。治比陽縣，在今河南泌陽縣。　北兗：州名。治滑臺縣，在今河南滑縣東。　西魏：朝代名。都長安。歷三帝，二十二年（535—556）。後爲北周所取代。

[4]司州：州名。宋明帝泰始中置。治平陽縣，在今河南信陽市。梁武帝大通中改名“北司州”。按，此“司州刺史”當作“北司州刺史”。　羊鴉仁：字孝穆，泰山鉅平（今山東泰安市）人。初仕魏，梁武帝普通中歸梁，封廣晋侯。本書卷六三、《梁書》卷三九有傳。

[5]汝水：水名。上游即今河南境内汝河，下游即今南汝河及洪河。

[6]懸瓠：城名。一作懸壺，在今河南汝南縣。東晋、南北朝時爲南北軍事要地。

時景將蔡道遵北歸，[1]言景有悔過志。高澄以爲信然，乃以書喻景，若還，許以豫州刺史終其身，[2]所部文武更不追攝，闔門無恙，并還寵妻愛子。景報書不從。[3]澄知景無歸志，乃遣軍相繼討景。

[1]時景將蔡道遵北歸：以下至“乃以書喻景”，按，《梁書》卷五六《侯景傳》云“魏既新喪元帥，景又舉河南内附，齊文襄慮景與西、南合從，方爲己患，乃以書喻景”。高澄喻侯景書具載《梁書·侯景傳》。　蔡道遵：按，《梁書·侯景傳》作“蔡遵道”。

[2]豫州：州名。北魏獻文帝皇興中改司州置。治懸瓠城。北周静帝大象末改爲舒州，隋文帝開皇初復爲豫州。

[3]景報書不從：按，侯景報高澄書具載《梁書·侯景傳》。

帝聞鵶仁已據懸瓠，遂命群帥指授方略，大舉攻東魏，以貞陽侯蕭明爲都督。[1]明軍敗見俘。紹宗攻潼州，[2]刺史郭鳳棄城走。[3]景乃遣其行臺左丞王偉、左户郎中王則詣闕獻策，[4]請元氏子弟立爲魏主。[5]詔遣太子舍人元貞爲咸陽王，[6]須度江許即位，以乘輿之副資給之。[7]

[1]蕭明：即蕭淵明。唐人修史避唐高祖李淵諱作“蕭明”或“蕭深明”。字靖通，梁宗室。承聖四年（555），梁元帝蕭繹爲西魏所殺，北齊護送其南下建康，王僧辯擁立爲帝，年號天成。陳霸先殺王僧辯，立敬帝，降號爲建安王。旋病卒。本書卷五一有附傳。

[2]潼州：州名。南朝梁置。治取慮城，在今安徽靈璧縣東北。

[3]郭鳳：南朝梁人。及侯景叛梁，初與北兖州刺史蕭祇、青州刺史蕭退同起兵赴援建康，旋謀以淮陰應景，祇、退等力不能制，遂北奔東魏。

[4]行臺左丞：官名。行臺長官佐貳官。總領行臺庶務，職掌同尚書左丞。北魏孝文改制初定四品上，後改從四品上。　左户郎中：官名。即行臺左民郎中，此避唐太宗李世民諱改。行臺左民長官。職同左民郎中，掌修繕功作等，兼掌户籍。北魏孝文改制初定五品上，後改六品。

[5]魏主：按，大德本、汲古閣本同，北監本、殿本作“魏王”。張元濟《南史校勘記》：“殿誤，見《梁書·侯景傳》。”

[6]元貞：鮮卑族。北魏咸陽王元禧孫。《梁書》卷三九、《魏書》卷二一上有附傳。

[7]以乘輿之副資給之：按，《梁書》卷五六《侯景傳》作“乘輿副御以資給之”。

高澄又遣慕容紹宗追景，[1]景退保渦陽，[2]使謂紹宗曰：[3]“欲送客邪？將定雄雌邪？”[4]紹宗曰：“將决戰。”遂順風以陣。景閉壘，頃之乃出。紹宗曰：“景多詭，好乘人背。”使備之，果如其言。景命戰士皆被短甲短刀，但低視斫人脛馬足，遂敗紹宗軍。裨將斛律光尤之，[5]紹宗曰：“吾戰多矣，未見此賊之難也。爾其當之。”光被甲將出，紹宗戒之曰：“勿度渦水。”[6]既而又爲景敗。紹宗謂曰：“定何如也。”相特連月，景食盡，[7]誑其衆以爲家口並見殺。[8]衆皆信之。紹宗遥謂曰：“爾等家並完。”乃被髮向北斗以誓之。景士卒並北人，不樂南度，其將暴顯等各率所部降紹宗。[9]景軍潰散，喪甲士四萬人，馬四千疋，輜重爲餘兩。[10]乃與腹心數騎自硤石濟淮，[11]稍收散卒，得馬步八百人。南過小城，[12]人登陴詬之曰：“跛脚奴何爲邪！”景怒，破城殺言者而去。晝夜兼行，追軍不敢逼。[13]使謂紹宗曰：“景若就禽，公復何用?”紹宗乃縱之。

[1]慕容紹宗：汲古閣本、殿本、百衲本、中華本同，大德本作“慕容超宗”。

[2]渦陽：縣名。治所在今安徽蒙城縣。

[3]使謂紹宗曰：以下至“遂敗紹宗軍”，按，此段記述爲《梁書》卷五六《侯景傳》所無，當采自《三國典略》。見《太平御覽》卷三一三引。《資治通鑑》卷一六〇《梁紀十六》叙述此事亦采自《典略》，但較本書爲詳。

[4]雄雌：大德本、百衲本、中華本同，北監本、汲古閣本、殿本作“雌雄”。參張元濟《南史校勘記》。

[5]裨將斛律光尤之：以下至“定何如也”，按，此段記述爲《梁書·侯景傳》所無，《資治通鑑·梁紀十六》雖有，但“未見此賊之難也。爾其當之”作“未見如景之難克者也。君輩試犯之”。斛律光，字明月，朔州（今内蒙古和林格爾縣西北）敕勒部人。《北齊書》卷一七、《北史》卷五四有附傳。

[6]渦水：水名。即今淮河支流渦河。

[7]相特連月，景食盡：按，大德本、汲古閣本、殿本“特”作“持”。底本誤，應據諸本改。《梁書·侯景傳》作“相持於渦北，景軍食盡”。

[8]誑其衆以爲家口並見殺：以下至“乃被髮向北斗以誓之”，按，此段記述爲《梁書·侯景傳》所無。《資治通鑑》卷一六一《梁紀十七》叙述此事則采自《三國典略》，内容亦較本書爲詳。參見《太平御覽》卷三二四引《三國典略》。

[9]暴顯：字思祖，魏郡斥邱（今河北成安縣）人。《北齊書》卷四一、《北史》卷五三有傳。

[10]爲餘兩：大德本、汲古閣本、殿本作“萬餘兩”。底本誤，應據諸本改。

[11]硖石：山名。在今安徽鳳臺縣西南，一説在今安徽壽縣西北。　淮：水名。即今淮河。

[12]南過小城：以下至“紹宗乃縱之”，按，《梁書·侯景傳》無此段記述。《資治通鑑·梁紀十七》有而略同。

[13]晝夜兼行，追軍不敢逼：按，《資治通鑑·梁紀十七》所叙雖與本書同，但《考異》以爲：“《三國典略》云：‘晝息夜行，追軍漸逼。’今從《梁書》。”誤也。

既而莫適所歸，[1]馬頭戍土劉神茂者，[2]爲韋黯所不容，[3]因是踣馬乃馳謂景曰：[4]“壽陽去此不遠，[5]城池險固，韋黯是監州耳。[6]王若次近郊，必郊迎，因而執之，可以集事。得城之後，徐以啓聞，朝廷喜王南歸，必不責也。”景執其手曰：“天教也。”及至，而黯授甲登陴。景謂神茂曰：“事不諧矣。”對曰：“黯懦而寡智，可説下也。”乃遣豫州司馬徐思玉夜入説之，黯乃開門納景。景執黯，數將斬之，久而見釋。乃遣于子悦馳以敗聞，自求貶削。優詔不許。復求資給，即授南豫州刺史，[7]本官如故。

[1]既而莫適所歸：以下至“本官如故”，按，此段記述《梁書》卷五六《侯景傳》僅以“奔壽春，監州韋黯納之。景啓求貶削，優詔不許，仍以爲豫州牧，本官如故”二十八字帶過，甚簡。《資治通鑑》卷一六一《梁紀十七》叙述更詳且標明日期。又，“壽陽去此不遠，城池險固”十字，本書爲劉神茂謂侯景語，《資治通鑑》則爲侯景問劉神茂語，全然不同。或以爲司馬光當別有所本。

[2]馬頭：戍名。即今安徽懷遠縣南馬頭城。當淮河津渡要衝，

爲東晉、南朝緣淮軍事重地。　戍土：大德本、汲古閣本、殿本作“戍主”。底本誤，應據諸本改。戍主，官名。南北朝、隋唐皆置，爲戍之主將，掌守防捍禦之事。多以郡太守、縣令、州參軍及雜號將軍等官兼領。

[3]韋黯：字務直，京兆杜陵（今陝西西安市長安區）人，韋叡之子。本書卷五八、《梁書》卷一二有附傳。

[4]踣馬乃馳：王懋竑《讀書記疑》謂“踣字可疑”，中華本校勘記以爲“踣或是蹋之訛”。

[5]壽陽：城名。在今安徽壽縣。淮南軍事重鎮。魏晉南北朝歷爲揚州、豫州、南豫州及淮南郡、南梁郡、梁郡等治所。

[6]監州：官名。即“監某州”或“監某州事”的簡稱。南朝在某州無刺史時，以其他官員監理該州事務，代行刺史職權。地位較刺史爲低，亦可升任刺史。

[7]南豫州：州名。南朝宋置，治所一再遷改。南朝梁武帝太清元年（547）以“壽春爲南豫”，治壽春縣，在今安徽壽縣。按，“南豫州刺史”,《梁書·侯景傳》作“豫州牧”，同書《武帝紀下》、《資治通鑑·梁紀十七》並作“南豫州牧”。

帝以景兵新破，[1]未忍移易，故以鄱陽王範爲合州刺史，[2]即鎮合肥。[3]魏人攻懸瓠，懸瓠糧少，羊鴉仁去懸瓠歸義陽。[4]

[1]帝以景兵新破：以下至“王其圖之”，按，此段記述爲《梁書》卷五六《侯景傳》所無，《資治通鑑》卷一六一《梁紀十七》雖有之，但散見前後，且語辭亦加改動。

[2]鄱陽王範：蕭範。字世儀，梁武帝弟鄱陽王蕭恢世子，襲父爵爲鄱陽王。本書卷五二、《梁書》卷二二有附傳。　合州：州名。南朝梁武帝太清元年（547）改南豫州置。治汝陰縣，在今安

徽合肥市。

[3]合肥：城名。在今安徽合肥市西北。本南豫州治，梁武帝太清元年改爲合州治。

[4]義陽：郡名。南朝梁置。治義陽縣，在今湖北武漢市黄陂區木蘭山北。

魏人入懸瓠，更求和親，帝召公卿謀之。張綰、朱异咸請許之。[1]景聞未之信，乃僞作鄴人書，求以貞陽侯换景。帝將許之。舍人傅岐曰：[2]"侯景以窮歸義，棄之不祥。且百戰之餘，寧肯束手受縶。"謝舉、朱异曰："景奔敗之將，一使之力耳。"帝從之，復書曰："貞陽旦至，侯景夕反。"景謂左右曰："我知吴兒老公薄心腸。"[3]又請娶於王、謝，[4]帝曰："王、謝門高非偶，[5]可於朱、張以下訪之。"[6]景恚曰："會將吴兒女以配奴。"王偉曰："今坐聽亦死，舉大事亦死，王其圖之。"[7]於是遂懷反計。[8]屬城居人，[9]悉占募爲軍士。[10]輒停責市估及田租，[11]百姓子女悉以配將士。又啓求錦萬疋爲軍人袍，中領軍朱异議以御府錦署止充頒賞，[12]不容以供邊用，請送青布以給之。又以臺所給仗多不能精，[13]啓請東冶鍛工欲更營造，[14]敕並給之。景自渦陽敗後，多所徵求，朝廷含弘，未嘗拒絶。

[1]張綰：字孝卿，范陽方城（今河北固安縣）人。本書卷五六、《梁書》卷三四有附傳。　朱异：字彦和，吴郡錢唐（今浙江杭州市）人。本書卷六二、《梁書》卷三八有傳。

[2]傅岐：字景平，北地靈州（今寧夏吴忠市北武市）人。史

稱其“在禁省十餘年，機事密勿，亞於朱异”。本書卷七〇、《梁書》卷四二有傳。

［3］我知吴兒老公薄心腸：按，《資治通鑑》卷一六一《梁紀十七》武帝太清二年作“我固知吴老公薄心腸”。

［4］王、謝：東晋、南朝僑姓士族琅邪王氏、陳郡謝氏的並稱。後因以爲高門世族的代稱。

［5］非偶：語本《左傳》桓公六年：“人各有耦，齊大，非吾耦也。”耦，同“偶”。後遂以“非偶”謂不適當的婚配或不相稱的配偶。

［6］朱、張：六朝“吴中四姓”朱氏、張氏的並稱。亦泛指江東士族。

［7］王其圖之：按，《資治通鑑·梁紀十七》“王其”作“唯王”。

［8］遂懷反計：按，《梁書》卷五六《侯景傳》作“遂懷反叛”，《資治通鑑·梁紀十七》作“始爲反計”。

［9］屬城居人：按，《梁書·侯景傳》“人”作“民”，此避唐太宗李世民諱改。

［10］占募：按，《梁書·侯景傳》作“召募”。《資治通鑑·梁紀十七》與《梁書》同。

［11］責：索取，徵收。　市估：賦税名。亦稱估税。即東晋、南朝對入市交易商品按其值抽取百分之四的市場税。　田租：賦税名。亦稱田賦、田税。即向土地所有者徵收的土地税。

［12］御府：官署名。隸少府。設令、丞各一員，掌管理與製作宫廷衣服、金錢、玉器等珍物。　錦署：官署名。御府所轄織錦機構。東晋末劉裕滅後秦遷其百工置，南朝沿置。故址在今江蘇南京市武定橋東南。參《六朝事迹編類》卷下《錦署》，《太平御覽》卷八一五引《丹陽記》。　止充頒賞：大德本、汲古閣本、殿本“頒”作“領”。中華本據《梁書·侯景傳》改作“頒”。底本不誤。

[13]臺：臺省的簡稱。指朝廷或尚書臺（省）、中書省、門下省等中樞機構。

[14]東冶：官署名。隸少府。置令、丞一人，掌領工徒鼓鑄鍛冶。因工徒多爲刑徒（冶士），故亦爲繫囚徒之所。故址在今江蘇南京市東南秦淮河北岸。

是時貞陽侯明遣使還梁，述魏人請追前好，許放之還。武帝覽之流涕，乃報明啓當别遣行人。[1]帝亦欲息兵，乃與魏和通。景聞之懼，馳啓固諫，帝不從。爾後表疏跋扈，言辭不遜。又聞遣伏挺、徐陵使魏，不知所爲。[2]

[1]行人：官名。十六國南北朝時常置，掌出使聘問。亦用作使者的通稱。《管子·侈靡》："行人可不有私。"尹知章注："行人，使人也。"

[2]又聞遣伏挺、徐陵使魏，不知所爲：按，此十三字爲《梁書》卷五六《侯景傳》所無，《通志》卷一四三與本書同。"伏挺"，本書卷六二、《梁書》卷三八《朱异傳》、《資治通鑑》卷一六一《梁紀十七》、《通志》卷一四二皆作"謝挺"，故當據以改之。參《北齊書》卷四五《顔之推傳》、《太平御覽》卷六〇〇引《三國典略》、《册府元龜》卷四八二。　徐陵：字孝穆，東海郯（今山東郯城縣）人。本書卷六二有附傳，《陳書》卷二六有傳。

元貞知景異志，[1]累啓還朝。景謂曰："將定江南，何不少忍。"[2]貞益懼，奔還建鄴，具以事聞。景又招司州刺史羊鴉仁同逆，[3]鴉仁録送其使。時鄱陽王範鎮合肥，[4]及鴉仁俱累啓稱景有異志。朱异曰："侯景數百叛虜，何能爲役。”並抑不奏聞，景所以姦謀益果。[5]乃上言曰：[6]“高澄狡猾，[7]寧可全信。陛下納其詭語，求與連和，臣亦竊所笑也。臣行年四十有六，初未聞江左有佞邪之臣，[8]一旦入朝，乃致聊譏，寧堪粉骨，投命讎門。請乞江西一境，[9]受臣控督；如其不許，即領甲臨江，上向閩、越。非唯朝廷自耻，亦是三公旰食。”帝使朱异宣語答景使曰：“譬如貧家畜十客五客，尚能得意，朕唯有一客，致有忿言，亦是朕之失也。”景又知臨賀王正德怨望朝廷，[10]密令要結。正德許爲内啓。

[1]元貞知景異志：以下至“鵶仁録送其使”，按，此段記述爲《梁書》卷五六《侯景傳》所無，《資治通鑑》卷一六一《梁紀十七》有而稍異。

[2]將定江南，何不少忍：按，大德本、北監本、殿本同，汲古閣本、百衲本“忍”作“思”。張元濟《南史校勘記》：“殿是。”《資治通鑑·梁紀十七》武帝太清二年作“河北事雖不果，江南何慮失之，何不小忍”。

[3]景又招司州刺史羊鵶仁同逆：大德本、殿本、中華本同，汲古閣本、百衲本“招”作“徵”。

[4]時鄱陽王範鎮合肥：以下至“景所以姦謀益果”，按，《梁書·侯景傳》與之略同，唯“景所以姦謀益果”作“而逾加賞賜，所以姦謀益果”。

[5]並抑不奏聞，景所以姦謀益果：按，此十二字《資治通鑑》卷一六一《梁紀十七》武帝太清二年作“敕以使者付建康獄，俄解遣之。景益無所憚”十七字，且其下更有“啓上曰：若臣事是實，應罹國憲；如蒙照察，請戮鵶仁”一語。《考異》曰：“《梁書》《南史》皆云‘並抑不奏’，《典略》‘朱异拒之’云云。今從《太

清紀》。”

［6］乃上言曰：以下至“亦是朕之失也”，按，此段記述爲《梁書·侯景傳》所無。《資治通鑑·梁紀十七》雖節取之，但其下更有“益加賞賜錦綵錢布，信使相望”一語。胡三省注：“史言帝養成侯景之禍以敗國亡身。”

［7］狡猾：大德本、殿本、中華本同，汲古閣本、百衲本作“狡滑”。

［8］初：大德本、汲古閣本、殿本無。

［9］江西：地域名。一般指長江下游北岸、淮河以南地區。亦泛指稱長江以北包括中原在内的地區。

［10］臨賀王正德：蕭正德。字公和，梁武帝弟蕭宏第三子。原爲梁武帝養子，因未被立爲太子而心懷怨望。於普通六年（525）逃奔北魏，又於次年逃歸。中大通四年（532）正月，封臨賀郡王，邑二千户。本書卷五一有附傳，《梁書》卷五五有傳。

二年八月，景遂發兵反，於豫州城南集其將帥，[1]登壇歃血。是日地大震。於是以誅中領軍朱异、少府卿徐驎、太子左率陸驗、制局監周石珍爲辭，[2]以爲姦臣亂政，請帶甲入朝。先攻馬頭、木栅，執太守劉神茂、戍主曹璆等。[3]武帝聞之，笑曰：“是何能爲，吾以折箠笞之。”乃敕：購斬景者不問南北人同賞封二千户公一州刺史；[4]其人主帥欲還北不須州者，賞以絹布二萬，以禮發遣。於是詔合州刺史鄱陽王範爲南道都督，北徐州刺史封山侯正表爲北道都督，[5]司州刺史柳仲禮爲西道都督，[6]通直散騎常侍裴之高爲東道都督，[7]同討景，濟自歷陽。[8]又令侍中、開府儀同三司邵陵王綸持節，[9]董督衆軍。

[1]於豫州城南集其將帥：大德本、汲古閣本、殿本、百衲本、中華本“城南”作“城内”。《通志》卷一四三亦作“城南”。以下至“地大震”，按，《梁書》卷五六《侯景傳》、《資治通鑑》皆無此段記述。豫州城，城名。即南豫州治壽陽。

[2]徐驎：吴郡吴（今江蘇蘇州市）人。本書卷七七有附傳。　陸驗：吴郡吴（今江蘇蘇州市）人。本書卷七七有傳。　周石珍：本書卷七七有傳。

[3]先攻馬頭、木柵，執太守劉神茂、戍主曹璆等：按，《梁書·侯景傳》及《通志》卷一四三同。《資治通鑑》卷一六一《梁紀十七》云："景西攻馬頭，遣其將宋子仙東攻木柵，執戍主曹璆等。"《考異》曰："《梁書》云：'執太守劉神茂。'按，神茂素附於景，無煩攻執。今從《太清紀》《典略》。"馬頭，郡名。治所在馬頭戍。按，胡三省以爲“此馬頭在壽陽之西”，“非當塗之馬頭”。當塗，東晋成帝僑置當塗縣於江南，廢故縣爲馬頭城，即今安徽懷遠縣南馬頭城。木柵，戍名。在今安徽懷遠縣西南淮河北岸荆山西。

[4]乃敕購斬景者不問南北人同賞封二千户公一州刺史：大德本、汲古閣本、殿本、百衲本、中華本“購斬”作“斬”，其上無“購”字；大德本、汲古閣本、殿本、百衲本、中華本“公”作“兼”。按，《資治通鑑·梁紀十七》作“敕購斬景者，封三千户公，除州刺史”，既無其中“不問南北人同賞”七字，亦無之後“其人主帥欲還北不須州者，賞以絹布二萬，以禮發遣”諸語。《通志》卷一四三則全與本書底本同。

[5]北徐州：州名。南朝齊置。治燕縣，在今安徽鳳陽縣臨淮關鎮。　封山侯正表：蕭正表。字公儀，梁武帝弟蕭宏第六子。《魏書》卷五九、《北史》卷二九有傳。

[6]司州：州名。即南司州。南朝梁置。治安陸郡，在今湖北安陸市。　柳仲禮：字仲立，河東解（今山西臨猗縣）人，柳津之子。本書卷三八、《梁書》卷四三有附傳。

[7]裴之高：字如山，河東聞喜（今山西聞喜縣）人。本書卷五八、《梁書》卷二八有附傳。

[8]歷陽：郡名。治歷陽縣，在今安徽和縣。

[9]邵陵王綸：蕭綸。字世調，小字六真，梁武帝第六子。本書卷五三、《梁書》卷二九有傳。

景聞之，[1]謀於王偉。偉曰："莫若直掩揚都，[2]臨賀反其内，大王攻其外，天下不足定也。兵聞拙速，[3]不聞工遲，令今便須進路，不然邵陵及人。"九月，景發壽春，聲云游獵，人不覺也。留僞中軍大都督王貴顯守壽春城，[4]出軍僞向合肥，遂襲譙州。[5]助防董紹先降之，[6]執刺史豐城侯泰。[7]武帝聞之，[8]遣太子家令王質率兵三千巡江遏防。[9]景進攻歷陽太守莊鐵，[10]鐵遣弟均夜斫景營，戰没。鐵母愛其子，勸鐵降。[11]景拜其母，鐵乃勸景曰："急則應機，緩必致禍。"景乃使鐵爲導。[12]

[1]景聞之：以下至"不然邵陵及人"，按，此段記述爲《梁書》卷五六《侯景傳》所無，《資治通鑑》卷一六一《梁紀十七》有而略異。

[2]揚都：即建康。在今江蘇南京市。東晋、南朝建康既爲都城，亦爲揚州治所，故稱。

[3]兵聞拙速：語出《孫子·作戰》："故兵聞拙速，未睹巧之久也。"杜牧注："攻取之間，雖拙於機智，然以神速爲上。蓋無老師、費財、鈍兵之患，則爲巧矣。"按，《資治通鑑·梁紀十七》作"兵貴拙速"。

[4]中軍大都督：按，《梁書·侯景傳》"中軍"下無"大都

督”三字，《資治通鑑·梁紀十七》“中軍”上有“外弟”二字。王貴顯：《梁書·侯景傳》《資治通鑑·梁紀十七》作“王顯貴”，《陳書》卷三一《任忠傳》、《通志》卷一四三則與本書同。

[5]譙州：州名。即南譙州。南朝梁置。治桑根山下，在今安徽全椒縣西北。

[6]助防：官名。南朝梁、陳置，爲邊遠州屬官。大德本、殿本同，汲古閣本作“眴防”。

[7]豐城侯泰：蕭泰。字世怡，梁武帝弟蕭恢之子，蕭範之弟。仕梁爲中書舍人、譙州刺史，後投奔北齊，任永州刺史。復投奔西魏，拜開府儀同三司，封義興郡公，授蔡州刺史。本書卷五二有附傳，《北史》卷二九有傳。

[8]武帝聞之：以下至“以禮發遣”。按，此段記述爲《梁書·侯景傳》所無，《資治通鑑·梁紀十七》雖有，簡而稍異。

[9]王質：字子貞，琅邪臨沂（今山東臨沂市）人，梁武帝妹義興長公主之子。本書卷二三有附傳，《陳書》卷一八有傳。

[10]莊鐵：以歷陽城降侯景不久，又奉其母投奔尋陽王蕭大心，以爲豫章内史。後爲鄱陽王蕭範舊將侯瑱所殺。事見本書卷五四《尋陽王大心傳》、卷六六《侯瑱傳》。

[11]鐵母愛其子，勸鐵降：《梁書·侯景傳》作“鐵又降之”，《資治通鑑·梁紀十七》作“鐵以城降”。

[12]“景拜其母”至“景乃使鐵爲導”：按，此段記述爲《梁書·侯景傳》所無。《資治通鑑·梁紀十七》叙述無“景拜其母”四字，所載鐵説景之辭甚詳且頗不相同。又，“爲導”下有“引兵臨江”四字。

是時鎮戍相次啓聞，朱异尚曰：“景必無渡江志。”[1]蕭正德先遣大船數十艘僞載荻，實擬濟景。[2]景至江將度，慮王質爲梗，俄而質被追爲丹楊尹，無故自退。景聞耒之信，乃密遣覘之，謂使者："質若退，折江東樹枝爲驗。"覘人如言而返。景大喜曰："吾事辦矣。"乃自採石濟，[3]馬數百疋，兵八千人，[4]都下弗之覺。

[1]"是時鎮戍相次啓聞"至"景必無渡江志"：按，此段記述爲《梁書》卷五六《侯景傳》所無，《資治通鑑》卷一六一《梁紀十七》有且詳於本書。

[2]蕭正德先遣大船數十艘僞載荻，實擬濟景：各本並同，中華本據《梁書》《通志》"僞載荻"補作"僞稱載荻"，《資治通鑑·梁紀十七》作"詐稱載荻"。實擬，《通志》卷一四三同，《梁書·侯景傳》作"實裝"，《資治通鑑·梁紀十七》作"密以"。

[3]採石：地名。即採石津。亦作采石。在今安徽馬鞍山市西南采石磯江口，歷爲長江東岸重要津渡。

[4]兵八千人：按，《梁書·侯景傳》"八千"作"千"。《資治通鑑·梁紀十七》、《通志》卷一四三皆與本書同。

景即分襲姑熟，[1]執淮南太守文成侯寧，[2]遂至慈湖。[3]南津校尉江子一奔還建鄴。[4]皇太子見事急，[5]入面啓武帝曰："請以事垂付，願不勞聖心。"帝曰："此自汝事，何更問爲。"太子仍停中書省指授，内外擾亂相劫不復通。於是詔以揚州刺史宣城王大器爲都督内外諸軍事，[6]都官尚書羊侃爲軍師將軍以副焉。[7]遣南浦侯持守東府城，[8]西豐公大春守石頭，[9]輕車長史謝禧守白下。[10]

[1]景即分襲姑熟：大德本、殿本及《梁書》卷五六《侯景傳》同，汲古閣本、百衲本、中華本"即"作"出"。　姑熟：城

名。在今安徽當塗縣。

［2］淮南：郡名。治姑孰，在今安徽當塗縣。　文成侯寧：蕭寧。鄱陽王蕭範弟。

［3］慈湖：湖泊名。在今安徽馬鞍山市東北。東晋、南朝時湖與長江通，今已湮。

［4］南津校尉江子一奔還建鄴：以下至"内外擾亂相劫不復通"，按，此段記述爲《梁書》卷五六《侯景傳》所無，《資治通鑑》卷一六一《梁紀十七》有之，詳而略異。南津，關津名。又名南州津。在今安徽馬鞍山市西南采石。東晋、南朝置津主於此，徵收什一關税、檢查禁物及亡叛者等。至梁武帝普通七年（526）以津主改置校尉，增加俸秩。江子一，字元亮，濟陽考城（今河南民權縣）人。本書卷六四、《梁書》卷四三有傳。

［5］皇太子：蕭綱。即簡文帝。字世纘，小字六通，梁武帝第三子，昭明太子母弟。本書卷八、《梁書》卷四有紀。

［6］宣城王大器：蕭大器。字仁宗，梁簡文帝嫡長子。簡文帝即位後，立爲皇太子。大寶二年（551），被侯景所殺。本書卷五四、《梁書》卷八有傳。　都督内外諸軍事：按，《梁書·侯景傳》、《資治通鑑·梁紀十七》"内外"皆作"城内"。

［7］羊侃（kǎn）：字祖忻，泰山梁父（今山東新泰市天寶鎮）人。本書卷六三、《梁書》卷三九有傳。

［8］南浦侯持：大德本、汲古閣本、百衲本同，殿本"持"作"推"。殿本《考證》："'推'各本訛'持'，今從監本。"張元濟《南史校勘記》："殿是。見《考證》，見《梁書·侯景傳》。"應據殿本及《梁書》改。蕭推，字智進，梁武帝七弟蕭秀子。本書卷五二、《梁書》卷二二有附傳。　東府城：城名。簡稱東府、東城。在今江蘇南京市通濟門附近，南臨秦淮河。爲東晋、南朝宰相兼揚州刺史府第所在。

［9］西豐公大春：蕭大春。字仁經，梁簡文帝第六子。本書卷五四、《梁書》卷四四有傳。　石頭：城名。又名石城、石首城。

在今江蘇南京市清涼山。六朝時，江流緊迫山麓，城負山面江，南臨秦淮河口，當交通要衝，爲建康軍事重鎮。

［10］謝禧：陳郡陽夏（今河南太康縣）人，尚書令謝舉長子。事見《梁書》卷三七《謝舉傳》。　白下：城名。即白石壘。在今江蘇南京市金川門外，幕府山南麓。南朝齊、梁時爲南琅邪郡治。

既而景至朱雀航，［1］遣徐思玉入啓，［2］乞帶甲入朝，除君側之惡，請遣了事舍人出相領解，［3］實欲觀城中虚實。帝遣中書舍人賀季、主書郭寶亮隨思玉往勞之于板橋。［4］景北面受敕，季曰："今者之舉，何以爲名？"景曰："欲爲帝也。"王偉進曰："朱异、徐驎諂黷亂政，欲除姦臣耳。"景既出惡言，留季不遣，寶亮還宫。

［1］既而景至朱雀航：按，《梁書》卷五六《侯景傳》同，《資治通鑑》卷一六一《梁紀十七》作"庚戌，侯景至板橋"。朱雀航，浮橋名。亦作朱雀桁、朱雀橋，又稱南桁、大航等。爲東晉、南朝建康淮水二十四航中最大一航。在今江蘇南京市鎮淮橋附近秦淮河上。航，同"航"。

［2］遣徐思玉入啓：以下至"寶亮還宫"，按，此段記述爲《梁書·侯景傳》所無，《資治通鑑·梁紀十七》有，且詳於本書。

［3］領解：《資治通鑑·梁紀十七》胡三省注："領，總録也；解，分判也。領解，言總録景所欲言之事而分判是非也。"

［4］賀季：會稽山陰（今浙江紹興市）人。事見本書卷六二、《梁書》卷四八之《賀瑒傳》。　板橋：地名。在今江蘇南京市雨花臺區板橋鎮。

先是，大同中童謡曰：［1］"青絲白馬壽陽來。"景渦陽之敗，求錦，朝廷所給青布，及是皆用爲袍，采色尚青。景乘白馬，青絲爲轡，欲以應謡。蕭正德先屯丹楊郡，[2]至是率所部與景合。建康令庾信率兵千餘人屯航北，[3]及景至徹航，始除一舶，見賊軍皆著鐵面，[4]遂棄軍走。南塘游軍復閉航度景。[5]皇太子以所乘馬授王質，配精兵三千，使援庾信。質至領軍府與賊遇，[6]未陣便奔。景乘勝至闕下。[7]西豐公大春棄石頭城走，景遣其儀同于子悦據之。謝禧亦棄白下城走。

[1]先是，大同中童謡曰：以下至“欲以應謡”，按，《梁書》卷五六《侯景傳》作“普通中，童謡曰：‘青絲白馬壽陽來。’後景果乘白馬，兵皆青衣”，且載於傳末。《資治通鑑》無此段記述。又按，童謡“青絲白馬壽陽來”亦見《隋書·五行志上》，或以爲即李延壽所本。大同，南朝梁武帝蕭衍年號（535—546）。普通，南朝梁武帝蕭衍年號（520—527）。

[2]丹楊郡：即丹陽郡治。亦稱丹陽郡城。在今江蘇南京市秦淮區鎮淮橋東。

[3]建康令庾信率兵千餘人屯航北：按，《梁書·侯景傳》同，《資治通鑑》卷一六一《梁紀十七》作“東宫學士新野庾信守朱雀門，帥宫中文武三千餘人營桁北”。建康，縣名。治所在都城宣陽門外御街西，約今江蘇南京市中山東路以南淮海路一帶。庾信，字子山，南陽新野（今河南新野縣）人。《周書》卷四一、《北史》卷八三有傳。

[4]鐵面：作戰時用以自衛的鐵製面具。

[5]南塘：地名。又稱横塘。在今江蘇南京市西南秦淮河南岸。

[6]領軍府：官署名。位於建康宫城東華門外，在今江蘇南京市雞籠山南、乾河沿北臺城遺址的東南。

［7］闕下：宮闕之下。此處借指建康宮城。

景遣百道攻城，縱火燒大司馬、東西華諸門。[1]城中倉卒未有備，乃鑿門樓，下水沃火，久之方滅。賊又斫東掖門將火，[2]羊侃鑿門扇刺殺人，[3]賊乃退。又登東宮牆射城内。[4]至夜，簡文募人出燒東宮臺殿遂盡，所聚圖籍數百厨，[5]一皆灰燼。先是簡文夢有人畫作秦始皇，云“此人復焚書”，至是而驗。景又燒城西馬厩、士林館、太府寺。[6]明日，景又作木驢數百攻城，[7]城上擲以石，[8]並皆碎破。賊又作尖頂木驢，狀似槥，[9]石不能破。乃作雉尾炬，[10]灌以膏蠟，叢下焚之。

［1］燒：大德本、汲古閣本同，殿本作“焚”。　大司馬、東西華諸門：並建康宮城門名。大司馬門，建康宮城正南門；東華門，東面南門；西華門，西面南門。均在今江蘇南京市臺城遺址内。

［2］東掖門：建康宮城南面正門的東旁門。　將火：大德本、汲古閣本、殿本作“將入”。

［3］羊侃鑿門扇刺殺人：按，各本同，中華本據《梁書》於“殺”下補“數”字。《資治通鑑》卷一六一《梁紀十七》作“羊侃鑿扇爲孔，以槊刺殺二人”。偘，同“侃”。

［4］東宮：城名。在今江蘇南京市雞鳴寺南、古臺城東南。

［5］所聚圖籍數百厨：以下至“至是而驗”，按，此段記述爲《梁書》卷五六《侯景傳》所無，《資治通鑑·梁紀十七》雖有“所聚圖書皆盡”六字，却未言簡文夢事。《太平御覽》卷六一九引《三國典略》，於“東宮圖籍數百厨焚之皆盡”下，有“初，太子夢作秦始皇者，云‘此人復欲焚書’。既而見爇，夢則驗焉”諸

語，可與本書參證。

［6］馬厩：官署名。即乘黄厩。隸太常，職掌皇帝乘輿及御厩諸馬。長官乘黄厩令，簡稱乘黄令，南朝梁爲流外官。　士林館：學館名。南朝梁武帝大同七年（541）立於臺城西，爲武帝與諸學士講經之所。　太府寺：官署名。南朝梁置，職掌金帛庫藏出納、關市税收等。長官太府卿，爲十二卿之一，十三班。

［7］木驢：一種用於攻城的兵車。大德本、汲古閣本、百衲本、中華本及《梁書·侯景傳》同，殿本作“水驢”。

［8］城上擲以石：大德本、汲古閣本、殿本、百衲本無“城”字。中華本據《梁書·侯景傳》補。底本不誤。

［9］賊又作尖頂木驢，狀似槥（huì）：以下至“叢下焚之”，按，此段記述爲《梁書·侯景傳》所無，《梁書》卷三九《羊侃傳》、《太平御覽》卷三三六引《三國典略》、《資治通鑑·梁紀十七》叙事雖同而語詞稍異。“尖頂木驢，狀似槥”，大德本、汲古閣本、百衲本、中華本同，殿本作“尖頂木，其狀似槥”。又，“尖頂”，《梁書·羊侃傳》同，《資治通鑑·梁紀十七》、《太平御覽》引《典略》作“尖項”；“狀似槥”，《梁書·羊侃傳》、《資治通鑑·梁紀十七》、《太平御覽》引《典略》皆無此三字。槥，小棺材。

［10］雉尾炬：一種用作火攻的兵器。參《資治通鑑》卷一一六《晋紀三》胡三省注。

賊既不剋，士卒死者甚多，乃止攻，築長圍以絶内外。又啓求誅朱异、陸驗、徐驎、周石珍等，城内亦射賞格出外，有能斬景首，授以景位，并錢一億萬，布絹各萬疋，女樂二部。莊鐵乃奔歷陽，[1]紿言景已梟首。景城守郭駱懼，棄城走壽陽。鐵得入城，遂奔尋陽。[2]

[1]莊鐵乃奔歷陽：以下至“遂奔尋陽”，按，此段記述爲《梁書》卷五六《侯景傳》所無，《資治通鑑》卷一六一《梁紀十七》有，稍詳。

[2]尋陽：郡名。治柴桑縣，在今江西九江市西南。

十一月，景立蕭正德爲帝，即僞位，居於儀賢堂，[1]改年曰正平。初童謡有“正平”之言，故立號以應之。識者以爲正德卒當平殄也。[2]景自爲相國、天柱將軍，正德以女妻之。景又攻東府城，設百尺樓車，鉤城堞盡落。城陷，景使其儀同盧暉略率數十人持長刀來城門，[3]悉驅城内文武倮身而出，使交兵殺之，[4]死者三千餘人。[5]南浦侯推是日遇害。景使正德子見理及暉略守東府城。[6]

[1]儀賢堂：殿堂名。原名延賢堂，又名聽訟堂。位於建康宫城南闕前。梁武帝天監六年（507），以聽訟堂改名儀賢堂。在今江蘇南京市雞籠山南臺城遺址内。

[2]識者以爲正德卒當平殄也：按，《梁書》卷五六《侯景傳》、《資治通鑑》卷一六一《梁紀十七》皆無此語。

[3]數十人：大德本、汲古閣本、百衲本同，殿本、中華本及《梁書·侯景傳》“十”作“千”。張元濟《南史校勘記》以爲“殿是”。　來：大德本、汲古閣本、殿本、百衲本、中華本及《梁書·侯景傳》並作“夾”。按，作“夾”是。應據諸本改。

[4]使交兵殺之：大德本、汲古閣本同，殿本“使”作“賊”。《梁書·侯景傳》亦作“賊”。

[5]三千餘人：按，《梁書·侯景傳》作“二千餘人”。《資治通鑑》卷一六一《梁紀十七》云“殺南浦侯推及城中戰士三千

人”。

[6]見理：蕭見理。蕭正德長子。本書卷五一有附傳。

初，景至都，[1]便唱云“武帝已晏駕”。雖城内亦以爲然。[2]簡文慮人情有變，乃請上輿駕巡城。上將登城，陸驗諫曰：“陛下萬乘之重，豈可輕脁。”[3]因泣下。帝深感其言，乃幸大司馬門。城上聞蹕聲皆鼓譟，[4]軍人莫不屑涕，百姓乃安。

[1]初，景至都：以下至“軍人莫不屑涕，百姓乃安”，按，此段記述爲《梁書》卷五六《侯景傳》所無，《資治通鑑》卷一六一《梁紀十七》有，甚簡。

[2]城内：汲古閣本同，大德本無“内”字，殿本作“城中”。

[3]脁：大德本、汲古閣本、殿本作“脱”。

[4]城上：大德本、殿本同，汲古閣本無。

景又於城東西各起土山以臨城，城内亦作兩山以應之，簡文以下皆親畚鍤。[1]初，景至便望剋定建鄴，號令甚明，不犯百姓。既攻不下，人心離沮，又恐援軍總集，衆必潰散，乃縱兵殺掠，交尸塞路。富室豪家，恣意裒剥，子女妻妾，悉入軍營。又募北人先爲奴者，並令自拔，賞以不次。[2]朱异家黥奴乃與其儕踰城投賊，[3]景以爲儀同，[4]使至闕下以誘城内，乘馬披錦袍詬曰：“朱异五十年仕宦，[5]方得中領軍。我始事侯王，已爲儀同。”於是奴僮競出，盡皆得志。

[1]簡文以下皆親畚鍤：按，《梁書》卷五六《侯景傳》作“王公以下皆負土”，《資治通鑑》卷一六一《梁紀十七》作“太子、宣城王已下皆親負土，執畚鍤”。

[2]又募北人先爲奴者，並令自拔，賞以不次：以下至“於是奴僮競出，盡皆得志”，按，此段記述爲《梁書·侯景傳》所無。《資治通鑑·梁紀十七》作“景募人奴降者，悉免爲良”，敘事與本書互有詳略。

[3]黥奴：臉上或身上刻有記號的奴婢。黥，古代刑罰，即在人臉上刺字並塗以墨。

[4]儀同：官名。儀同三司的省稱。即官非三公而儀制待遇同於三司（三公）。南北朝使用廣泛，授予人數甚多。

[5]仕宦：殿本同，大德本、汲古閣本作“仕官”。

景食石頭常平倉既盡，便掠居人，爾後米一升七八萬錢，人相食，有食其子者。[1]又築土山，不限貴賤，晝夜不息，亂加毆棰，[2]疲羸者因殺以填山，號哭之聲動天地。百姓不敢藏隱，並出從之，旬日間衆至數萬。

[1]“景食石頭常平倉既盡”至“有食其子者”：按，此段記述爲《梁書》卷五六《侯景傳》所無，《資治通鑑》卷一六一《梁紀十七》稍異。常平倉，官府爲調節糧價、儲糧備荒而設置的糧倉。《資治通鑑·梁紀十七》“有食其子者”作“餓死者什五六”。

[2]棰：大德本、殿本同，汲古閣本作“捶”。

景儀同范桃棒密貪重賞，[1]求以甲士二千人來降，以景首應購，遣文德主帥前白馬游軍主陳昕夜踰城入，[2]密啓言狀。簡文以啓上，上大悦，使報桃棒，事定許封河南王，鐫銀券以與之。簡文恐其詐，猶豫不決。上怒曰："受降常理，何忽致疑。"朱异、傅岐同請納之。簡文曰："吾即堅城自守，所望外援，外援若至，賊豈足平。今若開門以納桃棒，桃棒之意尚且難知，一旦傾危，悔無及矣。"桃棒又曰："今止將所領五百餘人，若至城門，自皆脱甲。乞朝廷賜察。[3]事濟之時，保禽侯景。"簡文見其言愈疑之。朱异以手搥胷曰："今年社稷去矣。"俄而桃棒軍人魯伯和告景，並烹之。[4]

[1]景儀同范桃棒密貪重賞：以下至"並烹之"，按，此段記述，《梁書》卷五六《侯景傳》僅以"景儀同范桃棒密遣使送款乞降，會事泄見殺"十八字帶過，《資治通鑑》卷一六一《梁紀十七》叙述則稍詳於本書。

[2]軍主：大德本、汲古閣本同，殿本作"軍王"。　陳昕：字君章，義興國山（今江蘇宜興市）人。陳慶之第五子。本書卷六一、《梁書》卷三二有附傳。

[3]察：大德本、汲古閣本、殿本作"容"。《資治通鑑·梁紀十七》云"乞朝廷開門賜容"。

[4]烹：汲古閣本、殿本作"烹"，大德本作"享"。

至是，邵陵王綸率西豐公大春、新塗公大成、永安侯確、南安鄉侯駿、前譙州刺史趙伯超、武州刺史蕭弄璋、步兵校尉尹思合等馬步二萬，[1]發自京口，[2]直據鍾山。[3]景黨大駭，咸欲逃散，[4]分遣萬餘人拒戰。綸大破之於愛敬寺下。[5]

[1]新塗公大成：蕭大成。字仁和，梁簡文帝第八子。本書卷

五四有傳。按，新塗，大德本、汲古閣本、殿本、百衲本同，中華本據《地志》改作“新淦”。又，《資治通鑑》卷一六一《梁紀十七》胡三省注：“‘新塗’或作‘新淦’，沈約《志》：新淦縣，漢屬豫章郡。”成，殿本同，大德本、汲古閣本作“戍”。　永安侯確：蕭確。字仲正，邵陵王蕭綸子。本書卷五三、《梁書》卷二九有附傳。　南安鄉侯駿：蕭駿。梁宗室。本書卷五一有附傳。按，南安鄉侯，《梁書》卷五六《侯景傳》同，《資治通鑑》卷一六一《梁紀十七》作“安南侯”。南安，縣名。一作安南。治所在今湖南華容縣東。隋改名。參《資治通鑑·梁紀十七》胡三省注。　武州：地名。南朝梁改東徐州置。治下邳縣，在今江蘇睢寧縣西北。　馬步二萬：大德本、汲古閣本、殿本、百衲本同。中華本據《梁書·侯景傳》、卷二九《邵陵王綸傳》改作“三萬”。按，本書卷五三《邵陵王綸傳》、《資治通鑑·梁紀十七》亦作“三萬”。

[2]京口：城名。在今江蘇鎮江市。時爲南徐州及南蘭陵等郡治所。

[3]鍾山：山名。在今江蘇南京市中山門外。

[4]景黨大駭，咸欲逃散：按，《梁書·侯景傳》“咸”上有“具船舟”三字。

[5]破：按，大德本、殿本及《梁書·侯景傳》同，汲古閣本、百衲本、中華本“破”作“敗”。　愛敬寺：佛寺名。即梁武帝所建大愛敬寺。在今江蘇南京市中山門外鍾山西側。

景初聞綸至，[1]懼形於色，及敗軍還，尤言其盛，愈恐，命具舟石頭將北濟。任約曰：[2]“去鄉萬里，走欲何之？戰若不捷，君臣同死。草間乞活，約所不爲。”景乃留宋子仙守壁，[3]自將鋭卒拒綸，陣於覆舟山北，[4]與綸相持。會暮，景退還，南安侯駿率數十騎挑之。景回軍，駿退。時趙伯超陣於玄武湖北，[5]見駿退，仍率軍前走。衆軍前亂，[6]遂敗績。綸奔京口。賊執西豐公大春、綸司馬莊丘慧達、直閤將軍胡子約、廣陵令霍儁等來送城下，[7]逼令云："已禽邵陵王。"霍儁獨云："王小失利，已全軍還京口，城中但堅守，援軍尋至。"語未卒，賊以刀傷其口，[8]景義而釋焉。正德乃收而害之。[9]是日，[10]鄱陽世子嗣、裴之高至後渚，[11]結營于蔡洲。[12]景分軍屯南岸。[13]

[1]景初聞綸至：以下至"約所不爲"，按，此段記述《梁書》卷五六《侯景傳》及《資治通鑑》卷一六一《梁紀十七》皆無。

[2]任約：初爲西魏將，以所部千餘人降侯景。景亂平，又效力於梁與北齊。後不知所終。事見《南史》《北史》《梁書》《北齊書》《陳書》諸史。

[3]宋子仙：侯景部將。從侯景作亂，景以爲司徒、太保。後兵敗郢城被擒殺。事見本書本卷、《梁書》卷五六《侯景傳》。

[4]覆舟山：山名。又名玄武山、龍舟山等。在今江蘇南京市城區東北、太平門内西側。《元和郡縣圖志》卷二五《江南道一·上元縣》：覆舟山"鍾山西足地形如覆舟，故名。宋元嘉中改名玄武山，以爲樂遊苑"。

[5]玄武湖：湖泊名。古名桑泊，又名後湖、練湖、秣陵湖等，宋文帝元嘉間始名玄武湖。在今江蘇南京市東北玄武門外。

[6]衆軍前亂：按，大德本、汲古閣本、殿本、百衲本同，中華本據《梁書·侯景傳》改作"衆軍因亂"。《通志》卷一四三亦作"因"。

[7]莊丘慧達：按，《梁書·侯景傳》作"莊丘惠達"，《資治通鑑·梁紀十七》作"莊丘慧"。　廣陵：縣名。治所在今江蘇揚州市西北蜀岡上。按，廣陵令，本書卷五三《邵陵王綸傳》作"軍主"；《資治通鑑·梁紀十七》作"主帥"，《考異》曰："今從

《太清紀》。” 霍儁：中書舍人霍靈超子。事見本書及《梁書》卷二九《邵陵王綸傳》。

[8]賊以刀傷其口：按，本書《邵陵王綸傳》作“賊以刀背毆其髀”，《梁書·侯景傳》作“賊以刀毆之”，《資治通鑑·梁紀十七》作“賊以刀毆其背”。

[9]正德乃收而害之：按，本書《邵陵王綸傳》、《梁書·侯景傳》無此七字，《資治通鑑·梁紀十七》作“臨賀王正德殺之”。

[10]是日：《梁書·侯景傳》同，《資治通鑑·梁紀十七》作“是日晚”。

[11]鄱陽世子嗣：蕭嗣。字長胤，梁鄱陽王蕭範之子。本書卷五二、《梁書》卷二二有附傳。 後渚：地名。在今江蘇南京市西南，秦淮河上別渚。

[12]蔡洲：地名。在今江蘇南京市西南。本長江中沙洲，今已與東岸併陸。按，本書卷七《梁武帝紀下》與卷五八《韋叡傳》作“張公洲”。大德本、殿本同，汲古閣本作“蔡州”。

[13]南岸：此指秦淮河南岸。

十二月，景造諸攻具及飛樓、橦車、登城車、鉤堞車、階道車、火車，[1]並高數丈，車至二十輪，[2]陳於闕前，百道攻城。以火焚城東南隅大樓，[3]因火勢以攻城。城上縱火，悉焚其攻具，賊乃退。是時，景土山成，[4]城内二山亦成。[5]以太府卿韋黯守西土山，左衛將軍柳津守東土山。[6]山起芙蓉層樓，[7]高四丈，飾以錦罽，[8]捍以烏笙，[9]山峰相近。募敢死士，厚衣袍鎧，名曰“僧騰客”，配二山，交矟以戰。鼓叫沸騰，昏旦不息。土山攻戰既苦，人不堪命，柳津命作地道，毁外山，擲雉尾炬燒其櫓堞。外山崩，壓賊且盡。賊又作蝦蟇車，[10]運土石填塹，戰士升之樓車，四面並至。城内飛石碎其車，賊死積於城下。賊又掘城東南角，城内作迂城，形如却月，以捍之，賊乃退。

[1]景造諸攻具及飛樓、橦車、登城車、鉤堞車、階道車、火車：按，《梁書》舊本“鉤堞車”作“登堞車”。《資治通鑑》卷一六一《梁紀十七》叙述僅“侯景大造攻具”六字。

[2]車至二十輪：按，《梁書》卷五六《侯景傳》“車”上有“一”字，《資治通鑑·梁紀十七》亦有，此“一”字似不當省。

[3]以火焚城東南隅大樓：按，各本同，中華本據《梁書》於“火”後補“車”字。《資治通鑑·梁紀十七》亦云“以火車焚臺城東南樓”。

[4]是時，景土山成：以下至“城内作迂城形如却月以捍之，賊乃退”，按，此段記述《梁書·侯景傳》無，《資治通鑑·梁紀十七》有，稍異。

[5]二山：大德本、汲古閣本、殿本作“土山”。

[6]柳津：字元舉，河東解（今山西臨猗縣）人，柳慶遠之子，柳仲禮之父。本書卷三八有附傳。

[7]芙蓉層樓：《資治通鑑·梁紀十七》胡三省注：“芙蓉層樓，下施梠栱，層層疊出，若芙蓉花然。”

[8]錦罽：帶有紋彩的毛織氈毯。

[9]烏笙：黑色的竹席。

[10]蝦蟇車：農具名。本爲一種用於播種的車。後亦用於作戰。

材官將軍宋嶷降賊，[1]因爲立計，引玄武湖水灌臺城，闕前御街並爲洪波矣。又燒南岸居人營寺，莫不咸盡。司州刺史柳仲禮、衡州刺史韋粲、南陵太守陳文徹、宣猛將軍李孝欽等皆來赴援；[2]鄱陽世子嗣、裴之高又濟江。柳仲禮營朱雀航南，裴之高營南苑，[3]韋粲營青塘，[4]陳文徹、李欽屯丹楊郡，[5]鄱陽世子嗣營小航南，[6]並緣淮造栅。[7]及旦，景方覺，乃登禪靈寺門樓以望之。[8]見韋粲營壘未合，度兵擊之，粲敗，景斬粲首徇城下。柳仲禮聞粲敗，不遑貫甲，與數十人赴之。遇賊，斬首數百，仍投水死者千餘人。仲禮深入，馬陷泥，亦被重創。自是賊不敢濟岸。[9]

[1]材官將軍：官名。東晋以材官校尉改稱，掌工匠土木等事，領營兵，隸中領軍（領軍將軍）。南朝宋、齊沿置，兼隸尚書省起部曹。梁、陳改隸少府卿。宋五品。梁二班。陳九品，秩六百石。

[2]衡州：州名。南朝梁置。治含洭縣，在今廣東英德市浛洸鎮。 韋粲：字長倩（《梁書》作“長蒨”），京兆杜陵（今陝西西安市長安區）人。本書卷五八有附傳，《梁書》卷四三有傳。 南陵：郡名。南朝梁置。治赭圻城，在今安徽蕪湖市繁昌區西北赭圻嶺北麓。一説治南陵縣，在今安徽池州市西南。 李孝欽：侯景亂平，爲平南將軍，往依王琳。陳初，琳遣之與余孝頃等同討江州刺史周迪，兵敗被擒，囚送建康。事見本書卷六四《王琳傳》、《陳書》卷三五《周迪傳》。

[3]南苑：苑囿名。即建興苑。在今江蘇南京市西南秦淮河南岸。

[4]青塘：地名。即青溪塘。在今江蘇南京市東南，地近秦淮河。

[5]李欽屯丹楊郡：各本同，中華本據《梁書》於“李”後補“孝”字。參《南史》殿本考證。應據補。

[6]小航：浮橋名。亦稱驃騎航。在今江蘇南京市通濟門南秦

淮河上。

[7]淮：水名。即長江支流秦淮河。

[8]禪靈寺：佛寺名。南朝齊武帝蕭賾建，在今江蘇南京市西南秦淮河旁。

[9]自是賊不敢濟岸：《資治通鑑》卷一六二《梁紀十八》作“自是景不敢復濟南岸”，其下更有“仲禮亦氣索，不復言戰矣”十字。

邵陵王綸又與臨城公大連等自東道集于南岸；[1]荆州刺史湘東王繹遣世子方等、兼司馬吴曅、天門太守樊文皎赴援，[2]營于洲子岸前；[3]高州刺史李遷仕、前司州刺史羊鴉仁又率兵繼至。[4]既而鄱陽世子嗣、永安侯確、羊鴉仁、李遷仕、樊文皎率衆度淮，攻破賊東府城前柵，遂營于青溪水東。[5]景遣其儀同宋子仙緣水西立柵以相拒。[6]景食稍盡，人相食者十五六。

[1]臨城公大連：蕭大連。字仁靖，梁簡文帝第五子。本書卷五四、《梁書》卷四四有傳。　集于南岸：按，《梁書》卷五六《侯景傳》同，《資治通鑑》卷一六二《梁紀十八》武帝太清三年作“列營于桁南”。

[2]荆州：州名。治江陵縣，在今湖北荆州市荆州區。　湘東王繹：蕭繹。即梁元帝。字世誠，梁武帝第七子。本書卷八、《梁書》卷五有紀。　方等：蕭方等。字實相，梁元帝長子。本書卷五四、《梁書》卷四四有傳。　天門：郡名。治澧陽縣，在今湖南石門縣。

[3]洲子岸：地名。當在今江蘇南京市南部秦淮河南。按，大德本、殿本、百衲本及《通志》卷一四三同，汲古閣本作“州子

岸”，中華本據《梁書》、《册府元龜》卷二八五改作“湘子岸”。參中華本校勘記。

［4］高州：州名。南朝梁置。治高凉縣，在今廣東陽江市西。李遷仕：梁簡文帝大寶元年（550），擁衆據大皋口，與陳霸先軍相持連戰百餘日。二年，兵敗被擒，執送南康斬之。事見本書卷九《陳武帝紀》、卷六六《杜僧明傳》。

［5］青溪：水名。亦作清溪，又名東渠。三國吴鑿，源於今江蘇南京市鍾山西南，曲折穿過市區東部，流入秦淮河。爲六朝時京都漕運要道與防守要地。

［6］景遣其儀同宋子仙緣水西立栅以相拒：按，《梁書·侯景傳》同，《資治通鑑·梁紀十八》作“衆軍營於青溪之東，遷仕、文皎帥鋭卒五千獨進深入，所向摧靡，至菰首橋東。景將宋子仙伏兵擊之，文皎戰死，遷仕遁還”。

初，援兵至北岸，衆號百萬。百姓扶老攜幼以候王師，纔過淮，便競剥掠，徵責金銀，[1]列營而立，互相疑貳。[2]邵陵王綸、柳仲禮甚於讎敵，臨城公大連、永安侯確逾於水火，無有鬬心。賊黨有欲自拔者，聞之咸止。

［1］徵責金銀：以下至“無有鬬心”，按，此段記述《梁書》卷五六《侯景傳》無，《資治通鑑》卷一六二《梁紀十八》有，稍異。

［2］互：殿本、百衲本同，大德本、汲古閣本作“至”。

賊之始至，城中纔得固守，平蕩之事，期望援軍。既而中外斷絶，[1]有羊車兒獻計，作紙鵶，繫以長繩，藏敕於中。[2]簡文出太極殿前，[3]因西北風而放，冀得書達。[4]群賊駭之，謂是厭勝之術，又射下之，其危急如此。是時城中圍逼既久，膎味頓絶，[5]簡文上厨，僅有一肉之膳。軍士煮弩燻鼠捕雀食之。[6]殿堂舊多鴿群聚，至是殲焉。初，宫門之閉，[7]公卿以食爲念，男女貴賤並出負米，得四十萬斛，收諸府藏錢帛五十億萬，並聚德陽堂，[8]魚鹽樵採所取蓋寡。至是乃壞尚書省爲薪，撤薦剉以飼馬，盡又食飰焉。御甘露厨有乾苔，[9]味酸鹹，分給戰士。軍人屠馬於殿省間鬻之，雜以人肉，食者必病。賊又置毒於水竇，[10]於是稍行腫滿之疾，[11]城中疫死者太半。[12]初，景之未度江，[13]魏人遣檄，極言景反覆猜忍，又言帝飾智驚愚，將爲景欺。至是禍敗之狀，皆如所陳，南人咸以爲讖。

[1]既而中外斷絶：以下至“食者必病”，按，此段記述《梁書》卷五六《侯景傳》所，《資治通鑑》卷一六二《梁紀十八》敘述與本書同異互見。

[2]作紙鵄，繫以長繩，藏敕於中：按，《資治通鑑·梁紀十八》“紙鵄”“藏敕於中”分别作“紙鴟”“寫敕於内”。

[3]太極殿：宫殿名。東晋、南朝建康宫正殿。在今江蘇南京市雞籠山南臺城遺址内。

[4]冀得書達：《資治通鑑·梁紀十八》作“冀達衆軍”，其下更有“題云：得鴟送援軍，賞銀百兩”十一字。

[5]膎味：肉食的味道。膎，指乾肉、肉食，亦泛指儲蓄醃製食物。

[6]煮弩：按，《資治通鑑·梁紀十八》作“煮鎧”。

[7]宫門：按，《資治通鑑·梁紀十八》作“臺城”。

[8]德陽堂：殿堂名。梁武帝改閱武堂置，在臺城南闕前，今江蘇南京市雞籠山南臺城遺址内。參《資治通鑑·梁紀十八》胡三省注。

[9]御甘露厨：即御厨。佛教謂營膳之所曰甘露厨。　乾苔：植物名。石蓴科緑色藻類。生長在海灣淺水中，爲細長管狀體，乾燥後可食用，亦供藥用。

[10]水竇：貯水的地窖。

[11]腫滿：腫脹，壅滯。《素問·大奇論》："肝滿，腎滿，肺滿，皆實，即爲腫。"王冰注："滿，謂脉氣滿實也。"

[12]太半：大德本、汲古閣本同，殿本作"大半"。

[13]初，景之未度江：以下至"南人咸以爲讖"，按，《梁書·侯景傳》《資治通鑑·梁紀十八》皆無此段記述。

時景軍亦飢，[1]不能復戰。東城有積粟，[2]其路爲援軍所斷，且聞湘東王下荆州兵。彭城劉邈乃説景曰："大軍頓兵已久，[3]攻城不拔，令衆軍雲集，未易可破。[4]如聞軍糧不支一月，運漕路絶，野無所掠，嬰兒掌上，信在於今。未若乞和，全師而反。"[5]景乃與王偉計，遣任約至城北拜表僞降，以河南自效。帝曰："吾有死而已，寧復是議。[6]且賊凶逆多詐，此言云何可信。"既而城中日蹙，簡文乃請武帝曰："侯景圖逼，[7]既無勤王之師，今欲許和，更思後計。"帝大怒曰："和不如死。"簡文曰："城下之盟，乃是深耻；白刃交前，流矢不顧。"上遲回久之，曰："爾自圖之，無令取笑千載。"乃聽焉。

[1]時景軍亦飢：以下至"乃聽焉"，按，此段記述《梁書》卷五六《侯景傳》僅以"景自歲首以來乞和，朝廷未之許，至是

事急乃聽焉”一語帶過，而劉邈説景云云則於其後追述之。按，《資治通鑑》卷一六二《梁紀十八》有而多異，且未載劉邈説景之辭。

[2]東城：城名。東府城的簡稱。

[3]大軍頓兵已久：按，《梁書·侯景傳》“大軍”作“大將軍”。

[4]令衆軍雲集，未易可破：大德本、汲古閣本、殿本“令”作“今”。底本誤，應據諸本改。按，《梁書·侯景傳》作“今援衆雲集，未易而破”。

[5]未若乞和，全師而反：按，《梁書·侯景傳》“反”下有“此計之上者”及“景然其言，故請和”十二字。

[6]寧復是議：大德本、汲古閣本、殿本“復”作“有”。

[7]侯景圖逼：大德本、汲古閣本、百衲本同，殿本、中華本“圖”作“圍”。

景請割江右四州地，[1]并求宣城王大器出送，然後解圍濟江。仍許遣其儀同于子悦、左丞王偉入城爲質。中領軍傅岐議以宣城王嫡嗣之重，有輕言者請劍擊之。[2]乃請石城公大款出送，[3]詔許焉。遂於西華門外設壇，[4]遣尚書僕射王克、兼侍中上甲鄉侯韶、兼散騎常侍蕭瑳與于子悦、王偉等登壇共盟。[5]右衛將軍柳津出西華門下，景出其栅門，與津遥相對，刑牲歃血。

[1]江右四州：即南豫州（治今安徽壽縣）、西豫州（治今河南息縣）、合州（治今安徽合肥市）、光州（治今河南光山縣）。參《資治通鑑》卷一六二《梁紀十八》胡三省注。

[2]劍擊：大德本、汲古閣本、百衲本同，殿本、中華本作

“劍斬”。

［3］石城公大款：蕭大款。字仁師，梁簡文帝第三子。初封石城縣公。本書卷五四有傳。

［4］西華門：城門名。建康臺城六門之一。《讀史方輿紀要》卷二〇引《宫苑記》：“晋西掖門，後改爲西華門。”在今江蘇南京市雞籠山南臺城遺址内。

［5］王克：琅邪臨沂（今山東臨沂市）人。本書卷二三有附傳。　上甲鄉侯韶：蕭韶。字德茂。梁宗室。本書卷五一有附傳。　蕭瑳：齊武帝弟蕭嶷孫。仕梁，官至吏部郎。事見《梁書》卷三五《蕭子恪傳》。

南兖州刺史南康嗣王會理、前青冀二州刺史湘潭侯退、西昌侯世子彧率衆三萬至于馬卬洲，[1]景慮北軍自白下而上，及其江路，[2]請悉勒聚南岸。敕乃遣北軍並進江潭苑。[3]景又啓稱：“永安侯、趙威方頻隔栅詬臣，云‘天子自與爾盟，我終當逐汝’。[4]乞召入城，即進發。”敕並召之。景遂運東城米于石頭，食乃足。又啓云：“西岸信至，[5]高澄已得壽春、鍾離，[6]便無處安足，權借廣陵、譙州，須征得壽春、鍾離，即以奉還朝廷。”

［1］南兖州：州名。東晋僑立兖州，宋時改爲南兖州，初治京口，在今江蘇鎮江市。宋文帝元嘉八年（431）移治廣陵縣，在今江蘇揚州市西北蜀岡上。　南康嗣王會理：蕭會理。字長才，南康簡王蕭績之子，梁武帝之孫。本書卷五三、《梁書》卷二九有附傳。　湘潭侯退：蕭退。梁宗室。《北齊書》卷三三、《北史》卷二九有傳。　西昌侯世子彧：蕭彧。梁武帝兄蕭懿孫，西昌侯蕭淵藻長子。事見本書卷五一《長沙宣武王懿傳》、《梁書》卷二三《長沙

嗣王業傳》。　馬卬洲：按，大德本、汲古閣本、殿本、百衲本、中華本“卬”作“印”。底本誤，應據諸本改。馬印洲，江洲名。一作馬昂洲。在今江蘇南京市西北長江中。按，《梁書》卷五六《侯景傳》作“馬卬洲”，《資治通鑑》卷一六二《梁紀十八》、《通志》卷一四三作“馬印洲”。參見《資治通鑑·梁紀十八》胡三省注、清洪亮吉《東晋疆域志》卷一《揚州·丹陽尹》。

[2]及：大德本、汲古閣本、殿本作“斷”。

[3]江潭苑：苑囿名。又名王游苑。南朝梁建。在今江蘇南京市雨花臺區西善橋一帶。按，本書卷七《梁武帝紀下》、《梁書》卷三《武帝紀下》作“蘭亭苑”。

[4]汝：大德本、汲古閣本同，殿本作“爾”。

[5]西岸：即長江北岸。長江在安徽蕪湖市至江蘇南京市之間大致作南北流向，古代因稱這一江段的兩岸爲東岸、西岸。

[6]鍾離：郡名。治燕縣，在今安徽鳳陽縣臨淮關鎮。南朝齊、梁時亦爲北徐州治。

時荆州刺史湘東王繹師于武成，[1]河東王譽次巴陵，[2]前信州刺史桂陽王慥頓江津，[3]並未之進。既而有敕班師，湘東王欲旋。中記室參軍蕭賁曰：[4]“景以人臣舉兵向闕，今若放兵，未及度江，童子能斬之，必不爲也。大王以十萬之師，未見賊而退，若何！”湘東王不悦。賁，骨鯁士也，每恨湘東不入援。嘗與王雙六，[5]食子未下，賁曰：“殿下都無下意。”王深爲憾，遂因事害之。

[1]時荆州刺史湘東王繹師于武成：以下至“遂因事害之”，按，此段記述《梁書》卷五六《侯景傳》無，《資治通鑑》卷一六

二《梁紀十八》有，稍異。武成，各本同，《資治通鑑·梁紀十八》作“郢州之武城”，據本書卷五三《蕭譽傳》、卷五六《張纘傳》皆作“武城”，應據改。武城，城名。一名武口城。在今湖北武漢市黄陂區東南長江北岸。

[2]河東王譽：蕭譽。字重孫，昭明太子次子。梁武帝普通二年（521），封枝江縣公。中大通三年（531），改封河東郡王。本書卷五三有附傳，《梁書》卷五五有傳。　巴陵：郡名。南朝宋置。治巴陵縣，在今湖南岳陽市。梁、陳爲巴州治。按，《資治通鑑·梁紀十八》作“青草湖”。

[3]桂陽王慥：蕭慥。字元貞，桂陽王蕭象子。本書卷五一有附傳。　江津：戍名。一名奉城。在今湖北荆州市南長江中。爲南北交通之要衝。按，《資治通鑑·梁紀十八》作“西峽口”。

[4]蕭賁：字文奂，齊竟陵王蕭子良孫，巴陵王蕭昭胄次子。本書卷四四有傳。

[5]雙六：亦稱雙陸、雙鹿。古代一種博戲，盛於南北朝、隋唐。參明謝肇淛《五雜俎·雙陸》。

景既知援軍號令不一，終無勤王之效，又聞城中死疾轉多，當有應之者。既却湘東王等兵，又得城東之米，[1]王偉且説景曰：“王以人臣舉兵背叛，圍守宫闕，已盈十旬。逼辱妃主，[2]陵穢宗廟，今日持此，[3]何處容身？願且觀變。”景然之，乃表陳武帝十失。[4]三年三月景辰朔，[5]城内於太極殿前設壇，使兼太宰、尚書僕射王克等告天地神祇，以景違盟，舉烽鼓譟。初，城圍之日，[6]男女十餘萬，貫甲者三萬，[7]至是疾疫且盡，守埤者止二三千人，[8]並悉羸懦。横屍滿路，無人埋瘞，臭氣熏數里，[9]爛汁滿溝洫。於是羊鴉仁、柳敬禮、鄱陽世子嗣進軍於東府城北。[10]栅壘未立，爲景將宋子仙所敗，送首級於闕下。景又遣于子悦乞，[11]城内遣御史中丞沈浚至景所。[12]無去意，[13]浚因責之，景大怒，即决石闕前水，[14]百道攻城，晝夜不息。

[1]又得城東之米：大德本、汲古閣本、百衲本同，殿本、北監本“城東”作“城中”。中華本依上文“景遂運東城米于石頭”改“城東”爲“東城”。

[2]妃主：大德本、殿本同，汲古閣本作“妃王”。

[3]今日：大德本、殿本、中華本及《梁書》卷五六《侯景傳》同，汲古閣本、百衲本作“令日”。

[4]景然之，乃表陳武帝十失：按，表文具載《梁書·侯景傳》。乃，大德本、殿本同，汲古閣本作“乃乃”。

[5]景辰：大德本、汲古閣本、殿本作“丙辰”。本書避唐高祖李淵父李昞諱改。

[6]初，城圍之日：以下至“並悉羸懦”，按，此段記述《梁書·侯景傳》無，《資治通鑑》卷一六二《梁紀十八》有，稍異。

[7]貫甲者三萬：大德本、殿本、中華本同，汲古閣本、百衲本“甲”作“田”。按，《資治通鑑·梁紀十八》作“擐甲者二萬餘人”，《考異》：“《南史》作‘三萬’。今從《典略》。”

[8]守埋者止二三千人：大德本、汲古閣本、殿本“埋”作“埤”。底本誤，應據諸本改。按，《資治通鑑·梁紀十八》作“乘城者不滿四千人”。

[9]臰：“臭”的俗字。

[10]於是羊鴉仁、柳敬禮、鄱陽世子嗣進軍於東府城北：《梁書·侯景傳》同，《資治通鑑·梁紀十八》作“戊午，南康王會理與羊鴉仁、趙伯超等進營於東府城北”。柳敬禮，大德本、汲古閣本、殿本、百衲本、中華本作“柳仲禮”。

[11]乞：大德本、汲古閣本、殿本、百衲本同，中華本據《通志》補作“乞和”字。按，《梁書·侯景傳》作“請和”，《資治通鑑·梁紀十八》作“求和”。

[12]沈浚：字叔源，吴興武康（今浙江德清縣）人。本書卷三六有附傳，《梁書》卷四三有傳。

[13]無去意：按，各本同，《梁書·侯景傳》及《通志》卷一四三、《資治通鑑·梁紀十八》“無”前有“景”字。應據補。

[14]石闕：梁武帝所造，高五丈、廣三丈六寸，在建康宮城正南門外。

丁卯，邵陵王世子子堅帳内白雲朗、董勛華於城西北樓納賊。[1]五鼓，[2]賊四面飛梯，[3]衆悉上。永安侯確與其兄堅力戰不能却，乃還見文德殿言狀。[4]須臾，景乃先使王偉、儀同陳慶入殿陳謝曰："臣既與高氏有隙，所以歸投，每啓不蒙爲奏，所以入朝。而姦佞懼誅，深見推拒，連兵多日，罪合萬誅。”武帝曰："景今何在？可召來。”景入朝，以甲士五百人自衛，帶劍升殿。拜訖，帝神色不變，使引向三公榻坐，謂曰："卿在戎日久，[5]無乃爲勞。”景默默。[6]又何：[7]“卿問州人？[8]而來至此。”[9]又不對。其從者任約代對。又問："初度江有幾人？”[10]景曰："千人。”“圍臺城有幾人？”曰："十萬。”“今有幾人？”曰："率土之内，莫非己有。”帝俛首不言。景出，謂其廂公王僧貴曰：[11]“吾常據鞌對敵，矢刃交下，而意了無怖。今見蕭公，使人自慴，豈非天威難犯。吾不可以再見之。”出見簡文于永福省，簡文坐與相見，亦無懼色。[12]

［1］丁卯，邵陵王世子子堅帳内白雲朗、董勛華於城西北樓納賊：按，此段記述《梁書》卷五六《侯景傳》無，《資治通鑑》卷一六二《梁紀十八》有。邵陵王世子子堅，各本同，據本書卷五三、《梁書》卷二九之《邵陵王綸傳》，邵陵王蕭綸子名“堅”，衍一“子”字，應删。蕭堅。蕭綸長子。本書卷五三、《梁書》卷二九有附傳。帳内，本書、《梁書》之《邵陵王綸傳》及《資治通鑑·梁紀十八》皆作“書佐”。白雲朗，本書、《梁書》之《邵陵王綸傳》作“白曇朗”，中華本據《梁書》改。按，《資治通鑑·梁紀十八》作“熊曇朗”。董勛華，本書、《梁書》之《邵陵王綸傳》同，《資治通鑑·梁紀十八》作“董勛”。納賊，本書《邵陵王綸傳》作“夜遣賊登樓”，《梁書·邵陵王綸傳》作“以繩引賊登樓”，《資治通鑑·梁紀十八》作“引景衆登城”。

［2］五鼓：又作五更、戊夜、平旦。即寅時，指淩晨三點至五點。

［3］飛梯：古代攻城的器具。猶雲梯。木製，長約二三丈，首貫雙輪，攀城時以輪貼城墻推進豎起。

［4］文德殿：宫殿名。在建康宫城内，梁時殿内藏聚群書七萬卷。明王褘《大事記續編》卷四三引《南朝宫苑記》：“永福省有文德、武德殿。”

［5］戎：按，《梁書·侯景傳》同，《資治通鑑·梁紀十八》作“軍中”。

［6］默默：大德本、汲古閣本、殿本作“默然”。

［7］何：大德本、汲古閣本、殿本作“問”。底本誤，與下句“卿問州人”之“問”錯位，應據諸本改。

［8］問：大德本、汲古閣本、殿本作“何”。

［9］而來至此：按，《梁書·侯景傳》《資治通鑑·梁紀十八》“來”作“敢”。

［10］又問“初度江有幾人”：以下至“帝俛首不言”，按，此段記述《梁書·侯景傳》無，《資治通鑑·梁紀十八》有。

[11]廂公：官名。南朝梁時侯景置。《資治通鑑·梁紀十八》胡三省注："景之親貴隆重者號曰左右廂公。"

[12]出見簡文于永福省，簡文坐與相見，亦無懼色：按，此段記述《梁書·侯景傳》無，《資治通鑑·梁紀十八》有，略詳。永福省，宫苑名。在建康宫城内。《資治通鑑·梁紀十八》胡三省注："永福省在禁中，自宋以來，太子居之，取其福國於有永也。"

初，簡文《寒夕詩》云：[1]"雪花無有蔕，冰鏡不安臺。"又詠月云："飛輪了無轍，明鏡不安臺。"後人以爲詩讖，[2]謂無蔕者，是無帝。不安臺者，臺城不安。輪無轍者，以邵陵名綸，空有赴援名也。

[1]初，簡文《寒夕詩》云：以下至"空有赴援名也"，按，《梁書》卷五六《侯景傳》、《資治通鑑》卷一六二《梁紀十八》皆無此段記述。

[2]詩讖：謂所作詩中不經意間預示了日後發生的事。

既而景屯兵西州，[1]使僞儀同陳慶以甲防太極殿，悉鹵掠乘輿服玩、後宫嬪妾，收王侯朝士送永福省，撤二宫侍衛。[2]使王偉守武德殿，[3]于子悦屯太極東堂，[4]矯詔大赦，自爲大都督、都督中外諸軍、録尚書事，[5]其侍中、使持節、大丞相、王如故。

[1]西州：城名。在今江蘇南京市朝天宫一帶。東晋元帝時築。以位於臺城西南且爲揚州刺史治所得名。

[2]二宫：指梁武帝與太子蕭綱。

[3]武德殿：宫殿名。在建康宫城内。明王禕《大事記續編》

卷四三引《南朝宫苑記》:"永福省有文德、武德殿。"

［4］太極東堂：宫殿名。太極殿東邊的附屬殿堂。

［5］大都督：官名。高級軍事長官，職高位重，權勢極大。　都督中外諸軍：官名。總統禁衛軍、地方軍等内外諸軍，爲全國最高軍事統帥，權力極大。不常置。　録尚書事：官名。魏晋南北朝多以公卿權重者居之，總領尚書省政務，位在三公上。南朝宋孝武帝不欲威權外假，遂省。其後置省無常。梁、陳以其威權過重，常缺不授。

先是，城中積屍不暇埋瘗，又有已死末斂，[1]或將死未絶，景悉令聚而焚之，臭氣聞十餘里。尚書外兵郎鮑正疾篤，[2]賊曳出焚之，宛轉火中，久而方絶。景又矯詔征鎮牧守各復本位，[3]於是諸軍並散。降蕭正德爲侍中、大司馬，[4]百官皆復其職。

［1］末斂：大德本、汲古閣本、殿本作"未斂"。底本誤，應據諸本改。

［2］鮑正：本書卷六二有附傳。

［3］征鎮牧守：泛指高級將領與州郡長官。"征"指東西南北四征將軍，"鎮"指東、西、南、北及左、右、前、後八鎮將軍。

［4］大司馬：官名。位三公之上、三師之下，然無具體職司。南朝不常授，多用作贈官。宋一品。梁十八班。陳一品，秩萬石。

帝雖外迹不屈，而意猶忿憤，[1]景欲以宋子仙爲司空，[2]帝曰:"調和陰陽，豈在此物。"[3]景又請以文德主帥鄧仲爲城門校尉，[4]帝曰:"不置此官。"簡文重入奏，[5]帝怒曰:"誰令汝來!"[6]景聞亦不敢逼。後每徵求，多不稱旨，至於御膳亦被裁抑。遂懷憂憤。五月，感疾餒，崩于文德殿。[7]景秘不發喪，權殯于昭陽殿，[8]自外文武咸莫之知。二十餘日，然後升梓宫於太極前殿，[9]迎簡文即位。及葬脩陵，[10]使衛士以大釘於要地釘之，欲令後世絶滅。矯詔赦北人爲奴婢者，冀收其力用焉。時東揚州刺史臨城公大連據州，[11]吴興太守張嵊據郡，[12]自南陵以上並各據守。景制命所行，唯吴郡以西、南陵以北而已。[13]

[1]帝雖外迹不屈，而意猶忿憤：按，《梁書》卷五六《侯景傳》"不"作"已"。《資治通鑑》卷一六二《梁紀十八》作"上雖外爲侯景所制，而内甚不平"，視此當以"已"字爲是。

[2]景欲以宋子仙爲司空：以下至"誰令汝來"，按，此段記述《梁書·侯景傳》僅以"時有事奏聞，多所譴却"一語帶過。《資治通鑑·梁紀十八》叙述較本書詳而有異同。司空，官名。魏晋南北朝時爲名譽宰相，多用作大臣加官，無實際職掌。宋一品。梁十八班。陳一品，秩中二千石。

[3]調和陰陽，豈在此物：按，《資治通鑑·梁紀十八》作"調和陰陽，安用此物"，胡三省注："三公燮理陰陽，言宋子仙非其人也。"

[4]景又請以文德主帥鄧仲爲城門校尉：按，《資治通鑑·梁紀十八》作"景又請以其黨二人爲便殿主帥"。

[5]簡文重入奏：按，《資治通鑑·梁紀十八》作"太子入，泣諫"。

[6]誰令汝來：按，《資治通鑑·梁紀十八》"來"下更有"若社稷有靈，猶當克復；如其不然，何事流涕"之語。

[7]文德殿：《梁書·侯景傳》、《通志》卷一四三同，本書卷

七《梁武帝紀下》、《梁書》卷三《武帝紀下》、《資治通鑑·梁紀十八》皆作"净居殿"。

[8]昭陽殿：宫殿名。在建康宫城内，本皇后居處。侯景作亂遂居之。見《梁書·侯景傳》，參本書卷一一《齊武穆裴皇后傳》。

[9]梓宫：皇帝及皇后的棺材。以梓木爲之，故名。

[10]脩陵：梁武帝皇后郗徽陵。位於南徐州南東海武進縣東城里山，在今江蘇丹陽市東。

[11]東揚州：州名。南朝宋孝武帝分揚州置。治山陰縣，在今浙江紹興市。後廢。梁武帝復置，仍治山陰縣。　吴興：郡名。治烏程縣，在今浙江湖州市。

[12]張嵊：字四山，吴郡吴（今江蘇蘇州市）人。侯景之亂時任吴興太守，建康城陷後，據守吴興，兵敗被殺。本書卷三一有附傳，《梁書》卷四三有傳。

[13]吴郡：郡名。治吴縣，在今江蘇蘇州市。

六月，景乃殺蕭正德於永福省，封元羅爲西秦王，[1]元景襲爲陳留王，[2]諸元子弟封王者十餘人。以柳仲禮爲使持節、大都督，[3]隸大丞相，參戎事。

[1]元羅：鮮卑族。北魏宗室。《魏書》卷一六、《北史》卷一六有附傳。

[2]元景襲：北魏宗室。按，《梁書》卷五六《侯景傳》作"元景龍"。

[3]柳仲禮：《梁書·侯景傳》作"柳敬禮"。中華本校勘記云："按《柳敬禮傳》：'留敬禮爲質，以爲護軍將軍。'《梁書·侯景傳》：'景以柳敬禮爲護軍將軍。'則作敬禮是。"應據改。

十一月，百濟使至，[1]見城邑丘墟，於端門外號泣，[2]行路見者莫不灑泣。景聞大怒，收小莊嚴寺，[3]禁不聽出入。大寶元年正月，[4]景矯詔自加班劍四十人，[5]給前後部羽葆、鼓吹，[6]置左右長史、從事中郎四人。三月甲申，[7]景請簡文禊宴於樂游苑，[8]帳飲三日。[9]其逆黨咸以妻子自隨，皇太子以下，[10]並令馬射，箭中者賞以金錢。翌日向晨，簡文還宫。景拜伏苦請，簡文不從。及發，景即與溧陽主共據御牀南面並坐，[11]群臣文武列坐侍宴。

[1]百濟：古國名。在今朝鮮半島西南部。本書卷七九及南北朝諸史有傳。

[2]端門：建康臺城正南門的中門。

[3]小莊嚴寺：佛寺名。即莊嚴寺。東晋謝尚建，地近建康南郊壇，在今江蘇南京市西南秦淮河北岸。

[4]大寶：南朝梁簡文帝蕭綱年號（550—551）。

[5]班劍：亦作斑劍。本指飾有花紋的劍，或指持班劍的武士。晋以後成爲隨從侍衛的代稱，且成爲皇帝對王侯功臣的恩賜，可隨身進入宫殿，亦作爲喪禮時的儀仗。所賜人數自十人至百二十人不等。南朝梁衹賜給極少數權臣。

[6]羽葆：以鳥羽聯綴爲飾的華蓋。南北朝時，諸王及大臣有功則賜，大臣喪亦或賜，以示尊崇。　鼓吹：演奏鼓吹樂的樂隊。南北朝時，作爲皇帝賜予臣下的一種禮遇，唯賜大臣及有功者。

[7]三月甲申：以下至“群臣文武列坐侍宴”，按，此段記述《梁書》卷五六《侯景傳》無，《資治通鑑》卷一六三《梁紀十九》有，較本書簡略。甲申，《資治通鑑·梁紀十九》、《通志》卷一四三皆同。按，簡文帝大寶元年（550）三月庚戌朔，是月有甲寅（五日）、甲子（十五日）、甲戌（二十五日），無甲申。三書並誤。

[8]禊宴：猶禊飲。指農曆三月上巳日之宴聚。　樂游苑：苑囿名。南朝宋文帝置，在今江蘇南京市玄武湖南岸。

[9]三日：按，《資治通鑑·梁紀十九》同，《通志》卷一四三作“二日”。

[10]皇太子：即宣城王蕭大器。

[11]湮陽主：大德本、汲古閣本、殿本作“溧陽主”。底本誤，應據諸本改。溧陽主，梁簡文帝女，史佚其名。按，《隋書·音樂志上》：“臺城淪没，簡文帝受制於侯景，景以簡文女溧陽公主爲妃。”見本書卷八《梁簡文帝紀》。　御牀：皇帝專用的坐卧之具。

四月辛卯，景又召簡文幸西州，[1]簡文御素輦，侍衛四百餘人。景衆數千浴鐵翼衛。[2]簡文至西州，景等逆拜。上冠下屋白紗帽，服白布裠襦。景服紫紬褶，[3]上加金帶，與其僞儀同陳慶、索超世等西向坐。[4]湮陽主與其母范淑妃東向坐。[5]上聞絲竹，悽然下泣。景起謝曰：“陛下何不樂？”上爲笑曰：“丞相言索超世聞此以爲何聲？”景曰：“臣且不知，豈獨超世。”上乃命景起儛，景即下席應弦而歌。上顧命淑妃，淑妃固辭乃止。景又上禮，遂逼上起儛。酒闌坐散，上抱景于牀曰：“我念丞相。”景曰：“陛下如不念臣，臣何至此。”上索筌蹄，[6]曰：“我爲公講。”命景離席，使其唱經。景問超世何經最小，超世曰：“唯《觀世音》小。”[7]景即唱“爾時無盡意菩薩”。[8]上大笑，夜乃罷。

[1]四月辛卯，景又召簡文幸西州：以下至“上大笑，夜乃罷”，按，此段記述《梁書》卷五六《侯景傳》無，《資治通鑑》卷一六三《梁紀十九》有，甚簡略。辛卯，《通志》卷一四三同，

《資治通鑑·梁紀十九》作“丙午”。按，簡文帝大寶元年（550）四月庚辰朔，辛卯爲十二日，丙午爲二十七日。未詳孰是。

[2]浴鐵翼衛：披挂鐵甲護衛。《資治通鑑·梁紀十九》胡三省注:“浴鐵者，言鐵甲堅滑，若以水浴之也。”

[3]袖：大德本、汲古閣本、殿本作“紬”。

[4]索超世：與王偉同爲侯景謀主，歷官儀同、尚書右僕射。後隨景出逃，被斬於京口。參本書卷六三《羊鵾傳》。

[5]湮：大德本、汲古閣本、殿本作“溧”。底本誤。

[6]筌蹄：南朝貴族與士大夫講經説法時手執的麈尾之類。又，魏晋南北朝時壁畫與石刻浮雕中所見形似腰鼓的坐具，亦謂之筌蹄。

[7]《觀世音》：佛經名。又稱《觀音經》。經文内容即後秦鳩摩羅什所譯《妙法蓮華經》之《觀世音菩薩普門品》。因廣受弘傳，遂另行單本流通。

[8]爾時無盡意菩薩：《觀世音》經文的首句七字。

時江南大飢，江、揚彌甚，[1]旱蝗相係，年穀不登，百姓流亡，死者塗地。父子攜手共入江湖，或弟兄相要俱緣山岳。芰實荇花，[2]所在皆罄，草根木葉，爲之凋殘。雖假命須臾，亦終死山澤。其絶粒久者，[3]鳥面鵠形，俯伏牀帷，不出户牖者，莫不依羅綺，懷金玉，交相枕藉，待命聽終。於是千里絶烟，人迹罕見，白骨成聚如丘隴焉。而景虐於用刑，酷忍無道，於石頭立大舂碓，有犯法者擣殺之。東陽人李瞻起兵，[4]爲賊所執，送詣建鄴。景先出之市中，斷其手足，刻析心腹，破出肝腸。瞻正色整容，言咲自若，見其膽者乃如升焉。又禁人偶語，不許大酺，有犯則刑及外族。[5]其官人任兼閫外者位必行臺，[6]入附凶徒者並稱開府，[7]其親寄隆重則號曰左右廂公，勇力兼人名爲庫真部督。[8]

[1]時江南大飢，江、揚彌甚：以下至“白骨成聚如丘隴焉”，按，此段記述《梁書》卷五六《侯景傳》無，《資治通鑑》卷一六三《梁紀十九》有而簡異。

[2]芰實荇花：泛指水生草本植物。芰，即菱，俗稱菱角，一説兩角謂菱，三角、四角謂芰。荇，指荇菜，亦作莕菜。按，《資治通鑑·梁紀十九》“芰實荇花”作“菱芡”。

[3]絶粒久者：按，《資治通鑑·梁紀十九》作“富室無食”。

[4]東陽人李瞻起兵：以下至“見其膽者乃如升焉”，按，《梁書·侯景傳》《資治通鑑·梁紀十九》皆無此段記述。東陽，郡名。治長山縣，在今浙江金華市。

[5]外族：母家或妻家之親族。

[6]其官人任兼閫外者位必行臺：大德本、殿本同，汲古閣本“官”作“宫”。以下至“勇力兼人名爲庫真部督”，按，此段記述《梁書·侯景傳》無，《資治通鑑·梁紀十九》有，稍異。《資治通鑑·梁紀十九》“任兼閫外者”作“爲其將帥者”。閫外，指京城或朝廷以外。閫，郭門，即外城城門。

[7]入附凶徒者：《資治通鑑·梁紀十九》作“來降附者”。開府：官名。開府儀同三司的省稱。即准許開設府署、自辟僚屬。魏晉南朝常以此作爲對高級官員的恩寵。

[8]庫真部督：《通志》卷一四三同，《資治通鑑·梁紀十九》作“庫直都督”，胡三省注：“《南史·侯景傳》作‘庫真部督’。誤也。”按，“庫真部督”僅見於此，本書卷六三《羊鵾傳》、《北齊書》卷一〇《上黨剛肅王涣傳》、《北史》卷二三《上黨王涣》皆作“庫真都督”。“部”“都”形近，傳寫致訛。庫真，官名。一作庫直。東魏、北齊置，爲諸王及要臣的侍衛。

七月，景又矯詔自進位相國，封太山等二十郡爲漢王。[1]入朝不趨，贊拜不名，劍履上殿，依漢蕭何故事。[2]十月，景又矯詔自加宇宙大將軍、都督六合諸軍事，以詔文呈簡文。簡文大驚曰："將軍乃有宇宙之號乎？"初，武帝既崩，[3]景立簡文，升重雲殿禮佛爲盟曰：[4]"臣乞自今兩無疑貳，臣固不負陛下，陛下亦不得負臣。"及南康王會理之事，[5]景稍猜懼，謂簡文欲謀之。王偉因搆扇，遂懷逆謀矣。

[1]七月，景又矯詔自進位相國，封太山等二十郡爲漢王：七月，《梁書》卷五六《侯景傳》同。按，侯景矯詔進位相國、封漢王事，本書卷八《梁簡文帝紀》繫於"九月乙亥"，《資治通鑑》卷一六三《梁紀十九》同；《梁書》卷四《簡文帝紀》繫於"八月甲午"後的"乙亥"。據陳垣《二十史朔閏表》，大寶元年（550）七月己酉朔，二十七日乙亥；八月戊寅朔，無乙亥；九月戊申朔，二十八日乙亥。則"七月""九月"未詳孰是。又，太山，各本同，中華本作"泰山"。

[2]蕭何：秦末漢初沛（今江蘇沛縣）人。劉邦稱帝，論何功第一，封酇侯，任相國，"賜帶劍履上殿，入朝不趨"。《史記》卷五三《蕭相國世家》、《漢書》卷三九有傳。

[3]初，武帝既崩：以下至"陛下亦不得負臣"，按，此段記述《梁書·侯景傳》無，《資治通鑑·梁紀十九》有。

[4]重雲殿：宫殿名。梁武帝在華林園内所建重閣，其上曰重雲殿，其下曰光嚴殿。　爲盟：按，《資治通鑑·梁紀十九》作"爲誓"。

[5]南康王會理之事：按，據《梁書·侯景傳》，"時景屯於皖口，京師虚弱，南康王會理及北兖州司馬成欽等將襲之"。參本書

卷五三《蕭會理傳》、卷三八《柳敬禮傳》。

二年正月，景以王克爲太宰，[1]宋子仙爲太保，元羅爲太傅，郭元建爲太尉，張化仁爲司徒，[2]任約爲司空，于慶爲太師，[3]紇奚斤爲太子太傅，時靈護爲太子太保，王偉爲尚書左僕射，索超世爲右僕射。於舫跨水築城，名曰捍國。[4]

[1]太宰：按，《通志》卷一四三同，《梁書》卷五六《侯景傳》作“太師”。《資治通鑑》卷一六四《梁紀二十》亦作“太師”，但繫於是年二月。

[2]張化仁：《資治通鑑·梁紀二十》胡三省注：“或曰：張化仁即支化仁。”

[3]太師：《通志》卷一四三同，《梁書·侯景傳》作“太子太師”。按，《資治通鑑·梁紀二十》此段未載于慶及其下紇奚斤、時靈護三人事。

[4]於舫跨水築城，名曰捍國：大德本、汲古閣本、殿本“於”後有“大”字。大舫，浮橋名。即朱雀航。捍國，城名。在今江蘇南京市秦淮區鎮淮橋附近。按，《梁書·侯景傳》、《資治通鑑·梁紀二十》皆無此段記述。

四月，景遣宋子仙襲陷郢州刺史方諸。[1]景乘勝西上，號三十萬，聯旗千里，江左以來，水軍之盛未有也。[2]帝聞之，[3]謂御史中丞宗懍曰：[4]“賊若分守巴陵，鼓行西上，荆、郢殆危，此上策也。[5]身頓長沙，[6]徇地零、桂，[7]運糧以至洞庭，[8]非吾有，[9]此中策也。[10]擁衆江口，[11]連攻巴陵，鋭氣盡於堅城，士卒飢於半菽，[12]此下策也。[13]吾安枕而卧，[14]無所多憂。"及次巴陵，王僧辯沈船卧鼓，若將已遁。[15]景遂圍城。元帝遣平北將軍胡僧祐與居士陸法和大破之，[16]禽其將任約，景乃夜遁還都。左右有泣者，景命斬之。王僧辯乃東下，自是衆軍所至皆捷。先是，景每出師，戒諸將曰："若破城邑，净殺却，使天下知吾威名。"[17]故諸將以殺人爲戲咲，百姓雖死不從之。

[1]郢州：州名。南朝宋置。治夏口城，在今湖北武漢市武昌區。 方諸：蕭方諸。字明智（《梁書》作"智相"），梁元帝第二子。本書卷五四、《梁書》卷四四有傳。

[2]"景乘勝西上"至"水軍之盛未有也"：按，《梁書》卷五六《侯景傳》僅言"景乘勝西上"，無"號三十萬"以下諸語。"三十萬"，大德本、汲古閣本、殿本作"二十萬"，《通志》卷一四三與底本同。

[3]帝聞之：各本並同，中華本作"元帝聞之"，但未出校記。按，此所謂"帝"者，即湘東王蕭繹，亦即下文所言"元帝"。以下至"無所多憂"，按，此段記述《梁書·侯景傳》無，《資治通鑑》卷一六四《梁紀二十》有，多異。

[4]宗懔：字元懔，南陽涅陽（今河南鄧州市）人。《梁書》卷四一、《周書》卷四二、《北史》卷七〇有傳。按，大德本、汲古閣本、殿本並訛作"宗懷"，中華本以"時有'宗懔'，不聞有'宗懷'其人"爲由而改。參中華本校勘記。底本不誤。又，《資治通鑑·梁紀二十》"御史中丞宗懔"作"將佐"。

[5]此上策也：按，《資治通鑑·梁紀二十》所載上策爲"賊若水步兩道，直指江陵"。

[6]長沙：郡名。治臨湘縣，在今湖南長沙市。

[7]零、桂：零陵、桂陽。並郡名。零陵郡，治泉陵縣，在今

湖南永州市。桂陽郡，治郴縣，在今湖南郴州市。

[8]洞庭：湖名。在今湖南北部、長江南岸。

[9]非吾有：各本同，中華本據《通志》補作“湘郢非吾有”。

[10]此中策也：按，《資治通鑑·梁紀二十》所載中策爲“據夏首，積兵糧”。

[11]江口：地名。即三江口，亦名西江口。在今湖南岳陽市北，爲洞庭湖入江處。

[12]半菽：摻有雜糧的粗劣飯食。菽，豆類的總稱，亦指大豆之苗。

[13]此下策也：按，《資治通鑑·梁紀二十》所載下策爲“悉力攻巴陵”。

[14]吾：大德本、殿本同，汲古閣本作“若”。

[15]王僧辯沈船卧鼓，若將已遁：按，《梁書·侯景傳》作“僧辯因堅壁拒之”，《資治通鑑·梁紀二十》作“僧辯乘城固守，偃旗卧鼓，安若無人”。王僧辯，字君才，太原祁（今山西祁縣）人。本書卷六三有附傳，《梁書》卷四五有傳。

[16]胡僧祐：字願果，南陽冠軍（今河南鄧州市）人。原仕北魏，後投蕭梁。因忤旨被蕭繹下獄。侯景進攻巴陵，蕭繹起胡僧祐於獄中，令其率軍赴援。本書卷六四、《梁書》卷四六有傳。陸法和：隱居江陵的道士。巴陵之戰時向蕭繹請命赴援，與胡僧祐在赤亭之戰中大破任約。《北齊書》卷三二、《北史》卷八九有傳。

[17]吾：大德本、殿本同，汲古閣本作“我”。

是月，景乃廢簡文，[1]幽於永福省，迎豫章王棟即皇帝位，[2]升太極前殿，大赦，改元爲天正元年。有回風自永福省吹其文物皆倒折，見者莫不驚駭。初，景既平建鄴，便有簒奪志，以四方須定，故未自立。既而巴陵失律，江、郢喪師，猛將外殲，雄心内沮，便欲速僭大號。[3]又王偉云："自古移鼎必須廢立。"[4]故景從之。其太尉郭元建聞之，自秦郡馳還諫曰：[5]"主上仁明，何得發之？"[6]景曰："王偉勸吾。"元建固陳不可，景意遂回，欲復帝位，以棟爲太孫。王偉固執不可，乃禪位于棟。景以哀太子妃賜郭元建，[7]元建曰："豈有皇太子妃而降爲人妾。"[8]竟不與相見。景司空劉神茂、儀同尹思合、劉歸義、王曄、桑乾王元頵等據東陽歸順。

[1]是月，景乃廢簡文：按，據本書卷八《梁簡文帝紀》及《梁書》卷四《簡文帝紀》，"是月"當爲"八月"。參《資治通鑑》卷一六四《梁紀二十》。

[2]豫章王棟：蕭棟。字元吉，昭明太子蕭統之孫。嗣父爵爲豫章王，後被侯景扶植登基。侯景敗後，爲蕭繹所殺。本書卷五三有附傳。

[3]僭大號：冒用帝王的尊號。僭，超越本分，舊時指下級冒用上級的名義、禮儀或器物。

[4]移鼎：傳説夏禹鑄九鼎，象徵九州，三代奉爲傳國之寶器，成湯遷之於商邑，周武王遷之於洛邑。後世因以比喻改朝换代。廢立：廢黜舊君另立新君。爲權臣篡奪帝王之位的重要步驟。

[5]秦郡：郡名。治尉氏縣，在今江蘇南京市六合區。

[6]發：大德本、汲古閣本、殿本作"廢"。底本誤，應據諸本改。

[7]哀太子：梁簡文帝嫡長子宣城王蕭大器。先於其父被害，梁元帝即位，追謚哀太子。

[8]皇太子：大德本、殿本同，汲古閣本作"王太子"。

十一月，景矯蕭棟詔，[1]自加九錫，[2]漢國置丞相以下百官，陳備物於庭。[3]忽有鳥似山鵲翔于景册書上，[4]赤足丹觜，都下左右所無。賊徒悉駭，競射之，不能中。景又矯棟詔，追崇其祖爲大將軍，父爲太丞相，[5]自加冕十有二旒，[6]建天子旌旗，出警入蹕，[7]乘金根車，[8]駕六馬，[9]備五時副車，[10]置旄頭雲罕，[11]樂儛八佾，[12]鍾虡宫懸之樂，[13]一如舊儀。尋又矯蕭棟詔禪位，使僞太宰王克奉璽紱于己。[14]先夕，景宿大莊嚴寺，即南郊，[15]柴燎于天，[16]升壇受禪，[17]大風折木，旂蓋盡偃，[18]文物並失舊儀。[19]既唱警蹕，[20]識者以爲名景而言警蹕，非久祥也。景聞惡之，改爲備蹕。人又曰，備於此便畢矣。有司乃奏改云永蹕。乃以廣柳車載鼓吹，[21]槖駞負犧牲，[22]輦上置垂脚坐焉。[23]景所帶劍水精摽無故墮落，手自拾取，甚惡之。將登壇，有兔自前而走，俄失所在。又白虹貫日三重，[24]日青無色。還將登太極殿，醜徒數萬同共吹脣唱吼而上。[25]及升御牀，牀脚自陷。[26]大赦，改元爲太始元年。方饗群臣，中會而起，觸扆墜地。[27]封蕭棟爲淮陰王，幽之。改梁律爲漢律，改左户尚書爲殿中尚書，[28]五兵尚書爲七兵尚書，[29]直殿主帥爲直寢。[30]

[1]蕭捒：大德本、汲古閣本、殿本作“蕭棟”。底本誤，“棟”“捒”二字形近而訛，應據諸本改。

[2]九錫：天子優禮諸侯、大臣有殊勳者所賜與的九種器物，即車馬、衣服、樂器、朱户、納陛、虎賁、鈇鉞、弓矢、秬鬯。見《漢書》卷六《武帝紀》顔師古注引應劭曰。魏晋南北朝時權臣篡位，建立新王朝前，都例加九錫。

［3］備物：指儀衛、祭祀等所用的器物。參《左傳》定公四年“備物典策”孔穎達疏引服虔云、《文選》干令升《晉紀總論》“終受備物之錫”張銑注。

［4］册書：亦稱策書。指帝王册立、封贈臣下的詔書。按，《梁書》卷五六《侯景傳》無“册書”二字。

［5］太丞相：大德本、汲古閣本、殿本“太”作“大”。底本誤，應據諸本改。《梁書·侯景傳》作“丞相”。

［6］加冕：把皇冠戴在君主頭上，是新君主舉行登基大典的重要儀式之一。見《晉書·禮志下》。　十有二旒（liú）：《禮記·禮器》：“天子之冕，朱緑藻，十有二旒。”旒，同“鎏”，古代帝王禮帽前後懸垂的玉串。

［7］出警入蹕：即警蹕。古代帝王出入，左右侍衛謂“警”，清道止行謂“蹕”。

［8］金根車：古代帝王所乘以黄金爲飾的車。

［9］六馬：秦以後，皇帝車駕用六馬。參《史記》卷六《秦始皇本紀》。

［10］五時副車：古代隨從帝王車駕的青、赤、黄、白、黑五色副車。蔡邕《獨斷》卷下：“上所乘曰金根車，駕六馬。有五色安車、五色立車各一，皆駕四馬，是謂五時副車。”參《晉書·輿服志》。

［11］旄頭：天子儀仗中擔任先驅的騎兵。　雲罕：天子儀仗中作爲前導的旌旗。

［12］八佾（yì）：古代天子享用的一種樂舞。舞者排列縱横都是八人，共六十四人。佾，舞列。

［13］鍾虡（jù）：一種飾有猛獸的懸挂編鐘的格架。　宫懸：古代天子懸挂樂器的形制。即四面陳設樂架懸挂鐘磬等樂器，以象徵宫室四面有墻。詳《周禮·春官·小胥》“正樂縣之位”鄭玄注引鄭司農云。

［14］璽紱：天子的印章及繫印紐的絲帶。璽，即印，自秦代以

後專指帝王之印。

[15]南郊：即南郊壇。六朝帝王在建康城南郊外築圜丘以祭祀上天的場所，在今江蘇南京市西南。參《宋書·禮志一》。

[16]柴燎于天：燔柴祭告上天。

[17]受禪：亦作受嬗。謂新皇帝承受禪讓的帝位。

[18]大風折木，旂蓋盡偃：大德本、汲古閣本、殿本"折"作"拔"。按，《梁書·侯景傳》無此八字。

[19]文物並失舊儀：按，《梁書·侯景傳》"失"作"依"。

[20]既唱警蹕：以下至"備於此便畢矣"，按，此段記述《梁書·侯景傳》《資治通鑑》並無。

[21]廣柳車：載運棺柩的車，以柳爲裝飾，故名。一説泛指載運貨物的大車。按，《梁書·侯景傳》作"轜車牀"。

[22]橐駞：駱駝的别名。　犧牲：祭祀用的牲畜。色純爲"犧"，體全爲"牲"。

[23]輦：用人力牽拉的車。後多指帝王、后妃所乘之車。　垂脚坐：指有别於席地而坐、可以垂足而坐的胡牀類坐具。按，《梁書·侯景傳》"垂脚坐"上有"筌蹄"二字。

[24]白虹貫日：一種罕見的日暈天象。指白色長虹穿日而過。古人認爲，白虹主刀兵，日代表君王，白虹貫日爲不利於君主之徵兆。

[25]醜徒數萬同共吹脣唱吼而上：按，《梁書·侯景傳》無此十二字，《資治通鑑》卷一六四《梁紀二十》作"其黨數萬，皆吹脣呼譟而上"。吹脣，吹口哨。

[26]及升御牀，牀脚自陷：按，《梁書·侯景傳》、《資治通鑑·梁紀二十》皆無此八字。

[27]方饗群臣，中會而起，觸扆（yǐ）墜地：按，《梁書·侯景傳》《資治通鑑·梁紀二十》皆無此十二字。扆，宫殿内設在門和窗之間的大屏風。

[28]左户尚書：官名。《梁書·侯景傳》作"左民尚書"，此

避唐太宗李世民諱改。尚書省列曹長官之一，掌户籍及土木工程之事。宋三品。梁十三班。陳三品，秩中二千石。

［29］五兵尚書：官名。尚書省列曹長官之一，掌軍事樞務。南朝宋、齊領中兵、外兵二曹，梁、陳領中兵、外兵、騎兵三曹。宋三品。梁十三班。陳三品，秩中二千石。

［30］直殿主帥：官名。南朝梁置，掌殿内侍衛。品秩不詳。

景三公之官，動置十數，儀同尤多。或疋馬孤行，自執羈紲。[1]以宋子仙、郭元建、張化仁、任約爲佐命元功，[2]並加三公之位；王偉、索超世爲謀主；于子悦、彭儁主擊斷；[3]陳慶、吕季略、盧暉略、于和、史安和爲爪牙：[4]斯皆尤毒於百姓者。其餘如王伯醜、任延和等復有數十人。[5]梁人而爲景用者，則故將軍趙伯超、前制局監姬石珍、内監嚴亶、邵陵王記室伏知命，[6]此四人盡心竭力者。若太宰王克、太薄元羅、侍中殷不害、太常姬弘正等雖官尊，[7]止從人望，非腹心任也。景祖名乙羽周，及篡以周爲廟諱，故改周弘正、石珍姓姬焉。[8]

［1］羈紲：馭馬用的絡頭和繮繩。按，《梁書》卷五六《侯景傳》作“羈絆”。

［2］以宋子仙、郭元建、張化仁、任約爲佐命元功：以下至“止從人望，非腹心任也”，按，《梁書·侯景傳》《資治通鑑》皆無此段記述。

［3］擊斷：即決斷。

［4］于和：按，或以爲當作“于慶”。見中華本校勘記引張森楷《南史校勘記》。

[5]其餘如：大德本、汲古閣本、殿本無"如"字。

[6]姬石珍：即周石珍。　嚴亶：本書卷七七有附傳。　伏知命：平昌安丘（今山東安丘市）人。本書卷七一、《梁書》卷五〇有附傳。

[7]太薄：大德本、汲古閣本、殿本作"太傅"。底本誤，應據諸本改。　殷不害：字長卿，陳郡長平（今河南西華縣）人。本書卷七四、《陳書》三二有傳。　姬弘正：即周弘正。字思行，汝南安成（今河南汝南縣）人。本書卷三四有附傳，《陳書》卷二四有傳。

[8]"景祖名乙羽周"至"石珍姓姬焉"：按，《梁書·侯景傳》《資治通鑑》皆無此段記述。

王偉請立七廟，[1]景曰："何謂七廟？"偉曰："天子登七世祖考，[2]故置七廟。"并請七世諱，敕太常具祭祀之禮。景曰：[3]"前世吾不復憶，唯阿爺名摽，旦在朔州，[4]伊那得來噉是。"衆聞咸咲之。[5]景黨有知景祖名乙羽周者，[6]自外悉是王偉制其名位。以漢司徒侯霸爲始祖，晉徵士侯瑾爲七世祖。於是追尊其祖周爲大丞相，[7]父摽爲元皇帝。

[1]七廟：帝王供奉祖先的宗廟。《禮記·王制》："天子七廟，三昭三穆，與太祖之廟而七。"

[2]登：大德本、汲古閣本同，殿本作"祭"。《梁書》卷五六《侯景傳》、《資治通鑑》卷一六四《梁紀二十》亦作"祭"。

[3]曰：汲古閣本、殿本同，大德本作"以"。

[4]旦：大德本、汲古閣本、殿本作"且"。底本誤，應據諸本改。《資治通鑑·梁紀二十》亦作"且"。　朔州：州名。北魏

孝明帝時以懷朔鎮改置，治所在今内蒙古固陽縣西南。

[5]間：大德本、汲古閣本、殿本作“聞”。

[6]乙羽周：按，《梁書·侯景傳》作“周”，《資治通鑑·梁紀二十》、《通志》卷一四三皆與底本同。

[7]追：大德本、汲古閣本、殿本作“推”。

于時景脩飾臺城及朱雀、宣陽等門，[1]童謡曰：“皎脰烏，[2]拂朱雀，還與吴。”又曰：“脱青袍，著芒屩，荆州天子挺應著。”時都下王侯庶姓五等廟樹，咸見殘毁，唯文宣太后廟四周柏樹獨鬱茂。[3]及景簒，脩南郊路，僞都官尚書吕季略説景令伐此樹以立三橋。始斫南面十餘株，再宿悉枿生，[4]便長數尺。時既冬月，翠茂若春。賊乃大驚惡之，使悉斫殺。識者以爲昔僵柳起於上林，[5]乃表漢宣之興，[6]今廟樹重青，必彰陝西之瑞。[7]又景牀東邊香爐無故墮地，景呼東西南北皆謂爲廂，景曰：“此東廂香爐那忽下地。”議者以爲湘東軍下之徵。

[1]于時景脩飾臺城及朱雀、宣陽等門：以下至“議者以爲湘東軍下之徵”，按，此段記述《梁書》卷五六《侯景傳》、《資治通鑑》並無。朱雀，城門名。又稱大航門。建康南面城門，在今江蘇南京市中華門内秦淮河北岸。宣陽，城門名。又稱白門。建康南面正門，在今江蘇南京市中山東路以南的淮海路一帶。

[2]皎脰烏：大德本、汲古閣本、殿本“皎”作“的”。白頸鴉。

[3]文宣太后：梁元帝生母阮令嬴。本書卷一二、《梁書》卷七有傳。

[4]枿（niè）生：謂樹木砍伐後復生的新芽。枿，古同

“蘖”。

[5]僵柳起於上林：語本《漢書》卷三六《劉向傳》：“仆柳起於上林。”同書卷七五《眭孟傳》云：“上林苑中大柳樹斷枯卧地，亦自立生。”上林，苑囿名。秦都咸陽時置，在今陝西西安市西渭水以南、終南山以北。漢武帝時又加拓展，周圍擴至二百餘里。

[6]漢宣：西漢宣帝劉詢。公元前73年至前49年在位。《漢書》卷八有紀。

[7]陝西：此謂荆州刺史湘東王蕭繹。按，東晋、南朝時以荆、揚二州比擬西周初年周、召二公的分陝而治，故稱荆州刺史爲陝西之任。

十二月，謝答仁、李慶等軍至建德，[1]攻元頵、李占栅，大破之。執頵、占送京口，截其手足徇之，經日乃死。

[1]建德：縣名。治所在今浙江建德市梅城鎮。

景二年，謝答仁攻東陽，劉神茂降，以送建康，景爲大剉碓，先進其脚，寸寸斬之，至頭方止。使衆觀之以示威。

王僧辯軍至蕪湖，[1]城主霄遁。[2]侯子鑒率步騎萬餘人度州，并引水軍俱進。僧辯逆擊，大破之。景聞之大懼涕下，覆面引衾卧，良久方起，歎曰：“咄叱！[3]咄叱！誤殺乃公。”[4]

[1]蕪湖：城名。在今安徽蕪湖市。時爲襄垣縣治。

[2]城主霄遁：按，《梁書》卷五六《侯景傳》同，《資治通

鑑》卷一六四《梁紀二十》作“侯景守將張黑棄城走”。霄，大德本、汲古閣本、殿本、百衲本“霄”作“宵”。

[3]咄（duō）叱（chì）：嘆惜聲。

[4]乃公：對人自稱的傲慢語。

初，景之爲丞相，居于西州，[1]將率謀臣，朝必集行列門外，謂之牙門。以次引進，賚以酒食，言咲談論，善惡必同。及簒，恒坐内不出，舊將稀見面，咸有怨心。至是登烽火樓望西師，看一人以爲十人，[2]大懼。僧辯及諸將遂於石頭城西步上，連營立栅，至于落星擻。[3]景大恐，遣掘王僧辯父墓，剖棺焚其屍。王僧辯等進營於石頭城北，景列陣挑戰，僧辯大破之。

[1]初，景之爲丞相，居于西州：以下至“看一人以爲十人，大懼”，按，《梁書》卷五六《侯景傳》、《資治通鑑》卷一六四《梁紀二十》皆無此段記述。

[2]十人：按，《通志》卷一四三訛爲“千人”。

[3]落星擻：大德本、汲古閣本“擻”作“墩”，殿本、百衲本、中華本及《梁書·侯景傳》作“墩”。底本、大德本、汲古閣本皆誤，應據殿本、《梁書·侯景傳》等改。按，《資治通鑑·梁紀二十》作“山”，與“墩”字義相近。落星墩，山名。又名落星岡、落星山。在今江蘇南京市清凉山故石頭城西南。

景既退敗，不敢入宫，斂其散兵屯于闕下，遂將迯。王偉桉劍攬轡諫曰：[1]“自古豈有叛天子；今宫中衛士尚足一戰，寧可便走。”景曰：“我在北打賀拔勝，[2]敗葛榮，[3]楊名河朔，[4]與高王一種人。[5]來南直度大江，取臺城如反掌，打邵陵三於北山，[6]破柳仲禮於南岸，皆乃所親見。今日之事，恐是天亡。乃好守城，當復一決。”仰觀石闕，逡廵歎息久之。乃以皮囊盛二子挂馬鞌，與其儀同田遷、范希榮等百餘騎東奔。[7]王偉遂委臺城竄逸。侯子鑒等奔廣陵。王克開臺城門引裴之橫入宫，[8]縱兵蹂掠。是夜遺爐燒太極殿及東西堂、延閣、秘署皆盡，羽儀輦輅莫有孑遺。[9]王僧辯命武州刺史杜崱救火，[10]僅而得滅。故武德、五明、重雲殿及門下、中書、尚書省得免。

[1]桉劍：大德本、汲古閣本、殿本作“按劍”。底本誤，應據諸本改。

[2]賀拔勝：北魏神武尖山人，鮮卑族。《魏書》卷八〇、《周書》卷一四有傳，《北史》卷四九有附傳。

[3]葛榮：本懷朔鎮鎮將，從鮮于修禮起事於定州。及修禮被害，繼領其衆，數大敗魏軍，自稱天子，又吞併杜洛周軍。後圍攻相州，爲尒朱榮擊敗，執送洛陽殺之。

[4]河朔：地區名。泛指黄河以北地。

[5]高王：指高歡。

[6]三：大德本、汲古閣本、殿本作“王”。底本誤，應據諸本改。

[7]與其儀同田遷、范希榮等百餘騎東奔：按，《梁書》卷五六《侯景傳》及《通志》卷一四三皆同，《資治通鑑》卷一六四《梁紀二十》作“與房世貴等百餘騎東走”。

[8]王克開臺城門引裴之橫入宫：以下至“君子以是知僧辯之不終”，按，此段記述《梁書·侯景傳》無，《資治通鑑·梁紀二十》有，甚簡。裴之横，字如岳，河東聞喜（今山西聞喜縣）人。

本書卷五八、《梁書》卷二八有附傳。

[9]子：大德本、汲古閣本、殿本作“孑”。底本誤，應據諸本改。

[10]杜崱（zè）：京兆杜陵（今陝西西安市長安區）人。本書卷六四、《梁書》卷四六有傳。

僧辯迎簡文梓宫升於朝堂，[1]三軍縞素，踊於哀次。命侯瑱、裴之横追賊於東，[2]焚僞神主於宣陽門，[3]作神主於太廟，[4]收圖書八萬卷歸江陵。[5]杜崱守臺城，都下户口百遺一二，大航南岸極目無煙。老小相扶競出，纔度淮，王琳、杜龕軍人掠之，[6]甚于寇賊，號叫徹于石頭。僧辯謂爲有變，登城門故，[7]亦不禁也。僉以王師之酷，甚於侯景，君子以是知僧辯之不終。

[1]宫：大德本、汲古閣本同，殿本作“官”。

[2]侯瑱：字伯玉，巴西充國（今四川閬中市）人。本書卷六六、《陳書》卷九有傳。

[3]神主：供奉和祭祀死者或祖先的牌位。

[4]太廟：帝王祭祀祖先的宗廟。

[5]江陵：縣名。治所在今湖北荆州市荆州區。

[6]王琳：字子珩，會稽山陰（今浙江紹興市）人。本書卷六四、《北齊書》卷三二有傳。　杜龕：京兆杜陵（今陝西西安市長安區）人，王僧辯女婿。聞王僧辯被殺，舉兵反，後爲陳霸先所殺。本書卷六四、《梁書》卷四六有附傳。

[7]門：大德本同，汲古閣本、殿本、百衲本、中華本作“問”。底本誤，應據諸本改。

初，景之圍臺城，援軍三十萬，兵士望青袍則氣消膽奪。及赤亭之役，[1]胡僧祐以羸卒一千破任約精甲二萬，轉戰而東，前無横陣。既而侯瑱逐及，[2]景衆末陣，[3]皆舉幡乞降，殺之送于王僧辯，[4]景不能制。乃與腹心人數十單舸走，推墮二子於水，自滬瀆入海，[5]至胡豆洲。[6]前太子舍人羊鯤殺之，[7]送于王僧辯。

[1]赤亭：城名。即赤沙亭。在今湖南南縣縣城附近。以近赤沙湖得名。

[2]逐：大德本、汲古閣本、殿本作"追"。

[3]末：大德本、汲古閣本、殿本作"未"。底本誤，應據諸本改。

[4]皆舉幡乞降，殺之送于王僧辯：大德本、汲古閣本、百衲本同，北監本、殿本、中華本無"殺之送于王僧辯"。《梁書》卷五六《侯景傳》亦無此句。張元濟《南史校勘記》："疑元本衍。"

[5]滬瀆：水名。指松江下游近海處的一段，約當今上海市青浦區東北舊青浦附近的古吴淞江。宋范成大《吴郡志》卷三一載梁簡文帝《浮海石像銘》："松江之下，號曰滬瀆。"

[6]胡豆洲：地名。在今江蘇南通市通州區一帶。本長江口沙洲，後併入北岸。按，《梁書·侯景傳》作"壺豆洲"，《資治通鑑》卷一六四《梁紀二十》與本書同。

[7]羊鯤：即羊侃第三子羊鵾。字子鵬。本書卷六三、《梁書》卷三九有附傳。參《梁書·侯景傳》中華本校勘記。

景長不滿七尺，長上短下，眉目疏秀，廣顙高權，色赤少鬢，低眡屢顧，聲散，識者曰："此謂豺狼之聲，故能食人，亦當爲人所食。"既南奔，[1]魏相高澄悉命先剥景妻子面皮，以大鐵鑊盛油煎殺之。[2]女以入宫爲婢，男三歲者並下蠶室。[3]後齊文宣夢獼猴坐御牀，[4]乃並煮景子於鑊，其子之在北者殲焉。

[1]既南奔：以下至“其子之在北者殲焉”，按，此段記述《梁書》卷五六《侯景傳》無，《資治通鑑》卷一六四《梁紀二十》有，稍異。

[2]鑊：烹煮食物的一種大鍋。亦用作烹人的刑具。

[3]三：大德本、殿本同，汲古閣本作“二”。 蠶室：執行宫刑及受宫刑者所居的獄室。

[4]齊文宣：高洋。高歡次子。北齊皇帝，在位十年（550—559）。《北齊書》卷四、《北史》卷七有紀。

景性猜忍，好殺戮，恒以手刃爲戲。方食，斬人於前，言笑自若，口不輟食。或先斷手足，割舌劓鼻，經日乃殺之。自篡立後，時著白紗帽，而尚披青袍，頭插象牙梳，[1]牀上常設胡牀及筌蹄，[2]著靴垂脚坐。或跂户限，[3]或走馬遨游，彈射鵶鳥。[4]自爲天子，王偉不許輕出，於是鬱怏，更成失志，[5]曰："吾無事爲帝，與受擯不殊。"及聞義師轉近，[6]猜忌彌深，牀前蘭錡自遶，[7]然後見客。每登武帝所常幸殿，若有芒刺在身，恒聞叱咄者。又處宴居殿，一夜驚起，若有物扣其心。自是凡武帝所常居處，並不敢處。多在昭陽殿廊下。所居殿屋，常有鵂鶹鳥鳴呼，[8]景惡之，每使人窮山野捕鳥。景所乘白馬，每戰將勝，輒躑躅嘶鳴，意氣駿逸；其有奔衄，必低頭不前。及石頭之役，[9]精神沮喪，卧不肯動。景使左右拜請，或加箠策，終不肯進。始景左足上有肉瘤，[10]狀似龜，戰應剋捷，瘤則隱起分明；如不勝，瘤則低。至日，瘤隱陷肉中。[11]

[1]頭插象牙梳：按，《梁書》卷五六《侯景傳》及《通志》卷一四三皆作"或以牙梳插髻"。

[2]牀上：按，《梁書·侯景傳》及《通志》卷一四三同，《太平御覽》卷七〇六引《梁書》作"殿上"。　胡牀：又稱交床、交椅、繩床。一種可以摺疊的輕便坐具。

[3]或跂户限：按，《梁書·侯景傳》無此四字。跂户限，謂垂足坐在門檻上。

[4]或走馬遨游，彈射鵶鳥：按，《梁書·侯景傳》作"或匹馬遊戲於宫内，及華林園彈射烏鳥"。又，《通志》卷一四三"鵶鳥"作"鵶鳥"，即烏鵶。

[5]失志：神智恍惚。

[6]及聞義師轉近：以下至"多在昭陽殿廊下"，按，此段記述《梁書·侯景傳》無。

[7]蘭錡：陳放兵器的架子。《文選》卷三張衡《西京賦》："武庫禁兵，設在蘭錡。"李善注引劉逵《魏都賦》注云："受他兵曰蘭，受弩曰錡。"

[8]鵂鶹鳥：鳥名。貓頭鷹的别稱。

[9]及石頭之役：以下至"終不肯進"，按，此段記述《梁書·侯景傳》無。

[10]始景左足上有肉瘤：以下至"瘤隱陷肉中"，按，此段記述爲今《梁書·侯景傳》所無，《太平御覽》卷一三二引《梁書》有。

[11]至日，瘤隱陷肉中：各本同，中華本據《册府元龜》卷九五一補作"至景敗日，瘤隱陷肉中"。按，《太平御覽》卷一三

二引《梁書》作“是日，瘤陷肉中”，同書卷三七二引《三國典略》作“及奔敗，瘤陷肉中”。《通志》卷一四三作“至是，瘤隱陷肉中”。

天監中，[1]沙門釋寶誌曰：[2]“掘尾狗子自發狂，當死未死嚙人傷，須臾之間自滅亡，起自汝陰死三湘。”[3]又曰：“山家小兒果攘臂，太極殿前作虎視。”狗子，景小字；山家小兒，猴狀。景遂覆陷都邑，毒害皇家。起自懸瓠，即昔之汝南。巴陵有地名三湘，景奔敗處。其言皆驗。景常謂人曰：[4]“侯字人邊作主，下作人，此明是人主也。”臺城既陷，武帝嘗語人曰：“侯景必得爲帝，但不久耳。破‘侯景’字成‘小人百日天子’，爲帝當得百日。”案景以辛未年十一月十九日篡位，壬申年三月十九日敗，得一百二十日。而景以三月一日便往姑熟，計在宮殿足滿十旬，其言竟驗。又大同中，太醫令朱耽嘗直禁省，無何夢犬羊各一在御坐，覺而告人曰：“犬羊非佳物也，今據御座，將有變乎？”既而天子蒙塵，[5]景登正殿焉。[6]

[1]天監：南朝梁武帝蕭衍年號（502—519）。

[2]釋寶誌：南朝僧人。本書卷七六有附傳。參趙翼《廿二史劄記》卷九《梁書有止足傳無方伎傳》。

[3]汝陰：汝水之陰。按，水之南爲陰，隱喻汝南之地。　三湘：地名。即三湘浦。又名湘浦。在今湖南岳陽市東北城陵磯，洞庭湖水入長江處。

[4]景常謂人曰：以下至“其言竟驗”，按，此段記述《梁書》卷五六《侯景傳》、《資治通鑑》並無。

[5]蒙塵：蒙受塵土。舊謂天子失位流亡在外或遭遇囚禁。

[6]正殿：宫廷或廟宇中位置居中的主殿。

及景將敗，有僧通道人者，意性若狂，飲酒噉肉，不異凡等。世間游行已數十載，姓名鄉里，人莫能知。初言隱伏，久乃方驗。人並呼爲闍梨。[1]景甚信敬之。景常於後堂與其徒共射，[2]時僧通在坐，奪景弓射景陽山，[3]大呼云“得奴已”。景後又宴集其黨，又召僧通。僧通取肉揾鹽以進景，[4]問曰：“好不？”景答：“所恨太鹹。”[5]僧通曰：“不鹹則爛。”及景死，僧辯截其二手送齊文宣，傳首江陵，果以鹽五斗置腹中，送于建康，暴之于市。百姓争取屠膾羹食皆盡，并溧陽主亦預食例。[6]景焚骨揚灰，曾罹其禍者，乃以灰和酒飲之。首至江陵，元帝命梟於市三日，[7]然後煮而漆之，以付武庫。先是江陵謡言：[8]“苦竹町，市南有好井。[9]荆州軍，殺侯景。”及景首至，元帝付諮議參軍李季長宅，宅東即苦竹町也。既加鼎鑊，即用市南水焉。[10]景儀同謝答仁、行臺趙伯超降于侯瑱，生禽賊行臺田遷、儀同房世貴、蔡壽樂、領軍王伯醜。凶黨悉平，斬房世貴於建康市，餘黨送江陵。初，郭元建以有禮於皇大子妃，[11]將降，侯子鑒曰：“此小惠也，不足自全。”乃奔齊。

[1]闍梨：亦作闍黎。梵語音譯。意謂高僧，亦泛指僧人。

[2]常：大德本、殿本同，汲古閣本作“嘗”。

[3]景陽山：假山名。在今江蘇南京市雞籠山南臺城遺址内。

南朝宋文帝築，爲華林園諸景之一。

[4]揾：浸入。汲古閣本、殿本同，大德本作“榅”。

[5]太：大德本、汲古閣本、殿本作“大”。二字通。

[6]百姓争取屠膾羮食皆盡，并溧陽主亦預食例：按，《梁書》卷五六《侯景傳》無“溧陽主亦預食例”語，《資治通鑑》卷一六四《梁紀二十》有，“例”作“焉”，《考異》曰：“《典略》云‘復烹溧陽公主’，今從《南史》。”

[7]梟：刑罰名。即把頭割下懸挂在木上以示衆。

[8]先是江陵謡言：以下至“即用市南水焉”，按，此段記述《梁書·侯景傳》《資治通鑑》並無，《册府元龜》卷八九四有，所叙與本書同；《太平御覽》卷七三四引《三國典略》亦有，然“李季長”作“宗季長”。

[9]井：殿本、百衲本同，大德本、汲古閣本作“并”。

[10]市南水：按，各本同，中華本據《通志》卷一四三補作“市南井水”。《册府元龜》卷八九四作“市南水”，《太平御覽》卷七三四引《三國典略》作“市南井水”。

[11]初，郭元建以有禮於皇大子妃：以下至“乃奔齊”，按，此段記述《梁書·侯景傳》《資治通鑑》並無。“大”，大德本、汲古閣本、殿本作“太”。應作“太”。

王偉，[1]其先略陽人。父略，仕魏爲許昌令，因居潁川。[2]偉學通《周易》，雅高辭采，[3]仕魏爲行臺郎。景叛後，高澄以書招之，偉爲景報澄書，[4]其文甚美。澄覽書曰：“誰所作也？”左右稱偉之文。澄曰：“才如此，何由不早使知邪？”偉既協景謀謨，[5]其文檄並偉所製，及行篡逆，皆偉創謀也。

[1]王偉：按，《梁書·王偉傳》亦附於卷五六《侯景傳》末，

全篇僅五十來字，所叙甚簡。

[2]“其先略陽人”至“因居潁川”：按，《通志》卷一四三同，《梁書・王偉傳》作“陳留人”。《太平御覽》卷五九七所引《梁書》作“王偉洛陽人也”，同書卷三六七引《談藪》則謂“潁川王偉”，《資治通鑑》卷一五九《梁紀十五》亦謂“潁川王偉”。略陽，郡名。治臨渭縣，在今甘肅天水市東。許昌，縣名。治所在今河南許昌市東。潁川，郡名。治長社縣，在今河南長葛市東北。

[3]學通《周易》，雅高辭采：按，《梁書・王偉傳》作“少有才學”，《通志》卷一四三與本書同。按，《太平御覽》卷五九七引《梁書》云：“學通《周易》，嘗在揭陽，賦詩曰：平明聽戰鼓，薄暮叙存亡，楚漢方龍鬭，秦關陣未央。”可與本書參證。

[4]偉爲景報澄書：按，其書載《梁書・侯景傳》。

[5]偉既協景謀謨：以下至“皆偉創謀也”，《梁書・王偉傳》作“景之表、啓、書、檄，皆其所製。景既得志，規摹篡奪，皆偉之謀”。

景敗，與侯子鑒俱走相失，潛匿草中，直瀆戍主黄公喜禽送之。[1]見王僧辯，長揖不拜。執者促之，偉曰：“各爲人臣，何事相敬。”僧辯謂曰：“卿爲賊相，不能死節，而求活草間，顛而不扶，安用彼相。”偉曰：“廢興時也，工拙在人。向使侯氏早從偉言，明公豈有今日之勢。”[2]僧辯大笑，意甚異之，命出以徇。[3]偉曰：“昨及朝行八十里，願借一驢代步。”僧辯曰：“汝頭方行萬里，何八十里哉。”偉笑曰：“今日之事，乃吾心也。”前尚書左丞虞騭嘗見辱於偉，[4]遇之而唾其面，曰：“死虜，庸復能爲惡乎！”偉曰：“君不讀書，不足與語。”騭慙而退。及吕季略、周石珍、嚴亶俱送江陵，偉尚望見全，於獄爲詩贈元帝下要人曰："趙壹能爲賦，[5]鄒陽解獻書，[6]何惜西江水，不救轍中魚。"[7]又上五百字詩於帝，[8]帝愛其才將捨之，[9]朝士多忌，乃請曰："前日偉作檄文，有異辭句。"[10]元帝求而視之，檄云："項羽重瞳，[11]尚有烏江之敗；[12]湘東一目，寧爲四海所歸。"[13]帝大怒，使以釘釘其舌於柱，剜其腸。[14]顏色自若。仇家臠其肉，俛而視之，至骨方刑之。石珍及亶並夷三族。

[1]直瀆戍主黄公喜禽送之：按，《資治通鑑》卷一六四《梁紀二十》"禽送之"作"獲之送建康"。　直瀆：縣名。治所在今江蘇盱眙縣南。

[2]"廢興時也"至"明公豈有今日之勢"：《資治通鑑·梁紀二十》作"廢興，命也。使漢帝早從偉言，明公豈有今日"，胡三省注："謂臺城之破，僧辯已降，侯景縱還竟陵，使有今日。偉之此言，亦以愧僧辯也。"

[3]命出以徇：以下至"今日之事，乃吾心也"，按，《資治通鑑》無此段記述。

[4]嘗：大德本、汲古閣本同，殿本作"常"。

[5]趙壹：漢陽西縣（今甘肅禮縣）人。善辭賦，著有《刺世疾邪賦》等。《後漢書》卷八〇下有傳。

[6]鄒陽：齊郡（今山東淄博市臨淄區）人。以文辯知名。曾受讒下獄，作《上梁王書》，自陳冤屈。《史記》卷八三、《漢書》卷五一有傳。

[7]轍中魚：亦作轍鮒。謂陷在乾涸的車轍中的魚。典出《莊子·外物》。後因以比喻處境困難，急待救援。

[8]五百字詩：《資治通鑑·梁紀二十》作"五百言詩"，胡三

省注:"五百言詩，今之五十韻詩也。"按，今本《梁書》無此記述，《太平御覽》卷五九七引《梁書》有言"五十韻詩"。

[9]帝愛其才將捨之：按，《資治通鑑·梁紀二十》作"湘東王愛其才欲宥之"，《太平御覽》卷五九七引《梁書》作"湘東愛其詞翰猶欲未誅"。

[10]有異辭句：按，《資治通鑑·梁紀二十》作"甚佳"，《太平御覽》卷五九七引《梁書》作"言詞不順"。

[11]重瞳：眼中有雙瞳。《史記》卷七《項羽本紀》:"吾聞之周生曰，舜目蓋重瞳子，又聞項羽亦重瞳子。"後用以代稱虞舜或項羽。亦泛指帝王的眼睛。

[12]烏江：地名。在今安徽和縣烏江鎮附近。楚漢之際，項羽兵敗垓下，自刎身亡，即此。

[13]四海：按，各本同，中華本據《太平御覽》卷五九七引《梁書》改作"赤縣"。《資治通鑑·梁紀二十》亦作"赤縣"。

[14]剜其腸：按，《資治通鑑·梁紀二十》作"剜腹"，《太平御覽》卷五九七引《梁書》作"剜其臍，抽其腸出"。

趙伯超，趙革子也。初至建康，[1]王僧辯謂曰:"卿荷國重恩，遂復同逆。"對曰:"當今禍福，恩在明公。"僧辯又顧謝答仁曰:"聞卿是侯景梟將，恨不與卿交兵。"答仁曰:"公英武蓋世，答仁安能仰敵。"僧辯大笑。答仁以不失禮於簡文見宥，伯超及伏知命俱餓死江陵獄中。彭儁亦生獲，破腹抽出其肝藏，儁猶不死，然後斬之。[2]

[1]建康：大德本、汲古閣本、殿本作"建鄴"。

[2]破腹抽出其肝藏，儁猶不死，然後斬之：按，《資治通鑑》

卷一六四《梁紀二十》作“（侯）瑱生剖雋腹，抽其腸，雋猶不死，手自收之，乃斬之”。

熊曇朗，豫章南昌人也，[1]世爲郡著姓。[2]曇朗跅弛不羈，有膂力，容貌甚偉。侯景之亂，稍聚少年，據豐城縣爲栅，[3]桀黠劫盗多附之。梁元帝以爲巴山太守。[4]魏剋荆州，曇朗兵力稍强，劫掠鄰縣，縛賣居人，山谷之中，最爲巨患。

[1]豫章：郡名。治南昌縣，在今江西南昌市。　南昌：縣名。治所本在今江西南昌市東，南朝陳武帝永定中移治今南昌市西郊紅石崗上。

[2]郡著姓：又稱郡姓。指一郡之中的大姓望族。

[3]豐城縣：縣名。治所在今江西豐城市南。

[4]巴山：郡名。南朝梁武帝大同中置。治巴山縣，在今江西崇仁縣西南。陳廢帝光大中廢。一説隋滅陳廢。

及侯瑱鎮豫章，曇朗外不服從，[1]陰欲圖瑱。侯方兒之反瑱也，[2]曇朗爲之謀主。瑱敗，曇朗獲瑱馬仗子女甚多。

[1]不：大德本、汲古閣本同，殿本、百衲本、中華本作“示”。《陳書》卷三五《熊曇朗傳》亦作“示”。

[2]侯方兒：一作侯平。王琳部將。參《周書》卷四四《陽雄傳》中華本校勘記。

及蕭勃踰嶺，[1]歐陽頠爲前軍。[2]曇朗紿頠共往巴山襲黄法㲮。[3]又執法㲮期共破頠，[4]且曰："事捷與我馬仗。"乃出軍與頠掎角而進。又紿頠曰："余孝頃欲相掩襲，[5]須分留奇兵。"頠送甲三百領助之。[6]及至城下，將戰，曇朗僞北，法㲮乘，[7]頠失援，狼狽退衂。曇朗取其馬仗而歸。

[1]蕭勃：梁宗室，吴平侯蕭景之子。本書卷五一有附傳。

[2]歐陽頠：字靖世，長沙臨湘（今湖南長沙市）人。本書卷六六、《陳書》卷九有傳。

[3]黄法㲮：字仲昭，巴山新建（今江西樂安縣）人。本書卷六六、《陳書》卷一一有傳。1989年，江蘇南京市雨花臺區西善橋街道磚瓦廠南朝墓出土黄法㲮墓誌，題爲"陳故司空義陽郡公黄君墓誌銘"，碑文存四十行，每行三十四字，文多漫漶，猶有可參之處。碑文"㲮"作"㲎"（詳見王素《陳黄法㲎墓誌校證》，《文物》1993年第11期）。

[4]執：大德本同，汲古閣本、殿本、百衲本、中華本作"報"。《陳書》卷三五《熊曇朗傳》亦作"報"。

[5]余孝頃：梁陳時新吴（今江西奉新縣）洞主。後應王琳，兵敗，歸順陳朝，出爲益州、南豫州刺史。終以謀反罪被誅。

[6]三百：按，大德本、汲古閣本、殿本作"二百"，《陳書·熊曇朗傳》、《通志》卷一四五作"三百"。

[7]法㲮乘：按，各本同，中華本據《陳書·熊曇朗傳》補作"法㲮乘之"。《通志》卷一四五與本書同，《資治通鑑》卷一六七《陳紀一》與《陳書》同。

時巴山陳定亦擁兵立柴，[1]曇朗僞以女妻定子，又謂定曰："周迪、余孝頃並不願此昏，必須以强兵來迎。"

定信之。及至，曇朗執之，收其馬仗，並論價責贖。

[1]柴（zhài）：汲古閣本、百衲本同，大德本、北監本、殿本、中華本作“砦”。《陳書》卷三五《熊曇朗傳》作“寨”。按，“柴”“砦”“寨”通。參張元濟《南史校勘記》。

陳初以南川豪帥，[1]歷宜新、豫章二郡太守。抗拒王琳有功，封永化縣侯，位平西將軍、開府儀同三司。及周文育攻余孝勱於豫章，[2]曇朗出軍會之，文育失利，曇朗乃害文育以應王琳。琳東下，文帝徵南川兵，江州刺史周迪、高州刺史黄法𣰰欲沿流應赴，[3]曇朗乃據城列艦遏迪等。及王琳敗走，迪攻陷其城。曇朗走入村中。村人斬之，傳首建鄴，懸于朱雀觀，[4]宗族無少長皆棄市。

[1]南川：地區名。指江州南康、豫章等郡，即今江西中南部贛江流域一帶。《資治通鑑》卷一六七《陳紀一》武帝永定二年胡三省注：“自南康至豫章之地，謂之南川，以南江所經言之也。”南江，《初學記》引鄭玄《書注》指今之贛江。一説南川即南方之川原。南朝建都建康，以豫章等郡在其南，故稱。　豪帥：對世掌部曲、稱雄一方的豪門大姓集團首領之稱謂。

[2]周文育：字景德，義興陽羨（今江蘇宜興市）人。本書卷六六、《陳書》卷八有傳。　余孝勱：余孝頃弟。後率部下四千家歸降陳朝。事見本書卷六六、《陳書》卷八之《侯安都傳》。

[3]高州：州名。南朝梁置。治巴山縣，在今江西崇仁縣西南。領巴山、臨川、安成、豫寧四郡。陳文帝天嘉中廢。

[4]懸于朱雀觀：大德本、汲古閣本、殿本作“朱雀航”。《陳

書》卷三五《熊曇朗傳》作“朱雀觀”，《通志》卷一四五與《陳書》同。

周迪，臨川南城人也。[1]少居山谷，有膂力，能挽强弩，以弋獵爲事。侯景之亂，迪宗人周續起兵於臨川，梁始興王蕭毅以郡讓續，[2]迪占募鄉人從之，每戰勇冠衆軍。[3]續所部渠帥，皆郡中豪族，稍驕横，續頗禁之，渠帥等乃殺續推迪爲主。梁元帝授迪高州刺史，封臨汝縣侯。紹泰二年，[4]爲衡州刺史，[5]領臨川内史。周文育之討蕭勃也，迪按甲保境，以觀成敗。

[1]臨川：郡名。治臨汝縣，在今江西撫州市臨川區。　南城：縣名。治所在今江西南城縣東南。

[2]梁始興王蕭毅：錢大昕《廿二史考異》卷二七云：“按《梁書》及《南史》，始興王憺薨，世子亮嗣，無名‘毅’者。”張森楷《校勘記》亦云：“始興王憺嗣子亮于時尚存，不云名‘毅’，未知毅爲憺何人也。”見《陳書》卷一三《周敷傳》中華本校勘記。

[3]衆軍：大德本、汲古閣本、殿本作“諸軍”。《陳書》卷三五《周迪傳》作“衆軍”。

[4]紹泰：南朝梁敬帝蕭方智年號（555—556）。

[5]衡州：州名。南朝梁置。治含洭縣，在今廣東英德市浛洸鎮。陳改西衡州。

陳武帝受禪，王琳東下，迪欲自據南川，乃總召所部八郡守宰結盟，聲言入赴，朝廷恐其爲變，因厚撫之。琳至盆城，[1]新吴洞主余孝頃舉兵應琳。[2]琳以爲南川諸郡可傳檄而定，乃遣其將李孝欽、樊猛等南徵糧餉。[3]孝欽等與余孝頃逼迪，迪大敗之，禽孝欽、猛、孝頃送建鄴。以功加平南將軍、開府儀同三司。

[1]湓城：城名。即湓口城，在今江西九江市。

[2]新吴：縣名。治所在今江西奉新縣西。

[3]樊猛：字智武，南陽湖陽（今河南唐河縣）人。本書卷六七、《陳書》卷三一有附傳。

文帝嗣位，熊曇朗反，迪與周敷、黄法𣰋等圍曇朗，[1]屠之。王琳敗後，文帝徵迪出鎮湓口，又徵其子入朝，迪趑趄顧望並不至。豫章太守周敷本屬迪，至是與法𣰋率其部詣闕，文帝録其破熊曇朗功，並加官賞。迪聞之不平，乃陰與留異相結。及王師討異，迪疑懼，乃使其弟方興襲周敷，敷與戰，破之。又别使兵襲華皎於湓城，[2]事覺，盡爲皎禽。

[1]周敷：字仲遠，臨川（今江西撫州市臨川區）人。本書卷六七、《陳書》卷一三有傳。

[2]華皎：晋陵暨陽（今江蘇江陰市）人。本書卷六八、《陳書》卷二〇有傳。

天嘉三年，[1]文帝乃使江州刺史吴明徹都督衆軍，[2]與高州刺史黄法𣰋、豫章太守周敷討迪，不能克。文帝乃遣宣帝總督討之，[3]迪衆潰，脱身踰嶺之晋安，[4]依陳寶應。寶應以兵資迪，留異又遣第二子忠臣隨之。明年秋，復越東興嶺。[5]文帝遣都督章昭達征迪，[6]迪又散于山谷。

[1]天嘉：南朝陳文帝陳蒨年號（560—566）。

[2]吴明徹：字通炤（《陳書》作“通昭”），秦郡（今江蘇南京市六合區）人。本書卷六六、《陳書》卷九有傳。

[3]宣帝：南朝陳宣帝陳頊。陳武帝兄陳道談子，陳文帝弟。本書卷一〇、《陳書》卷五有紀。

[4]晋安：郡名。治候官縣，在今福建福州市。

[5]東興嶺：山名。在今江西黎川縣和福建光澤縣之間。

[6]章昭達：字伯通，吴興武康（今浙江德清縣）人。本書卷六六、《陳書》卷一一有傳。

初，侯景之亂，百姓皆棄本爲盜，唯迪所部獨不侵擾，耕作肆業，[1]各有贏儲，[2]政令嚴明，[3]徵斂必至。性質朴，不事威儀。冬則短身布袍，夏則紫紗袜腹。居常徒跣，雖外列兵衛，内有女伎，挼繩破篾，傍若無人。然輕財好施，凡所周贍，毫釐必均。訥於語言，而矜懷信實，臨川人皆德之。至是並藏匿，雖加誅戮，無肯言者。

[1]肆業：殿本同，大德本、汲古閣本作“肄業”。

[2]各：大德本、汲古閣本同，殿本作“皆”。

[3]政令：按，《陳書》卷三五《周迪傳》作“政教”。《資治通鑑》卷一六六《梁紀二十二》亦作“政教”，胡三省注：“教，謂教令，州郡下令謂之教。”

昭達仍度嶺與陳寶應相抗。迪復收合出東興，[1]文帝遣都督程靈洗破之。[2]迪又與十餘人竄山穴中。後遣人潛出臨川郡市魚鮭，[3]臨川太守駱文牙執之，[4]令取迪自效。誘迪出獵，伏兵斬之。傳首建鄴，梟于朱雀觀三日。[5]

[1]東興：縣名。治所在今江西黎川縣東北。

[2]程靈洗：字玄滌，新安海寧（今安徽休寧縣）人。本書卷六七、《陳書》卷一〇有傳。大德本、汲古閣本同，殿本"程"作"陳"。

[3]臨川郡：大德本、殿本同，汲古閣本無"臨"字。

[4]駱文牙：字旗門，吴興臨安（今浙江杭州市）人。本書卷六七、《陳書》卷二二有傳。按，《陳書》作"駱牙"。本書卷九《陳武帝紀》亦作"駱牙"。

[5]朱雀觀：大德本、汲古閣本、殿本、百衲本、中華本並作"朱雀航"。《陳書》卷三五《周迪傳》、《通志》卷一四五則皆與底本同。

留異，東陽長山人也，[1]世爲郡姓。[2]異善自居處，言語醞藉，爲鄉里雄豪。多聚惡少，陵侮貧賤，守宰皆患之。仕梁，晋安、安固二縣令。[3]

[1]東陽：郡名。治長山縣，在今浙江金華市。　長山：縣名。治所在今浙江金華市。

[2]郡姓：大德本、百衲本同，汲古閣本、殿本、中華本作"郡著姓"。《陳書》卷三五《留異傳》亦作"郡著姓"。

[3]晋安：縣名。治所在今福建南安市豐州鎮。　安固：縣名。治所在今浙江瑞安市北。

侯景之亂，還鄉里，召募士卒。[1]太守沈巡援臺，讓郡於異，異使兄子超監知郡事，率兵隨巡出都。及城陷，異隨梁臨城公大連，大連委以軍事。[2]異性殘暴，無遠略，私樹威福，衆並患之。會景將宋子仙濟浙江，[3]異奔還鄉里，尋以衆降子仙。子仙以爲鄉導，[4]令執大連。邵陵王綸聞之曰：[5]"姓作去留之留，名作同異之異，理當同於逆虜。"侯景署異爲東陽太守，收其妻子爲質。行臺劉神茂建義拒景，異外同神茂，而密契於景。及神茂敗，被景誅，異獨獲免。

[1]召募：大德本、汲古閣本、殿本作"占募"。《陳書》卷三五《留異傳》亦作"召募"。

[2]大連委以軍事：大德本、殿本同，汲古閣本無"大連"二字。

[3]浙江：水名。亦名漸江。即今錢塘江，幹流有新安江、桐江、富春江諸名。

[4]鄉導：中華本同，大德本、汲古閣本、殿本、百衲本作"鄉道"。《陳書》卷三五《留異傳》亦作"鄉導"。"導""道"通。

[5]邵陵王綸聞之曰：以下至"理當同於逆虜"，按，此段記述《陳書·留異傳》無。《通志》卷一四五與本書同。

景平後，王僧辯使異慰勞東陽，仍保據巖阻，州郡憚焉。魏克荆州，王僧辯以異爲東陽太守。陳文帝平定會稽，[1]異雖有糧饋，而擁擅一郡，威福在己。紹泰二年，以應接功，除縉州刺史，[2]領東陽太守，封永嘉縣侯。[3]又以文帝長女豐安公主配異第三子貞臣。

[1]會稽：郡名。治山陰縣，在今浙江紹興市。

[2]縉州：州名。南朝梁末置。治長山縣，在今浙江金華市。隋滅陳廢。

[3]永嘉：按，《陳書》卷三五《留異傳》作“永興”。《通志》卷一四五與本書同。

陳永定三年，[1]徵異爲南徐州刺史，[2]遷延不就。文帝即位，改授縉州刺史，領東陽太守。異頻遣其長史王澌爲使入朝。澌每言朝廷虚弱，異信之，恒懷兩端，與王琳潛通信使。及琳敗，文帝遣左衛將軍沈恪代異爲郡，[3]實以兵襲之。異與恪戰，敗，[4]乃表啓遜謝。時朝廷方事湘、郢，且羈縻之。異知終見討，乃使兵戍下淮及建德，[5]以備江路。

[1]永定三年：《陳書》卷三五《留異傳》“三年”作“二年”。按，《資治通鑑》卷一六八《陳紀二》雖繫於陳文帝天嘉二年末，但以“初”字領之，蓋追述陳文帝所以遣沈恪襲異之緣由。永定，南朝陳武帝陳霸先年號（557—559）。

[2]南徐州：州名。治京口城，在今江蘇鎮江市。

[3]沈恪：字子恭，吴興武康（今浙江德清縣）人。本書卷六七、《陳書》卷一二有傳。

[4]異與恪戰，敗：按，《陳書·留異傳》作“異出下淮抗禦，恪與戰，敗績，退還錢塘”。此戰實乃異勝恪敗，李延壽因删節失誤，致生異爲恪敗之歧義，故當據《陳書》改正。《資治通鑑·陳紀二》作“異出軍下淮以拒恪。恪與戰而敗，退還錢塘”，與《陳書》同。

[5]下淮：地名。又稱下淮戍。在今浙江桐廬縣東，與杭州市

富陽區接界。　建德：縣名。治所在今浙江建德市梅城鎮。

湘州平，文帝乃下詔揚其罪惡，使司空侯安都討之。[1]異與第二子忠臣奔陳寶應。及寶應平，并禽異送都，斬建康市，子姪並伏誅，唯第三子貞臣以尚主獲免。

[1]侯安都：字成師，始興曲江（今廣東韶關市）人。本書卷六六、《陳書》卷八有傳。

陳寶應，晋安候官人也，[1]世爲閩中四姓。[2]父羽，有材幹，爲郡雄豪。寶應性反覆，多變詐。梁時晋安數反，累殺郡將，羽初並扇惑成其事，後復爲官軍鄉導破之，[3]由是一郡兵權皆自己出。侯景之亂，晋安太守賓化侯蕭雲以郡讓羽，羽年老，但主郡事，[4]令寶應典兵。時東境飢饉，會稽尤甚，死者十七八，而晋安獨豐沃，士衆强盛。

[1]候官：縣名。一作侯官。治所在今福建福州市。

[2]四姓：按，《陳書》卷三五《陳寶應傳》（文淵閣四庫全書本）作“著姓”。《資治通鑑》卷一六六《梁紀二十二》作“豪姓”。

[3]官軍：大德本、殿本同，汲古閣本作“宫軍”。

[4]羽年老，但主郡事：《陳書·陳寶應傳》“主”作“治”，此避唐高宗李治諱改。

侯景平，元帝因以羽爲晋安太守。陳武帝輔政，羽請歸老，求傳郡於寶應，武帝許之。紹泰三年，[1]封侯官縣侯。武帝受禪，授閩州刺史，[2]領會稽太守。文帝即位，[3]加其父光禄大夫，仍命宗正録其本系，編爲宗室。[4]

[1]三年：大德本、汲古閣本、殿本、百衲本同，中華本據《陳書》卷三五《陳寶應傳》改作"二年"。應從改。按，檢《梁書》卷六《敬帝紀》，紹泰無三年，二年（556）九月即改元太平。《通志》卷一四五亦作"二年"。

[2]閩州：州名。南朝陳武帝永定初置。治侯官縣，在今福建福州市。文帝天嘉中廢。

[3]文帝即位：汲古閣本、殿本、中華本同，大德本、百衲本"即位"作"即嗣"。按，《陳書·陳寶應傳》作"世祖嗣位"。

[4]仍命宗正録其本系，編爲宗室：《陳書·陳寶應傳》、《通志》卷一四五同，《資治通鑑》卷一六八《陳紀二》作"命宗正編入屬籍"。宗正，官署名。掌管皇族外戚屬籍等事務。長官宗正卿，由宗室充任。梁十三班。陳三品，秩中二千石。

寶應娶留異女爲妻，侯安都之討異，寶應遣師助之，[1]又資周迪兵糧，出寇臨川。及都督章昭達破迪，文帝因命討寶應，詔宗正絶其屬籍。寶應據建安湖際逆拒昭達，[2]昭達深溝高壘不與戰。但命爲簰，俄而水盛，乘流放之，突其水栅，寶應衆潰。執送都，[3]斬建康市。

[1]寶應遣師助之：大德本、汲古閣本、殿本、中華本同，百衲本"師"作"命"。按，《陳書》卷三五《陳寶應傳》作"兵"，

《通志》卷一四五亦作“兵”。

[2]建安：郡名。治建安縣，在今福建建甌市。

[3]執送都：按，《陳書·陳寶應傳》“執”上有“身奔山草閒，窘而就”八字，其下有“并其子弟二十人”七字，似不當盡删。

論曰：侯景起於邊服，[1]備嘗艱險，自北而南，多行狡筭。[2]于時江表之地，[3]不見干戈。梁武以耄期之年，溺情釋教，外弛藩籬之固，内絶防閑之心，不備不虞，難以爲國。加以姦回在側，貨賄潜通，景乃因機騁詐，肆行矯慝。王偉爲其謀主，飾以文辭，武帝溺于知音，惑兹邪説。遂使乘柎直濟，長江喪其天險，揚旌指闕，金墉亡其地利。[4]生靈塗炭，宗社丘墟。於是村屯嶋壁之豪，[5]郡邑巖穴之長，恣陵侮而爲暴，資剽掠以爲雄。陳武應期撫運，戡定安輯。熊曇朗、周迪、留異、陳寶應等，雖逢興運，未改迷塗，志在亂常，自致夷戮，亦其宜矣。

[1]邊服：泛指遠離京城的邊地。服，古指王畿以外的屬地。

[2]狡：大德本、汲古閣本、殿本作“狡”。

[3]江表：地域名。指長江以南地區。從中原南望，其地處長江之外，故稱“江外”或“江表”。

[4]金墉：城名。在今河南洛陽市東北漢魏故城西北隅。城小而固，爲攻戰戍守要地。此處義同“金城”，泛指堅固的城墻。

[5]嶋：大德本、百衲本同，汲古閣本爲墨釘，殿本、中華本作“塢”。底本誤，應據殿本、中華本改。按，《陳書》卷三五史臣曰作“鄔”，亦誤。